LES GRANDS PROCÈS POLITIQUES

LES ACCUSÉS

DU 15 MAI 1848

Paris. — Imp. Émile Voitelain et Cᵉ, rue J.-J. Rousseau, 61.

LES GRANDS PROCÈS POLITIQUES

LES ACCUSÉS

DU

15 MAI 1848

ALBERT — BARBÈS — BLANQUI — RASPAIL

LOUIS BLANC — CAUSSIDIÈRE

HUBER — SOBRIER — LE GÉNÉRAL COURTAIS — ETC.

PAR

ERNEST DUQUAI

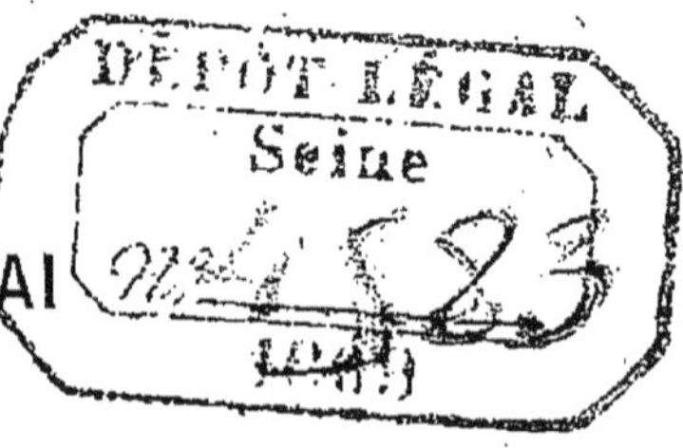

PRIX : 1 FR. 50

PARIS

ARMAND LE CHEVALIER, ÉDITEUR

61, RUE DE RICHELIEU, 61

1869

AVANT-PROPOS

....., A tort ou à raison, on attribuait la stagnation des affaires, la crise commerciale et financière, aux manifestations du parti avancé.

La majorité réactionnaire de l'Assemblée nationale et la fraction bourgeoise et conservatrice du Gouvernement provisoire étaient d'accord pour en finir avec les agitations de la rue.

Le 13 mai, l'Assemblée interdit par un décret l'apport des pétitions à la barre. Le 14 mai, la Commission du Pouvoir exécutif publia la proclamation suivante :

RÉPUBLIQUE FRANÇAISE

LIBERTÉ — ÉGALITÉ — FRATERNITÉ

14 mai 1848.

Citoyens,

La République est fondée sur l'ordre, elle ne peut vivre que par l'ordre.

Avec l'ordre seul vous aurez le travail.

Avec l'ordre seul, la grande question de l'amélioration du sort des travailleurs peut être éclairée et résolue.

Cette vérité, vous l'avez comprise. La France tout entière a applaudi à votre attitude à la fois si résolue et si calme.

Du jour où des manifestations extérieures, résultats inévitables du premier jour d'une révolution, ont cessé, la confiance a commencé à renaître et avec elle le commerce et l'industrie.

Cependant, depuis hier, Paris a revu quelques attroupements qui ont jeté dans les esprits des inquiétudes nouvelles. Paris s'en est étonné, non effrayé.

Citoyens, la République est vivante, le Pouvoir est constitué, le peuple tout entier se meut au sein de l'Assemblée nationale. Le droit et la force sont là; ils ne peuvent pas être ailleurs. Pourquoi donc des attroupements?

Le droit de réunion, le droit de discussion, le droit de pétition sont sacrés; ne les compromettez pas par des agitations extérieures et imprudentes qui ne peuvent rien ajouter à leur force.

Citoyens, la tranquillité publique est la garantie du travail, la sauvegarde de tous les intérêts; la Commission du Pouvoir exécutif, convaincue que toute excitation à des manifestations illégales ou insensées tue le travail et compromet l'existence du peuple, saura maintenir avec vigueur et partout la tranquillité menacée.

La Commission, pour l'accomplissement de ce devoir, fait appel à tous les hommes sincèrement républicains; elle compte sur cet excellent esprit de la population parisienne qui a jusqu'ici protégé et protégera encore la révolution aussi bien contre la réaction que contre l'anarchie.

Les membres de la Commission du Pouvoir exécutif :

ARAGO, GARNIER-PAGÈS, MARIE, LAMARTINE, LEDRU-ROLLIN.

Le Secrétaire :

PAGNERRE.

Cette proclamation ne satisfit personne; les conservateurs y virent une marque de faiblesse; les révolutionnaires y virent une menace et un défi, auxquels ils voulurent répondre par une imposante manifestation.

Nous publions plus loin le récit officiel du *Moniteur*. Ce récit, écrit *ab irato*, sous l'impression immédiate des événements, fourmille d'erreurs et d'inexactitudes contre lesquelles nous devons prémunir le lecteur.

Le défaut d'espace nous empêche de publier un récit impartial et détaillé, qui eût trouvé ici logiquement sa place.

La lecture attentive des débats suppléera éloquemment à cette lacune involontaire de notre part.

Le soir même de l'événement, quatre cents arrestations eurent lieu; Sobrier, dénoncé à des gardes nationaux de la 10e légion par M. Martin, maire d'Orléans et représentant du peuple, fut arrêté vers cinq heures sur le quai d'Orsay.

Albert, Barbès et Courtais, contre lesquels l'Assemblée autorisa des poursuites dans sa séance du soir, furent immédiatement transférés à Vincennes.

Huber, sur lequel nous appelons d'une façon toute spéciale l'attention de nos lecteurs, Huber, qui avait prononcé la dissolution de l'Assemblée, fut arrêté, relâché, et disparut.

Caussidière, en butte aux accusations les plus passionnées

et les plus injustes, donna sa démission de préfet de police et de représentant du peuple en appelant ainsi de ses détracteurs à ses électeurs. Le 9 juin suivant il fut réélu par cent quarante-sept mille suffrages. Lors de la proclamation du vote, sur la place de l'Hôtel-de-Ville, son nom fut salué par une triple salve d'applaudissements.

La demande en autorisation de poursuites, déposée quelques jours plus tard à l'Assemblée nationale, contre Louis Blanc, fut rejetée à une imposante majorité.

La panique bourgeoise avait cessé; la lumière s'était faite sur la journée du 15 mai; le seul vrai coupable, Huber, était en fuite, et il est peu probable qu'on eût donné des suites à cette échauffourée, dans laquelle le hasard, la police et la mollesse du président Buchez avaient joué un si grand rôle.

On n'eût pas osé poursuivre, sur de simples présomptions, des hommes incontestablement honnêtes, à juste titre populaires, et qui avaient donné à la République tant de gages de dévouement.

Survinrent les fatales journées de juin; la réaction se trouva maîtresse; la rigueur était à l'ordre du jour, et l'Assemblée, se déjugeant, autorisa, dans sa séance du 25 août, des poursuites contre Louis Blanc et Caussidière.

Le 17 janvier 1849, le citoyen Odilon Barrot, ministre de la justice, déposa sur le bureau de l'Assemblée le projet de décret suivant :

Art. 1er. — Les auteurs et complices de l'attentat du 15 mai sont renvoyés devant la Haute Cour nationale.

Art. 2. — La Haute Cour nationale se réunira à Bourges dans le mois qui suivra la promulgation du présent décret.

Art. 3. — Le ministre de la justice est chargé de l'exécution du présent décret.

Fait à l'Elysée-National, le 17 janvier 1849, en Conseil des ministres.

Louis-Napoléon Bonaparte.

La Haute Cour de justice (1) avait été instituée par les

(1) La Haute Cour nationale, jugeant sans appel ni recours en cassation, se composait essentiellement de cinq juges pris parmi les membres de la Cour de cassation, et de trente-six jurés pris parmi les membres des Conseils généraux.

Voir, pour les détails de son organisation, la Constitution, art. 91 et suivants.

art. 91, 92 et suivants de la Constitution promulguée en novembre 1848, c'est-à-dire six mois après l'attentat du 15 mai.

Ce projet de décret violait donc de la façon la plus évidente le principe salutaire de non rétroactivité en matière judiciaire.

Il fut néanmoins adopté le 22 janvier par 466 voix contre 268, malgré les éloquents efforts des citoyens Ledru-Rollin, Crémieux et Jules Favre.

Le jour même, la protestation suivante, déposée aux bureaux des journaux démocratiques, de la Solidarité républicaine, de la réunion des représentants de la Montagne, de la Propagande démocratique et sociale, de tous les clubs, de toutes les associations ouvrières, fut couverte en quelques heures de milliers de signatures.

PROTESTATION DU PEUPLE DE PARIS

Attendu que le décret voté par l'Assemblée, le 22 janvier, sur la proposition du président et du ministère, enlève les accusés de mai à leurs juges naturels;

Que la Haute Cour est un tribunal politique et exceptionnel, institué, d'ailleurs, *six mois après* les faits du 15 mai;

Attendu que ce décret porte atteinte « aux droits antérieurs et supérieurs à la loi positive » reconnus dans la Constitution elle-même (art. 3 du préambule);

Le peuple de Paris proteste contre le renvoi des accusés de mai devant le tribunal exceptionnel de Bourges;

Il engage les détenus de Vincennes à récuser cette juridiction politique et rétroactive et à s'abstenir de toute défense collective ou individuelle;

Il engage les accusés contumaces à ne point se livrer au jugement des ennemis de la République.

Il est presque inutile d'ajouter qu'aucun compte ne fut tenu de cette manifestation spontanée de l'opinion publique.

Les débats s'ouvrirent le 7 mars devant la Haute Cour de justice réunie à Bourges.

Ce qui suit est le premier récit de la journée du 15 mai, d'après *le Moniteur* du 16. — Le lecteur trouvera à la fin du volume un autre compte-rendu très-détaillé, que *le Moniteur* publia deux jours plus tard dans son numéro du 18.

Aujourd'hui, vers une heure, l'Assemblée nationale a été envahie par une troupe d'abord peu nombreuse et qui s'est ensuite grossie jusqu'au nombre de quelques milliers d'hommes. Le prétexte de cet attentat était la présentation d'une pétition en faveur de la Pologne. Les pétitionnaires, arrêtés aux entrées de la salle de la représentation nationale par le citoyen Lamartine, ont bientôt forcé la consigne et se sont précipités dans la salle, *excités par quelques membres de l'Assemblée qui ont participé à ce crime de lèse-souveraineté.*

La salle des délibérations a été violée ; la tribune usurpée par des orateurs factieux. Le tumulte le plus affreux régnait dans l'assemblée ; les interpellations s'échangeaient entre les insurgés et quelques représentants. L'hémicycle était rempli d'hommes du peuple *qui semblaient obéir à une consigne dès longtemps connue et acceptée, et qui n'ont accordé de silence qu'aux discours des citoyens Blanqui et Raspail.*

L'Assemblée, d'ailleurs, a montré l'attitude la plus admirable. Calme au milieu de cet horrible désordre, elle attendait en silence et sans crainte que cette fureur insensée se fut épuisée. Enfin, vers quatre heures, les insurgés répandus dans l'Assemblée entière, dans l'hémicycle, sur les bancs, dans les couloirs, dans les tribunes, ont commencé à se retirer, en déclarant qu'ils attendraient la délibération de l'Assemblée, et qu'ils ne s'éloigneraient que quand les représentants auraient décidé la guerre en faveur de la Pologne et le commencement immédiat des hostilités. Le citoyen Blanqui a même étendu ces demandes ; et à côté de la Pologne, il a traité des affaires de Rouen et réclamé le châtiment « de la garde bourgeoise » de cette ville.

Avant même que ces scènes désastreuses eussent commencé, et pendant qu'elles se passaient, la Commission du Pouvoir exécutif, en permanence au Petit-Luxembourg, donnait tous les ordres nécessaires pour prévenir ou vaincre l'insurrection. Les citoyens Garnier-Pagès, Arago, Marie, disposaient, *avec un ensemble admirable*, de toutes les forces militaires et administratives de la cité; les citoyens Lamartine et Ledru-Rollin se transportaient à la Chambre, où leur voix était méconnue et complétement impuissante devant l'insurrection.

Cependant la garde nationale, convoquée par le rappel qui battait dans toutes les légions, cernait les abords de l'Assemblée nationale; et les conspirateurs, menacés d'y être faits prisonniers, se retiraient et se transportaient à l'Hôtel-de-Ville.

Après une lutte qui dura peu de temps, ils y entraient. Mais bientôt, grâce au citoyen Marrast et à son adjoint le citoyen Adam, les conspirateurs étaient saisis; deux membres de la représentation nationale, les citoyens Barbès et Albert, qui faisaient partie d'un nouveau gouvernement proclamé par quelques insensés, étaient faits prisonniers et gardés sous escorte.

Plus tard, l'Assemblée nationale décrétait la mise en accusation des deux représentants dont la conduite, si elle est justifiable, devra être défendue désormais devant la justice du pays.

Vers cinq heures tout était fini, les délibérations de l'Assemblée avaient repris leur cours; les citoyens Garnier-Pagès, Arago, Marie, s'étaient transportés à l'Assemblée à la fois pour la rassurer et pour lui rendre compte des mesures qui avaient été adoptées, et lui faire pressentir celles qui devront être prises. Les citoyens Lamartine et Ledru-Rollin s'étaient rendus à l'Hôtel-de-Ville, et ils revenaient bientôt à l'Assemblée. Quelques instants après, le citoyen Armand Marrast montait à la tribune et rendait compte en termes précis et rassurants de la défaite des conspirateurs, arrêtés et retenus sous la garde du citoyen Adam, adjoint au maire de Paris.

Ce soir la Commission du Pouvoir exécutif a pris toutes les mesures pour que *les conspirateurs* fussent transférés dans le fort de Vincennes, sous une escorte qui pût répondre d'eux.

A huit heures du soir, tout Paris était rentré dans la plus complète sécurité. *La conspiration* est vaincue, et *elle sera punie* suivant toute la sévérité des lois.

(*Moniteur universel*, 16 mai 1848.)

ACTE D'ACCUSATION.

Le procureur général près la Haute Cour de justice expose que par arrêt du 16 janvier 1849, la Cour d'appel de Paris, Chambres des mises en accusation et des appels de police correctionnelle réunies, a mis en accusation, et que l'Assemblée nationale a, par décret du 22 janvier 1849, promulgué le 26, renvoyé devant la Haute Cour de justice, qui se réunira à Bourges, pour y être jugés conformément à la loi,

Les nommés :

1° Blanqui (Louis-Auguste), âgé de quarante-deux ans, homme de lettres, né à Nice (Sardaigne), demeurant à Paris, rue Boucher, 1 ;

2° Flotte (Benjamin), âgé de trente-quatre ans, cuisinier, né à Cuers (Var), demeurant à Paris, rue Boucher, 1 ;

3° Martin (Alexandre), dit Albert, âgé de trente-trois ans, représentant du peuple à l'Assemblée nationale, né à Bury (Oise), demeurant à Paris, rue et hôtel du Helder ;

4° Blanc (Jean-Joseph Louis), âgé de trente-quatre ans, représentant du peuple à l'Assemblée nationale, demeurant à Paris, rue Vivienne, 59 ; absent ;

5° Barbès (Armand), âgé de trente-huit ans, représentant du peuple à l'Assemblée nationale, demeurant à Paris, rue d'Enfer, 51 ;

6° Sobrier (Joseph-Marie), âgé de trente-sept ans, rentier et propriétaire, né à Lyon (Rhône), demeurant à Paris, rue de Rivoli, 16 ;

7° Seigneuret (Joseph-Hippolyte), âgé de vingt-neuf ans, avocat, né à Fontainebleau (Seine-et-Marne), ayant demeuré à Paris, rue de Rivoli, 16, journal *la Commune de Paris* ; absent ;

8° Houneau (Joachim), âgé de vingt-quatre ans, homme de lettres, ex-maître d'études au lycée Monge, né à Paris, y ayant demeuré, rue de Rivoli, 16, et rue de la Harpe, 92 ; absent ;

9° Huber, ayant demeuré à Paris, rue du Faubourg-Montmartre, 73, chez Moulin ; absent ;

10° Raspail (François-Vincent), âgé de cinquante-quatre ans, chimiste, homme de lettres, représentant du peuple à l'Assemblée nationale, né à Carpentras (Vaucluse), demeurant à Montrouge, près Paris, rue de la Tombe-Issoire, 55;

11° LAVIRON, capitaine d'artillerie de la garde nationale de Paris, y ayant demeuré, rue Hautefeuille; absent;

12° QUENTIN (Auguste-François), âgé de quarante-neuf ans, propriétaire, né à Angers (Maine-et-Loire), demeurant à Paris, rue de la Chaussée-d'Antin, 38;

13° DEGRÉ (Paul), dit le Pompier, âgé de trente-six ans, artiste peintre, né à Paris, demeurant à Montargis (Loiret);

14° CHANCEL (Napoléon), ex-commissaire du Gouvernement provisoire dans le département de la Drôme; absent;

15° LARGER (Xavier-Victor), âgé de trente-trois ans, mécanicien, ex-chef de la garde nationale de Passy, né à Soultz Haut-Rhin), demeurant à Passy, rue de la Montagne, 23;

16° BORME (Daniel), âgé de vingt-sept ans, chimiste, né à Roque-Brussanne (Var), demeurant à Paris, rue du Ponceau, 7;

17° THOMAS (Louis Jules-Ferdinand, âgé de trente-un ans, élève en pharmacie, né à Antony (Seine), demeurant à Vaugirard, rue Blomet, 1;

18° COURTAIS (Amable-Gaspard-Henri), âgé de cinquante-sept ans, représentant du peuple à l'Assemblée nationale, ex-commandant de la garde nationale de Paris, demeurant à Paris, rue de Choiseul, 8 bis;

19° CAUSSIDIÈRE (Marc-Louis), âgé de trente-neuf ans, représentant du peuple à l'Assemblée nationale, demeurant à Paris, rue Constantine, 26; absent;

20° Et VILLAIN, ayant demeuré à Paris, rue Calais, 5; absent.

Déclare, le procureur général, que des pièces et de l'instruction résultent les faits suivants :

L'Assemblée nationale, élue par le suffrage universel, venait de se constituer, le 4 mai 1848, et avait, par une acclamation unanime, salué la République proclamée le 24 février.

Investie de tous les pouvoirs, constituant à elle seule le gouvernement du pays, elle avait, dans un esprit de conciliation, délégué le Pouvoir exécutif à une Commission dans laquelle étaient entrés les principaux éléments du Gouvernement provisoire. Ses premiers actes témoignaient de son vif et sincère désir d'organiser une République honnête et sage, et d'améliorer, avant tout, le sort de ces classes laborieuses pour lesquelles elle manifestait chaque jour la plus ardente sympathie.

Cependant, et alors que ses travaux étaient à peine commencés depuis quelques jours, le 15 mai, un odieux attentat est dirigé contre l'Assemblée nationale, contre le gouvernement de la République, que lui ont déféré dix millions de suffrages. L'enceinte de ses séances est envahie et souillée par l'émeute ; un prétendu Gouvernement provisoire est un instant proclamé à l'Hôtel-de-Ville. Les factieux, excitant les citoyens les uns contre les autres, cherchent à allumer la guerre civile dans la cité.

Grâce à la courageuse fermeté de l'Assemblée, à l'énergie, au patriotisme de la garde nationale et de la population toute entière, ces odieuses tentatives ont été immédiatement réprimées, et leurs coupables auteurs placés sous la main de la justice.

Ces hommes, qui depuis si longtemps prétendaient appeler de leurs vœux la République, s'étaient, dès les premiers jours, constitués les adversaires de la République fondée en février. Ennemis de tout gouvernement qui ne donnait pas une satisfaction immédiate et entière à leur impatiente ambition, à leur amour pour le désordre, à leurs théories anarchiques, ils avaient tenté de renverser le Gouvernement provisoire le 17 mars, et surtout le 16 avril.

Comprimés, à cette dernière époque, par l'élan de la garde nationale parisienne, ils n'avaient pas renoncé à leurs projets, dont l'exécution n'était qu'ajournée; les nombreux clubs qu'ils avaient formés étaient devenus le foyer d'une conspiration permanente, qui attendait le moment favorable pour éclater, et dont le but était d'arriver, par la guerre civile, à la destruction du gouvernement établi.

Dans les clubs, l'Assemblée nationale était chaque jour injuriée et menacée. On y annonçait hautement l'intention de peser sur ses délibérations par des pétitions présentées d'abord sans armes ; en cas de résistance, on devait chasser les représentants par la violence et dissoudre l'Assemblée.

Au mois de mai, presque tous les accusés dominaient dans ces clubs révolutionnaires. Ainsi, Blanqui présidait le Club central républicain ; Flotte en était l'archiviste, et Quentin un des membres les plus ardents. C'était dans la maison rue de Rivoli, 16, habitée par Sobrier, que se réunissait le Club des Clubs, devenu plus tard le Comité centralisateur des clubs, sous la présidence de Huber. Houneau et Seigneuret étaient membres de ce club, en même temps qu'ils rédigeaient le journal *la Commune de Paris*, fondé par Sobrier. Raspail présidait le Club des Amis du Peuple. La Société des Droits de l'Homme avait pour président Villain, et comptait parmi les membres de son Comité central Barbès et Huber. Laviron appartenait à cette société, Thomas au club des Jacobins, Larger à un club de Passy, et Degré présidait une réunion de même nature établie à Montargis.

Le décret de l'Assemblée nationale sur la formation de la Commission du Pouvoir exécutif, la composition de cette Commission et celle du ministère, qui avaient pour résultat d'écarter du pouvoir Louis Blanc et Albert, un autre décret qui défendait aux citoyens d'apporter en personne des pétitions à la barre, déterminèrent une manifestation hostile contre l'Assemblée sous le prétexte d'une pétition qu'on voulait présenter en faveur de la Pologne. Des réunions eurent lieu entre les délégués des clubs et des sociétés populaires, d'abord rue de Rivoli, chez Sobrier, le 11 mai, et, le 12 mai, chez Dourlans, restaurateur à la barrière de l'Etoile, pour organiser la manifestation, qui fut fixée au 13, et plus tard au 15 mai.

Le 13 mai, une réunion peu nombreuse apporta à l'Assemblée une pétition en faveur de la Pologne; ce rassemblement s'arrêta à la place de la Concorde, et un représentant du peuple vint recevoir la pétition, qu'il déposa sur le bureau de l'Assemblée.

Mais, le 14, de nouvelles réunions eurent lieu dans les clubs, et notamment dans l'orangerie des Tuileries; une manifestation plus complète fut convenue pour le 15. Les avis furent partagés sur le caractère qu'on devait donner à cet acte : les uns voulaient que la démonstration eût lieu en armes; selon les autres, il fallait se présenter sans armes, sous peine de tomber dans le piége tendu par la réaction. Quelques-uns disaient que la manifestation ne manquerait pas d'amener une collision, et qu'il fallait dès lors avoir des armes cachées. On ne put se mettre d'accord sur ces diverses propositions.

Le 15 mai, les uns vinrent sans armes, les autres étaient armés ou devaient, au premier signal, aller chercher les armes qu'ils tenaient prêtes pour le cas où la lutte s'engagerait; les sections armées de la Société des Droits de l'Homme furent déclarées en permanence.

Sur des convocations adressées soit directement, soit par la voie des journaux, on se réunit, le 15 mai au matin, sur la place de la Bastille. Des discours propres à surexciter les esprits furent prononcés, et l'on se mit en marche à dix heures et demie pour se rendre par les boulevards à l'Assemblée nationale. En tête de la colonne étaient placés les délégués des clubs et les bannières. Au premier rang marchaient Huber et Sobrier; Blanqui, sur le boulevard du Temple, prit avec son club place dans le cortége; Raspail s'y réunit un peu plus loin, et il fut convenu que la pétition rédigée par lui remplacerait celle qui avait été adoptée la veille.

Vers midi, la manifestation arrivait sur la place de la Madeleine, où elle rencontrait le général Courtais, chargé du commandement en chef de toutes les forces destinées à protéger l'Assemblée. Après quelques explications échangées, le général promit qu'une députation des délégués serait admise à présenter la pétition dans le palais de l'Assemblée, et que la colonne pourrait défiler sur le pont de la Concorde et sur le quai d'Orsay.

Cette promesse ne fut ratifiée ni par le président de l'Assemblée, ni par M. de Lamartine, dont le général Courtais tenta en vain d'obtenir l'assentiment.

Cependant la colonne était arrivée auprès de l'obélisque. Les cris : « En avant! en avant! » partaient des rangs du club Blanqui, et on se trouvait bientôt à la tête du pont de la Concorde, dont l'abord était gardé par un faible détachement; mais le général Courtais fit ranger sur les trottoirs la garde nationale et la garde mobile, en criant : « Laissez passer le peuple! » La foule arriva promptememt à la grille du péristyle, où elle fut encore arrêtée quelques instants par la garde qui, placée en dehors et en dedans de la grille, obéissait aux ordres énergiques du questeur Degousée, et refusait de livrer le passage. Mais bientôt, aux cris partis de la foule : « La garde mobile a les armes chargées! elle va tirer sur nous! » quelques gardes mirent la crosse en l'air, d'autres passèrent la baguette dans leur fusil pour montrer qu'il n'était pas chargé, et le général Courtais donna par écrit, à l'un des chefs de bataillon de la garde mobile, l'ordre, qui fut exécuté, de faire remettre les baïonnettes dans le fourreau.

Le général Courtais, qui d'abord cherchait à ne laisser entrer que des délégués, fit bientôt ouvrir la grille, et facilita de ce côté l'envahissement de l'Assemblée. Les efforts de M. Lamartine, qui tentait de s'opposer au moins à la violation de la salle des représentants, furent accueillis par des injures et des menaces.

Pendant ce temps, la foule s'était dirigée vers la porte du palais qui s'ouvre sur la place Bourgogne. L'Assemblée n'était pas mieux défendue de ce côté. Quelques gardes nationaux, qui s'y trouvaient en petit nombre, reçurent aussi l'ordre de remettre la baïonnette dans le fourreau, et le général Courtais, accouru en toute hâte, ne sembla s'être placé sur l'entablement du mur qui supporte la colonnade que pour aider, suivant quelques témoins, les factieux à escalader ce mur en leur tendant la main.

La grande porte, fermée jusque-là, fut ouverte. La foule se précipita dans les tribunes, et l'Assemblée fut envahie tout à la fois par les factieux qui pénétraient par les portes latérales au bureau du président et par ceux qui, se laissant glisser le long des colonnes, descendaient des tribunes publiques dans l'enceinte réservée aux représentants.

Au milieu de cet effroyable désordre, et tandis que les représentants restent immobiles sur leurs bancs, ne répondant que par leur sang-froid, par la dignité de leur attitude, aux provocations dont plusieurs d'entre eux sont l'objet, Raspail, monté à la tribune malgré les efforts du président et les protestations de l'Assemblée, parvient, grâce à l'intervention de Louis Blanc, à lire sa pétition en faveur de la Pologne.

Blanqui prend la parole après lui ; il demande que l'Assemblée accueille immédiatement sa pétition par un vote favorable. Il reproche à la représentation nationale la misère du peuple, l'exclusion de Louis Blanc et d'Albert de la Commission du Pouvoir exécutif ; il accuse d'assassinat ceux qui ont réprimé l'émeute de Rouen.

Pendant que ces scènes se passent dans la salle des séances, Louis Blanc, Albert et Barbès cèdent aux cris de la foule qui les appelle. Groupés tous les trois dans les plis d'un drapeau tricolore, ils se placent sur l'entablement d'une fenêtre donnant sur la cour du palais ; Louis Blanc félicite la foule qui encombre cette cour sur la conquête qu'elle vient de faire du droit de pétition, et Barbès lui promet qu'elle défilera devant l'Assemblée. Rentré dans la salle du palais, Louis Blanc s'écrie : « La manifestation de ce jour n'est pas de celles qui ébranlent, mais qui renversent. »

Bientôt après, Barbès monte à la tribune, déclare que le droit de pétition est désormais incontestable, et il invite le peuple à se retirer ; il demande avant tout qu'il soit admis à défiler devant l'Assemblée.

Raspail qui veut arriver à un simulacre de délibération, fait des efforts pour que la foule évacue la salle des séances et laisse l'Assemblée délibérer en liberté.

Huber parle dans le même sens ; mais il veut que le peuple défile devant la tribune, protestant qu'il se fera tuer sur place si l'on n'accueille pas sa demande, et ajoutant qu'il faut que l'Assemblée sache que trois cent mille citoyens veillent sur elle.

Barbès prend la parole ; il demande le départ immédiat d'une armée pour la Pologne, l'éloignement de Paris des troupes qui y tiennent garnison, le vote d'un impôt d'un milliard sur les riches, et propose de déclarer traîtres à la patrie ceux qui ordonneraient de battre le rappel.

Blanqui, Flotte, Sobrier se précipitent en même temps à la tribune. Le bureau est assailli, et des menaces sont adressées au président.

Cependant, l'ordre de battre le rappel, donné à deux heures par M. Garnier-Pagès, s'exécutait dans la ville. En entendant le tambour, les factieux s'irritent contre le général Courtais qui les a introduits dans le palais, et l'accusent de trahison. « Nous n'avons pas de temps à perdre, » dit Huber. Aussitôt des listes sont écrites pour désigner les membres d'un nouveau Gouvernement provisoire ; ces noms, qui varient sur quelques listes, sont ceux de Louis Blanc, Barbès, Albert, Blanqui, Raspail, Huber, Caussidière, Pierre Leroux, Cabet, Proudhon. Bientôt Huber monte à la tribune, et s'écrie :

« Puisqu'on ne veut pas prendre de décision, au nom du peuple français, trompé par ses représentants, je déclare que l'Assemblée nationale est dissoute. » Puis, saisissant le président au collet : « Vous n'êtes plus rien ici, allez-vous-en, lui dit-il... Maintenant, à l'Hôtel-de-Ville ! »

Les factieux, entraînés à sa suite, se divisent en deux bandes, qui se rendent par des chemins divers à l'Hôtel-de-Ville ; Barbès conduit l'une par la rive droite de la Seine ; l'autre, sur la rive gauche, est guidée par Albert.

Sur le quai Pelletier, elles se réunissent ; la garde nationale arrête d'abord leur marche. Un coup de feu est tiré, et le garde national Herisson est blessé à la cuisse ; des boutiques d'armuriers sont pillées. Quelques factieux munis de cartes de passe, se disant envoyés par le nouveau gouvernement, se frayent un passage à travers les rangs de la garde nationale. La foule se précipite à leur suite et parvient jusqu'à l'Hôtel-de-Ville, dont les grilles sont bientôt ouvertes.

Installés dans l'Hôtel avec quelques-uns de leurs complices, Barbès et Albert signent un décret ainsi conçu :

« Le peuple ayant dissous l'Assemblée nationale, il ne reste plus d'autre pouvoir que celui du peuple lui-même.

« En conséquence, le peuple ayant manifesté son vœu d'avoir pour Gouvernement provisoire les citoyens Louis Blanc, Albert, Ledru-Rollin, Barbès, Raspail, Pierre Leroux, et Thoré ;

« Ces citoyens sont nommés membres de la Commission du Gouvernement.

« Le citoyen Caussidière est continué dans les fonctions de délégué de la République à la Préfecture de police.

« La garde nationale reçoit l'ordre de rentrer dans ses quartiers respectifs.

« Signé : A. BARBÈS et ALBERT. »

Une autre pièce, signée de Barbès seul et écrite de sa main, a été, le 25 mai, saisie sur le nommé Chrétien, écroué le même jour à la Force, sous la prévention de vol. Chrétien a déclaré avoir trouvé cette pièce le 16 mai, dans une rue qu'il n'a pas désignée ; elle est ainsi conçue :

« RÉPUBLIQUE FRANÇAISE — GOUVERNEMENT PROVISOIRE.

« Le maire de Paris,

« Le Gouvernement provisoire, prenant en considération le vœu du peuple, déclare qu'il va signifier immédiatement aux gouvernements russe et allemand l'ordre de reconstituer la Pologne ; et faute à ces gouvernements d'obéir à cet ordre, le gouvernement de la République leur déclarera immédiatement la guerre.

« *Les membres de la Commission de Gouvernement,*

« Signé : ARMAND BARBÈS. »

Pendant que Barbès et Albert cherchaient ainsi à organiser le gouvernement nouveau à l'Hôtel-de-Ville, et que des listes, jetées par les fenêtres, faisaient connaître au peuple les noms des membres de ce gouvernement, Quentin se présentait au Luxembourg pour en prendre possession au nom du nouveau gouvernement, et Sobrier envahissait le cabinet du ministre de l'intérieur avec quelques factieux, qui enlevaient les sceaux de ce ministère.

Ces coupables tentatives allaient bientôt être réprimées.

La garde nationale accourait avec ardeur à la défense de l'Assemblée. Aidée par la garde mobile, elle avait expulsé les factieux et occupé la salle des séances, malgré les injonctions du général Courtais, qui lui ordonnait de se retirer, et qui avait été arrêté par elle.

Les membres de la Commission exécutive, Lamartine et Ledru-Rollin, à la tête de la garde nationale et de la troupe de ligne, se dirigeaient aux cris : « Vive l'Assemblée nationale? » vers l'Hôtel-de-Ville, où étaient arrêtés les accusés Barbès, Albert, Borme et Thomas.

Vers sept heures du soir, la garde nationale s'emparait de la maison rue de Rivoli, 16, qu'occupait Sobrier. Elle y arrêtait les accusés Seigneuret, Houneau et un grand nombre d'hommes armés. On trouva dans cette maison cent soixante fusils, deux barils de poudre, et, parmi de nombreux papiers, cinq projets de décrets proclamant la dissolution de l'Assemblée nationale et d'autres mesures anarchiques. Sobrier avait été arrêté dans un café sur le quai d'Orsay, à son retour du ministère de l'intérieur, et au moment où il racontait la dissolution de l'Assemblée natiotionale.

Durant la nuit, Sobrier et Barbès conservaient encore l'espoir d'être délivrés. En effet, les sections de la Société des Droits de l'Homme étaient sous les armes et prêtes à agir ; mais l'énergie déployée par la garde nationale fit contremander sans doute les ordres qui devaient être donnés à ces sections. Sur un seul point, dans la salle Molière, où l'accusé Villain avait le matin même transporté des armes, la garde nationale essuya des coups de feu. Deux gardes nationaux furent tués et d'autres furent blessés.

Pendant que la ville était ainsi en proie à la sédition, l'accusé Caussidière, chargé par ses fonctions de veiller à la défense de l'ordre, avait cessé, depuis dix heures et demie du matin, de se mettre en rapport avec le président de l'Assemblée et la Commission exécutive, au sein de laquelle il se rendit seulement à minuit. Il était resté enfermé dans la Préfecture de police, occupée par les montagnards et par la garde républicaine, qui lui étaient aveuglément dévoués. Les factieux y trouvaient asile et protection, et les prisonniers amenés par la garde nationale étaient mis en liberté, tandis que les gardes nationaux y étaient outragés ou retenus prisonniers. Ce ne fut que le 16, et à la suite d'un déploiement de forces considérables, que l'autorité supérieure put faire occuper la Préfecture de police par la garde nationale. Le lendemain, Caussidière donna sa démission de préfet de police, et l'ordre fut ainsi rétabli dans toute la cité.

Tel est l'ensemble des faits qui se rattachent à l'attentat du 15 mai, et qui vont être repris en détail dans leur application à chacun des accusés.

BLANQUI (Louis-Auguste).

Louis-Auguste Blanqui, condamné politique, avait été rendu à la liberté par la révolution de février. Revenu à Paris, il chercha presque immédiatement les moyens de renverser le Gouvernement provisoire de la République. Il fonda sous le nom de *Société républicaine centrale*, un club dont il fut le président. Les orateurs de cette société, qui se réunissait rue Bergère, dans la salle du Conservatoire de musique, professaient les doctrines les plus anarchiques, et proposaient, pour en amener le triomphe, les mesures les plus violentes. Les procès-verbaux des séances, saisis par la justice, et les dépositions de plusieurs témoins fournissent à cet égard les preuves les moins contestables. L'instruction a trouvé la trace de projets, plusieurs fois formés par Blanqui, de s'emparer de l'Hôtel-de-Ville.

Le 17 mars, ses agents s'étaient mêlés dans ce but à la foule pour protester contre la manifestation de la garde nationale; mais, grâce à l'intervention de citoyens énergiques, ils ne purent pénétrer dans l'Hôtel-de-Ville, où l'on n'admit que les délégués.

Plus tard, le 16 avril, on voit Blanqui s'abouchant avec des sous-officiers de la garde républicaine, dans les rangs de laquelle il comptait des partisans, se faisant introduire seul dans l'Hôtel-de-Ville par le sieur Drevet, délégué du peuple, examinant les lieux, et engageant vivement le sous-lieutenant Darate à le laisser pénétrer à une heure dont on conviendrait, avec des hommes à lui, sous l'apparence d'une patrouille qui rentrerait dans l'Hôtel. Ces tentatives d'embauchage restèrent heureusement sans résultat.

La publication faite, le 31 mars, dans le n° 1 de *la Revue rétrospective*, d'un document présenté comme émané de Blanqui, en 1839, ne déconcerta pas les résolutions de cet accusé et ne l'isola pas de tous ses auxiliaires. Il publia une réponse à la *Revue rétrospective*, et n'en déploya que plus d'hostilité et de persévérance dans sa lutte contre le Gouvernement provisoire. « C'est maintenant, écrivait, le 15 avril, une de ses sœurs dans une lettre jointe aux pièces, une question de vie ou de mort politique pour Auguste ; ou il triomphera et le peuple avec lui, ou il terminera là sa carrière. »

La manifestation du 16 avril fut pour Blanqui l'occasion d'une nouvelle tentative contre le Gouvernement provisoire.

Un grand nombre d'ouvriers de divers états avaient été appelés au Champ de Mars dans le but apparent de préparer l'élection des officiers d'état-major de la garde nationale. Blanqui et ses adhérents se mêlent à cette réunion ; ils ne font plus mystère de leurs projets, et pour entraîner en les égarant les ouvriers paisibles dont ils redoutent la dissidence, ils font répandre le faux bruit de la révocation des pouvoirs donnés aux délégués du Luxembourg, de l'assassinat de Louis-Blanc et de la mort du ministre Ledru-Rollin. C'est ainsi que Blanqui parvint à pousser vers l'Hôtel-de-Ville des masses considérables. On sait avec quel rapide et généreux élan la garde nationale, répondant au rappel, accourut se ranger autour de l'Hôtel-de-Ville pour défendre l'ordre social et protéger le gouvernement établi. L'attitude de ces nombreux bataillons fit ajourner cette fois encore la conspiration en quelque sorte permanente dont Blanqui se montrait l'agent le plus actif.

Les événements qui s'accomplirent à Rouen dans les journées des 27 et 28 avril, et qui contraignirent l'autorité à maintenir par la force le respect dû à la loi, fournirent à Blanqui un nouveau prétexte pour semer la discorde et exciter les passions. Dans des diatribes proférées aux séances du club qu'il présidait, dans des circulaires et dans des affiches contenant une sorte d'adresse de la *Société répu-*

blicaine centrale au Gouvernement provisoire, il dénaturait ce qu'il appelait les massacres de Rouen ; il représentait comme des assassins les gardes nationaux, qu'il affectait de nommer les *gardes bourgeois*, et il provoquait les ouvriers à la vengeance. Et comme l'indignation publique faisait justice de ces placards en les arrachant, des montagnards, armés de fusils qu'ils allaient chercher à la Préfecture de police, étaient placés en faction à la porte du domicile de Blanqui pour empêcher la lacération des affiches.

Tous ces actes coupables avaient appelé l'attention de la justice ; Blanqui avait même été, dans les derniers jours d'avril, l'objet d'un mandat d'amener dont l'exécution fut ajournée. Une information avait été commencée, mais elle dut bientôt se confondre avec la procédure concernant l'attentat aujourd'hui déféré à la Haute Cour de justice.

La pensée de cet attentat a été audacieusement développée, dans la séance du club que Blanqui présidait le 13 mai. Un membre, dont le discours, incomplétement indiqué par le procès-verbal du club, est très-précisément rapporté par plusieurs témoins, demanda que le club présentât directement à l'Assemblée nationale une série de propositions : « Nous irons, disait-il, quarante, cinquante, cent mille; là nous poserons la question d'une manière très-nette : l'Assemblée veut-elle ou ne veut-elle pas? Nous demanderons un décret immédiat, et si elle le refuse, nous agirons. Nous ne devons pas attendre pour faire cette manifestation; c'est de suite qu'il faut la faire, c'est pour la première réunion, c'est pour lundi. »

Blanqui répondit qu'il approuvait les idées émises par le préopinant, que ce qu'il demandait était juste, qu'il le demandait lui-même, ainsi que beaucoup d'autres choses, mais qu'il fallait choisir son moment; que le peuple était ennemi du communisme, qu'il ne comprenait pas encore, mais qu'il était sensible à d'autres idées; que le mot de Pologne était un mot magique, que c'était au nom de la Pologne qu'il fallait l'entraîner; que sans doute il faudrait faire une démonstration et se rendre à l'Assemblée, mais qu'il ne pouvait dès à présent fixer le jour... et qu'enfin il se réservait d'indiquer le moment.

Blanqui ignorait-il alors que déjà, dans la réunion présidée la veille, chez Dourlans, par Huber, le lundi 15 mai avait été adopté pour l'accomplissement de cette résolution, ou bien usait-il de dissimulation?

C'est à cette dernière opinion que s'est arrêté l'un des témoins. Ce qui est certain, c'est que le lendemain, 14 mai, à l'ouverture de la séance, Blanqui fait décider que la *Société centrale républicaine* se joindra aux corporations qui doivent porter à l'Assemblée nationale une pétition en faveur de la Pologne; mais, dans un but qu'il est facile de comprendre, le club Blanqui ne se rendra pas sur la place de la Bastille, au lieu du rendez-vous général; il se réunira isolément sur le boulevard du Temple, à neuf heures du matin, près du théâtre de la Gaîté : là, il attendra le passage de la colonne et y choisira la place qui servira le mieux ses projets.

Le lundi 15, en effet, au passage du cortége, la *Société centrale républicaine* s'introduisit dans les premiers rangs, et Blanqui prit place en tête avec les délégués.

Les intentions de Blanqui n'étaient douteuses pour aucun de ceux qui le connaissaient; aux yeux de quelques-uns, sa présence dans le cortége était à elle seule un avertissement.

Un témoin rapporte que la veille (14 mai), dans une réunion chez l'accusé Louis Blanc, un monsieur qui parut être un représentant, parla de la démonstration du lendemain et dit : « Il se prépare là une affaire plus grave qu'on ne pense; je suis persuadé que Blanqui donnera à cette manifestation beaucoup plus de portée qu'on ne croit. » Le témoin Lamieussens exprime ainsi les motifs qui l'ont déterminé à ne pas assister à cette démonstration : « Nous craignions une collision qui pouvait être provoquée par un coup de feu tiré par un de ces hommes qui, en ce moment, avaient besoin de désordre. »

Enfin, le sieur Landolphe, interrogé par le juge d'instruction, ne laisse aucune incertitude sur les sentiments qui portaient Blanqui à se mêler à la manifestation : « Il savait, dit-il, qu'une accusation formidable pesait sur sa tête; il voulait se sauver à tout prix; il voulait tout faire sauter, dût-il sauter avec. »

Blanqui est entré l'un des premiers dans le palais de l'Assemblée nationale; selon le témoin Bassac, il était avec Raspail à la tête des délégués dont le général Courtais sollicitait l'admission, et qui, vers une heure, ont forcé la grille faisant face au pont de la Concorde.

Plus tard, entré dans la salle des séances, il répondait, il est vrai, au témoin Sklower qui le questionnait : « C'est une manifestation pacifique; nous venons pour la Pologne et pour consacrer le droit de pétition. » Mais presque au même instant Feuillâtre, son partisan, son ami, disait avec jactance au témoin Desgrousilliers qui le rencontrait au milieu des factieux : « Nous avons désarmé la garde nationale de service et crevé les tambours pour les empêcher de battre le rappel; nous allons aujourd'hui prendre notre revanche, envahir l'Assemblée, jeter les représentants par la fenêtre et nettoyer les écuries d'Augias. »

Après l'envahissement complet de l'Assemblée, après la lecture de la pétition par Raspail, Blanqui monte à la tribune. Il demande un vote immédiat sur les conclusions de la pétition; il réclame justice au nom du peuple, à l'occasion des événements de Rouen, il s'écrie que, s'il y a quelqu'un à punir, ce ne sont pas les victimes des massacres, mais leurs auteurs.

Il parle de la misère du peuple, et somme l'Assemblée de s'occuper, sans désemparer, des moyens de donner de l'ouvrage aux milliers de citoyens qui en manquent. « Ses paroles, dit un témoin représentant, n'étaient pas des paroles de paix, car elles étaient de nature à irriter le peuple contre les riches. » Enfin, Blanqui déclare en terminant que le peuple a vu, avec une certaine douleur, des hommes qu'il aime écartés, pour ainsi dire, systématiquement des conseils du gouvernement, et que cela a ébranlé la confiance.

Ce discours porta l'effervescence à son comble et accrut encore le désordre. Le témoin Lebreton pense que, « sans Blanqui, la salle des séances eût pu être évacuée à trois heures un quart; » mais l'excitation qu'il produisit détermina bientôt les scènes au milieu desquelles l'accusé Huber allait audacieusement prononcer la dissolution de l'Assemblée, tandis que d'autres distribuaient les listes d'un nouveau gouvernement sur lesquelles figurait le nom de Blanqui.

Porteur d'une de ces listes, Blanqui est sorti l'un des derniers de la salle de l'Assemblée, en disant : « La Chambre est dissoute, maintenant à l'Hôtel-de-Ville! » Le témoin Schlinger déclare, en effet, l'avoir vu à l'Hôtel-de-Ville, entrant avec plusieurs personnes dans une pièce du premier étage; le témoin Robequin est moins affirmatif, mais il a cru le reconnaître dans un individu que l'on avait saisi par sa cravate.

Enfin, le nom de Blanqui était inscrit l'un des premiers

sur quelques-unes pes listes du gouvernement que l'on jetait par les fenêtres de l'Hôtel-de-Ville; on y joignait des cartes rouges, qui n'étaient autres que des cartes d'admission à la Société républicaine centrale.

Le soir, après le triomphe de l'ordre, à l'instant même où la garde nationale et la troupe de ligne parcouraient les rues aux cris de : « Vive l'Assemblée nationale! » les partisans de Blanqui ne perdaient pas toute espérance. Réunis entre sept et huit heures, au nombre de cent environ, dans la salle habituelle de leur club, sous la présidence du sieur Thouard, ils se concertaient avec Lacambre, leur vice-président, et convenaient de se rendre à la Préfecture de police. Un des montagnards demanda s'il fallait y aller armé ou non armé? Lacambre répondit : « On vous le dira. » La séance fut levée.

Blanqui a échappé pendant quelques jours aux recherches de la police. Il a été arrêté le 26 mai dans une maison où il avait reçu asile, rue Montholon, 14. Il a, dans le cours de l'instruction, refusé de répondre aux questions des magistrats qui l'ont interrogé; son intention est, dit-il, de ne s'expliquer qu'en audience publique sur les inculpations dont il est l'objet.

FLOTTE (Benjamin).

Flotte, cuisinier, était détenu pour délit politique, lorsque la révolution de février vint ouvrir les portes de sa prison. Ami exalté de Blanqui, il logeait avec lui, rue Boucher, 1; il était archiviste de la *Société républicaine centrale*. Aux élections générales du mois d'avril, son nom figura sur quelques listes de candidats. Avant le 15 mai, ses démarches avaient déjà attiré l'attention de la police; arrêté dans un groupe, auprès d'une affiche, sur le boulevard, et relâché le lendemain, il avait été, comme Blanqui, après le 16 avril, l'objet d'un mandat d'amener demeuré sans exécution.

Le 15 mai, vers une heure, au moment où la tête de la colonne arrivait au pont de la Concorde, Flotte faisait partie d'un groupe qui entourait alors Blanqui et Huber. Il se jeta avec quelques autres individus sur des gardes nationaux pour les désarmer; saisi violemment par un Polonais, membre de la députation, qui essaya de le contenir et qui lui demanda s'il était venu pour faire du tumulte, il répondit affirmativement, ajoutant qu'il se nommait Flotte, et que la journée ne se passerait pas sans un dénoûment violent.

Dans l'intérieur de l'Assemblée, Flotte se fait remarquer parmi les plus violents auteurs de l'attentat commis contre la représentation nationale. Monté sur la tribune, il ménaçait du geste le président Buchez, en lui ordonnant de mettre aux voix le décret relatif à la Pologne. Plus tard, il insistait avec plusieurs autres pour lui arracher la défense de battre le rappel. Enfin, quand le président, chassé de son fauteuil, venait, contraint par la plus coupable violence, de s'éloigner de la salle, Flotte appuyait la motion, présentée en forme de décret par un factieux, de déclarer traîtres à la patrie et de mettre en état d'arrestation les membres de la représentation nationale qui avaient quitté leurs siéges. Flotte s'écriait alors, d'après *le Moniteur :* « Ne laissez pas sortir les représentants qui fuient le combat; ce sont des traîtres, ceux qui s'en vont. »

Il a suivi à l'Hôtel-de-Ville ceux qui allaient y installer le gouvernement des factieux. Le témoin Robequin, placé en faction à la porte d'une des salles, a fait de vains efforts pour l'empêcher d'entrer : il voulait, disait-il, voir Barbès, et il a suivi la foule qui cherchait ce dernier.

Le soir, vers dix heures, Flotte est allé à la Préfecture de police, où Lacambre, deux heures auparavant, avait donné rendez-vous aux montagnards du club Blanqui.

Flotte ne reparut pas à son domicile, rue Boucher, n° 1. Dans la perquisition qui y fut faite le 16 mai, on saisit, entre autres objets, quatre fusils de munition, onze brassards rouges et deux écharpes tricolores.

Enfin, il fut arrêté, le 29 mai, rue Saint-Honoré, n° 268, caché dans l'arrière-boutique d'un épicier. Il était en ce moment porteur du manuscrit d'une lettre signée de lui qu'a publiée le journal *le Représentant du Peuple* et qui est relative à l'arrestation de Blanqui. On peut juger par cette lettre de l'accord des vues et des sentiments qui existe entre ces deux hommes.

Flotte, comme Blanqui, a refusé de répondre aux questions des magistrats.

MARTIN, dit ALBERT.

Martin, dit Albert, signalé comme l'un des chefs du communisme, membre du Comité directeur des sociétés secrètes, avec Caussidière, Grandménil et Delahodde, avait pris une part active à la révolution de 1848. Porté, le 24 février, au Gouvernement provisoire, sous la désignation d'Albert, ouvrier, il fit, dès les premiers jours, scission avec une partie de ses collègues. Comme Louis Blanc, il voulait que le drapeau rouge remplaçât les couleurs nationales. Il était vice-président de la Commission de gouvernement pour les travailleurs, qui siégeait au Luxembourg, sous la présidence de Louis Blanc, et tous deux exerçaient, par l'intermédiaire des délégués de chaque industrie, une grande influence sur les ouvriers. C'est à l'aide de ces moyens qu'ils ont coopéré à la manifestation du 16 avril, dont les bannières portaient pour devise : « Organisation du travail, abolition de l'exploitation de l'homme par l'homme. » Albert reconnaît qu'il a été distribué, à cette occasion, des cartouches provenant d'une caisse déposée dans son appartement au Luxembourg, et qui lui aurait, dit-il, été confiée, avec cinquante fusils, par ordre du général Courtais, pour la défense du Gouvernement provisoire.

La proposition faite à l'Assemblée nationale, le 10 mai, d'un décret ordonnant une enquête sur le travail, et la nomination d'une commission chargée d'y procéder, était le signal de la dissolution de la commission présidée par Louis Blanc et Albert. C'est dans la soirée du samedi 13 mai qu'eut lieu au Luxembourg la dernière séance des délégués des travailleurs. « Mes amis, leur dit Louis Blanc, mon cœur et mes sentiments sont avec vous, quoique je ne sois plus votre président. Si vous avez des armes chargées, ne les déchargez pas, car vous pourrez en avoir besoin ; si on voulait vous les reprendre, ne les rendez pas ; gardez-les bien ; la réaction marche à grand pas ; gardez-les bien ; ne vous en désaisissez jamais. » Puis il leur présenta Albert en leur disant : « Voilà Albert, mon ami ; il est à vous ainsi que moi. Nous nous reverrons, vous savez ! » Les délégués répondirent : « Oui, oui, soyez tranquilles, nous vous défendrons. » Enfin, le témoin Retourné rapporte qu'en quittant le Luxembourg, Albert ou Louis Blanc a dit : « Nous y reviendrons bientôt, mais nous y reviendrons en maîtres. »

Le dimanche 14 mai, Albert assistait, chez Louis Blanc, à cette réunion qu'on appelait la réunion Barbès, et dans laquelle on s'entretenait de la manifestation pour la Pologne. Le lendemain 15 mai, au moment où le palais de l'Assemblée allait être envahi, Albert était à la tête et au premier rang des factieux, vêtu, non pas comme à l'ordinaire, d'un habit noir et d'un gilet blanc, mais d'un paletot et d'un chapeau d'ouvrier. La grille du péristyle s'ouvre devant lui, sur la présentation de sa carte de représentant. Il entre à la tête de cinq ou six cents hommes des plus exaltés, en leur disant : « Venez, mes amis. » Le questeur Degousée, l'ayant saisi à la gorge pour le repousser, est lui-même entouré et pris aux cheveux et au collet; il se dégage énergiquement de ces étreintes, il court à la tribune annoncer que les ordres donnés pour la défense de l'Assemblée ont été méconnus par le commandant en chef de la garde nationale.

Le représentant Léon Robert veut s'opposer, près de la grille du jardin, au passage d'Albert et de ceux qu'il conduit. Albert lui dit d'un ton animé que le peuple est souverain, et a droit d'entrer à l'Assemblée comme les représentants.

M. de Lamartine, s'élançant au devant de la foule pour essayer de la contenir, se trouve dans la salle des Colonnes, en face d'un groupe qui veut forcer l'enceinte législative. En tête de ce groupe, parmi sept ou huit individus, M. de Lamartine reconnaît Albert, et, se tenant par le bras près de lui, les accusés Houneau, Quentin et Laviron. Aux observations de M. de Lamartine, qui les invite à remettre, soit à lui, soit à d'autres représentants, une pétition qu'ils ne peuvent apporter en personne à la Chambre, Albert répond : « Citoyen Lamartine, vous pouvez être un grand poëte, mais vous n'avez pas notre confiance comme homme d'État... Il y a assez longtemps que vous nous faites de la poésie et de belles phrases; il faut autre chose au peuple maintenant; il veut aller parler lui-même à l'Assemblée nationale. »

S'approchant à ce moment du témoin Grégoire, qu'il reconnaît, Albert lui dit : « J'ai du monde assez aujourd'hui (en appuyant sur ce dernier mot), et je vais les f..... tous par la fenêtre. » Et comme le témoin lui rappelle, en le regardant en face que, le 24 février, il a concouru à empêcher le Gouvernement provisoire d'être jeté par les fenêtres, Albert ajoute : « Je m'en souviens bien. Nous étions des patriotes, et ici ce sont des aristocrates et des réactionnaires !... Oui, je les f...... tous par la fenêtre. »

L'insistance du témoin, qui faisait appel à des sentiments d'honneur, paraissait sur le point d'éveiller dans l'âme d'Albert une heureuse émotion, lorsque le capitaine d'artillerie Laviron, frappant violemment sur son sabre, lui dit : « S.... n.. de D...! est-ce que tu as peur! Marche, et je te suivrai! Si tu ne marches pas, je te ferai marcher; je suis délégué comme toi! »

Ces paroles rendent à Albert sa première violence. Quelques instants après, dans un des couloirs de l'Assemblée, le représentant Auguste Avond l'entend répondre à quelques observations qui lui sont adressées par M. Ledru-Rollin : « Votre *triste* Chambre, avant une demi-heure, aura ce qu'elle mérite. »

Aux cris de la foule qui appelle Louis Blanc, Barbès et Albert, tous trois se placent, comme il a été dit, sur l'entablement d'une fenêtre ouvrant sur la cour, du côté de la rue de Bourgogne. Un drapeau est donné à Albert; il le passe à Barbès, qui l'agite sur la foule; puis tous trois enlacent leurs bras, s'enveloppent dans les plis du drapeau, et, en quittant la fenêtre, font à la foule trois salutations.

Pendant l'envahissement de l'Assemblée, Albert vint s'asseoir au bureau du secrétaire, où se trouvait le sieur Grégoire. « Vous voyez, lui dit ce dernier, que ce que je vous avais annoncé se réalise. » Albert ne répondit rien. Le témoin ajoute qu'il sentait l'eau-de-vie et qu'il paraissait abattu.

Albert s'était placé derrière la tribune, lorsqu'un des gardiens extérieurs de la Chambre vint lui dire : « Vous savez que nous avons des armes. » Le témoin Corby a très-distinctement entendu l'accusé lui répondre : « Pas pour aujourd'hui; ce n'est que le premier acte! »

A trois heures, Albert était auprès du fauteuil du président, s'entretenant à voix basse avec quatre ou cinq des factieux. Deux de ces derniers ne dissimulaient pas leurs armes; ils paraissaient délibérer, et le témoin Louis Cruveilhier, secrétaire du président de l'Assemblée nationale, a recueilli ces mots prononcés par Albert : « L'affaire est faite. »

Le nom de l'accusé Albert se trouve sur presque toutes les listes de gouvernement écrites dans les salles de l'Assemblée nationale.

Après la proclamation de la dissolution de l'Assemblée, par Huber, Albert est vu au milieu des groupes d'ouvriers qui l'entraînent en criant : « Allons, allons, marchons à l'Hôtel-de-Ville. » Louis Blanc est à quelques pas de lui. Albert allègue que, dans le trajet, pour se dérober à la foule qui l'entraînait, il est monté dans une maison du quai, d'où il a regagné l'Hôtel-de-Ville une demi-heure après ; mais il ne précise ni le numéro ni la situation de cette maison. Il résulte, d'ailleurs, de plusieurs témoignages qu'il est entré à l'Hôtel-de-Ville en même temps que Barbès, en tête de la foule, au milieu des bannières.

Peu d'instants après, monté sur le piédestal d'une statue, dans la cour, il disait qu'il fallait nommer un Gouvernement révolutionnaire, et proclamait les noms de ceux qui devaient en faire partie.

Enfin, quand l'Hôtel-de-Ville eut été repris, Albert fut arrêté dans la salle du premier étage, parmi ceux qui s'étaient déjà constitués en Gouvernement provisoire. Voyant Barbès prisonnier comme lui, il dit aux défenseurs de l'ordre : « Si Barbès est arrêté, je suis aussi coupable que lui, je veux partager son sort. »

Le nom d'Albert figurait le second sur les listes de Gouvernement saisies sur la table autour de laquelle avaient été surpris les individus arrêtés ; sa signature était, avec celle de Barbès, au bas de l'écrit en forme de décret qui confirmait la dissolution de l'Assemblée nationale, nommait la Commission de gouvernement, continuait Caussidière dans ses fonctions, et ordonnait à la garde nationale de rentrer dans ses quartiers.

Transféré dans la nuit du 15 au 16 mai à Vincennes, Albert, interrogé par le commissaire extraordinaire du gouvernement, se déclarait complétement étranger à l'attentat ; depuis, dans les cinq interrogatoires qu'il a subis devant M. le juge d'instruction, il a abondonné peu à peu ce système de dénégation. Il reconnaît avoir signé en connaissance de cause le décret saisi. Il persiste seulement à soutenir qu'il a cherché à empêcher la manifestation, qu'il a été entraîné malgré lui à l'Hôtel-de-Ville, et qu'il n'a pas tenu plusieurs des propos relevés contre lui.

LOUIS BLANC.

Jean-Joseph-Louis Blanc, d'abord secrétaire, puis membre du Gouvernement provisoire, fut, par arrêté du 28 février 1848, nommé président de la *Commission de gouvernement pour les travailleurs* qui s'installa dans le palais du Luxembourg. On connaît la direction donnée aux discussions ouvertes au sein de cette commission. En convoquant son auditoire pour la réunion du 16 avril au Champ de Mars, Louis Blanc lui disait : « Le 24 février a mis au grand jour la puissance du peuple, et le peuple sera obéi toutes les fois qu'il voudra l'être. » Les discours de Louis Blanc, à l'occasion des élections, qui devaient l'investir du mandat de représentant du peuple, fournissent de nombreux exemples des flatteries habiles et funestes à l'aide desquelles il cherchait à conquérir sur les ouvriers de toutes les industries une influence qui se propageait par l'intermédiaire des délégués du Luxembourg.

Au Gouvernement provisoire succéda la Commission du Pouvoir exécutif, nommée par l'Assemblée nationale dans sa séance du 10 mai, Louis Blanc, qui ne fit pas partie de cette Commission, tenta de se frayer une nouvelle route vers le pouvoir, en proposant à l'Assemblée nationale de créer un ministère du travail et du progrès. Le vote négatif de l'Assemblée et la présentation du décret prescrivant une enquête sur le travail devinrent le signal de la clôture des réunions du Luxembourg.

On a vu plus haut dans quels termes précurseurs d'une lutte prochaine Louis Blanc et Albert annoncèrent aux délégués la nécessité de leur séparation. L'impression de ces paroles fut telle, que les délégués délibérèrent sur le point de savoir s'ils iraient en armes à la manifestation annoncée pour le lundi 15, et ce ne fut qu'après un long débat que la majorité décida qu'on s'y rendrait sans armes.

Le dimanche 14 mai, dans la matinée, il y avait eu chez Louis Blanc, rue Taitbout, 2, une réunion à laquelle assistaient les accusés Barbès et Albert. Tout ce qu'on sait de cette réunion, c'est qu'il y fut question de la manifestation du lundi 15 dans des termes qui devaient au moins éveiller quelques craintes.

Pendant la journée, Louis Blanc reçut de nombreux visiteurs, beaucoup d'ouvriers, et il est certain qu'il n'ignorait pas la pensée de ceux qui étaient les promoteurs de la manifestation.

Dans la matinée du 15 mai, les visites continuèrent : un témoin en porte le nombre à plus de soixante.

Après le départ de Louis Blanc, qui, vers dix heures, alla déjeuner au café Véron, une colonne d'environ trois cents individus défila sous les fenêtres de son appartement en criant : Vive Louis Blanc !

Vers midi, quelques individus, porteurs de drapeaux ou

de bannières, attendirent sous la porte cochère de la maison le passage du cortége et y prirent leur rang quand il arriva à la hauteur de la rue Taitbout.

Lorsque les factieux eurent envahi les cours du palais de l'Assemblée, ils appelèrent Louis Blanc à grands cris. Louis Blanc, averti, vint demander au président de l'Assemblée l'autorisation d'aller haranguer la foule pour l'engager à se retirer. Le président Buchez lui répondit qu'il n'avait pas d'ordre à lui donner, mais qu'il devait savoir ce qu'il avait à faire comme bon citoyen. Louis Blanc réitéra sa démarche et finit par dire : « Le bureau m'y autorise-t-il? — Eh bien! oui, » répondit le vice-président Corbon.

Ce fut alors que, rejoignant Barbès, il se plaça avec lui et Albert sur l'entablement d'une fenêtre ouvrant sur la cour. Placé au milieu des deux autres accusés, Louis Blanc adresse à la foule une allocution chaleureuse dans laquelle, au lieu d'engager les envahisseurs à se retirer, il les félicite de leur manifestation en faveur de la Pologne : « Le droit de pétition que vous exercez, leur dit-il, est un droit incontestable, auquel aucune autorité ne saurait porter atteinte; vous l'exercez et je vous en félicite. » Il leur parla ensuite de leur bonheur à venir : « Tant que les représentants du peuple (et il désignait Albert et Barbès) seront à l'Assemblée, vos intérêts seront soutenus, nous y consacrerons notre vie, dussions-nous sanctionner nos efforts par notre mort, et nous mourrons avec cet espoir que nous ne seront pas les seuls à mourir pour cette cause. » Puis, après une pause, il continue avec animation : « S'il faut encore du sang, nous trouverons bien des victimes. » Il parle de ses idées sur le travail qu'on traitait d'utopies, et il dit : « On veut que l'ouvrier puisse vivre; moi, je veux l'élever au rang et au bien-être de ceux qui l'oppriment, et j'y arriverai. » Il ajoute même, selon le témoin Sénafort, que le moment n'est plus de conserver, mais bien de renverser tout ce qui était et de reconquérir ainsi les droits que le peuple avait obtenus le 24 février.

Il termine en parlant de la Pologne et de la gloire de la France, qu'il veut grande et respectée à l'extérieur, non-seulement par ses idées, mais par ses armes.

En se retirant, il promit, ainsi que Barbès, de faire admettre la foule dans l'Assemblée.

Au moment où il s'éloigne de la fenêtre, deux des factieux l'élèvent dans leurs bras et le portent en triomphe jusque dans la salle des Pas-Perdus. Là, monté sur une chaise, il harangue de nouveau la multitude, qui l'interrompt en criant : Vive Louis Blanc! « Ne criez pas vive Louis Blanc! leur dit-il; les hommes sont sujets à l'erreur; criez plutôt vive la République! — La République démocratique, dit une voix. — Oui, la République démocratique et sociale, » dit Louis Blanc; et il continua : « Le peuple est fort; en lui réside la toute-puissance. Avant la force, il y a quelque chose de plus utile aujourd'hui, c'est l'union; avant l'union, quelque chose de plus urgent, c'est la vigilance. Soyez donc forts, unis et vigilants; ne vous laissez pas abuser par les promesses de ces prétendus représentants qui ne sont point les représentants du peuple, puisqu'ils n'en comprennent ni les besoins ni les intérêts. »

C'est alors qu'il ajoute ces paroles, recueillies au crayon sur une carte par le témoin Malude : « Une démonstration comme celle d'aujourd'hui n'est pas de celles qui ébranlent, mais de celles qui renversent. »

Il dit enfin : « Quant à moi, je dois au peuple mon intelligence, mon cœur, ma vie et ma mort, s'il le faut. »

Ces paroles produisirent un tel effet, que Louis Blanc est de nouveau enlevé et porté en triomphe jusque dans la salle de l'Assemblée. Là, au milieu du tumulte, monté sur une table, il harangue de nouveau la foule et prononce distinctement ces mots, que plusieurs représentants se sont étonnés de ne pas retrouver au *Moniteur* : « Je vous félicite d'avoir reconquis le droit d'apporter vos pétitions à la Chambre; désormais on ne pourra plus vous contester ce droit. »

Quelques temps après, Huber prononce la dissolution de la Chambre; les factieux dressent la liste du nouveau gouvernement, dans la salle même où se trouve Louis Blanc; ils proclament et écrivent son nom sans qu'il fasse entendre la moindre protestation. Il sort au milieu de ceux qui annoncent à grands cris qu'ils vont à l'Hôtel-de-Ville. Mais, arrivant près de la grille du péristyle, il aperçoit la garde nationale et la garde mobile qui reprennent l'offensive; il saute par une fenêtre, traverse le jardin de l'hôtel de la présidence et débouche sur l'esplanade des Invalides, où stationnait un bataillon attendant des ordres.

Les factieux qui accompagnent Louis Blanc veulent encore le porter en triomphe. « Ne le faites pas, dit-il, je vous en prie; c'est une affaire manquée, vous me feriez remarquer. — Nous n'avons pas peur, lui répondent-ils, nous avons des armes, » et ils montrent des pistolets et des poignards. Mais le commandant du bataillon de garde nationale devant lequel se passait cette scène fait charger les armes. Ceux qui entouraient Louis Blanc s'éloignent vers la rue Saint-Dominique et veulent l'escorter à l'Hôtel-de-Ville. « Laissez-moi y aller seul, leur dit-il ; je vais prendre un cabriolet et vous viendrez m'y rejoindre. » A quelques pas de là stationnait un cabriolet de remise loué par le sieur Lemaigre, marchand de vins à Bercy, qui, en revenant de Grenelle, s'était arrêté pour savoir ce qui se passait.

Deux personnes, se détachant d'un groupe duquel partaient des cris confus, demandent au sieur Lemaigre de sauver la vie à Louis Blanc que l'on étouffait. Le sieur Lemaigre se prête à leur désir, et Louis Blanc se place avec son frère et le sieur Lemaigre dans le cabriolet, où il est presque entièrement caché par le cocher Fortubras, assis pour ainsi dire sur ses genoux. Il demande à être conduit en toute hâte à l'Hôtel-de-Ville, pour éviter l'effusion du sang. La voiture s'éloigne rapidement.

Le sieur Lemaigre, porteur d'une somme d'argent considérable, craint d'aller à l'Hôtel-de-Ville dans de pareilles circonstances ; il offre à l'accusé de le conduire dans cette direction, chez un de ses amis, rue de l'Ecole-de-Médecine.

Pendant le trajet, le voyant très-inquiet, il va jusqu'à lui proposer de le conduire à Bercy ; mais Louis Blanc refuse et insiste pour aller à l'Hôtel-de-Ville, afin d'empêcher la *guerre civile.*

Arrivés rue de l'Ecole-de-Médecine, chez l'ami du sieur Lemaigre, le sieur Arnaud, Louis Blanc et son frère prennent un verre de vin, et ne parlent que pour demander à changer de linge. Arnaud n'ayant pas de flanelle, ils annoncent l'intention d'aller en demander dans le voisinage, chez le libraire Masson, rue de l'Ecole-de-Médecine, n° 1. Aux instances du sieur Arnaud, pour les retenir quelques moments encore, Charles Blanc répond : « Il faut que mon frère parte et puisse parler aux masses ; la guerre civile en dépend. »

Chez le libraire Masson, où ils se rendent en effet, les deux frères changent de flanelle et de linge, et se retirent au bout d'un quart d'heure, en annonçant qu'ils vont chez eux, c'est-à-dire rue Taitbout. Ils prennent à pied la rue Hautefeuille, puis la rue Poupée, dans laquelle le témoin Lacauchie les voit entrer vers cinq heures un quart.

Le témoin Puget a rencontré Louis Blanc au coin du uai aux Fleurs et du pont Notre-Dame; à ce moment, la arde nationale se rendait par masses à l'Hôtel-de-Ville; il ouvait être cinq heures et demie, dit le témoin; Louis lanc était en compagnie de trois hommes vêtus en bour-eois, jeunes encore, et armés chacun d'un fusil de munition. Le témoin ne sait si l'accusé Louis Blanc et les trois itoyens qui l'accompagnaient venaient du pont Notre-Dame u du quai Napoléon, mais ils tournaient le dos à l'Hôtel-e-Ville. Les trois personnes qui étaient avec Louis Blanc quittèrent au milieu du quai aux Fleurs, prirent la rue du Iarché-aux-Fleurs et traversèrent la rue de Constantine; ouis Blanc, seul, longea le marché au Fleurs et prit le uai de l'Horloge. Il était sept heures ou sept heures et emie quand il est rentré chez lui, rue Taitbout, conduit ar une citadine.

L'intention annoncée par Louis Blanc au témoin Le-naigre d'aller à l'Hôtel-de-Ville, le chemin qu'il a suivi en uittant le magasin du libraire Masson, la direction dans aquelle le témoin Puget l'a rencontré accompagné 'hommes armés, sont de graves indices de la présence de ouis Blanc à l'Hôtel-de-Ville. Des faits plus concluants iennent fortifier ces charges.

Le témoin Watrin, ancien lieutenant-colonel de la 6e lé-ion, est entré à l'Hôtel-de-Ville au moment où les listes de ouvernement étaient jetées par les fenêtres sur la place; uvrant brusquement la porte de la pièce où se trouvaient es distributeurs, il déclare y avoir reconnu Louis Blanc au ombre d'autres personnes assises et écrivant autour d'une able.

Un autre témoin rapporte que deux ouvriers lui ont dit voir vu à l'Hôtel-de-Ville Louis Blanc, qui n'y est resté ue quelques instants. Le témoin Martongen, tailleur à l'ate-ier national de Clichy, a entendu dire à un ouvrier de l'ate-ier qu'il avait aidé Louis Blanc à sortir de l'Hôtel-de-Ville par une croisée, en le prenant dans ses bras. Enfin les ar-illeurs Lamblin et Gavet, entrés des premiers dans la salle ù s'étaient réunis les factieux, se sont emparés de divers papiers abandonnés par ces derniers et au nombre desquels tait une lettre conçue en ces termes : « Rue l'Arbre-Sec. e t'écris ce mot pour que tu ne sois inquiète. Je suis avec Albert et Louis le Blans et nous, et la samble est destitué.

Nous tenon séance cette nuit au Luxembourg. — Je te sal
Ton mari. »

L'accusé Louis Blanc a été entendu comme témoin à u
époque où l'Assemble nationale n'avait pas encore autoı
la poursuite. Il a en outre discuté les charges qui s'élèv
contre lui en combattant à la tribune de l'Assemb
nationale, dans les séances des 3 juin et 25 août, la
mande en autorisation de poursuites deux fois présentées.
protesté des intentions conciliatrices de ses discours, s
dans l'enceinte de la Chambre, soit au dehors. Il a co
tamment soutenu n'avoir pas été à l'Hôtel-de-Ville et n'av
pris la direction du quai aux Fleurs que pour y chercher u
voiture. Mais ses dénégations n'ont pu détruire les char
qui pèsent sur lui.

Le mandat d'amener décerné contre Louis Blanc n'a
être mis à exécution.

BARBÈS (Armand).

Barbès, condamné politique, mis en liberté par le Go
vernement provisoire, avait été successivement élu colo
de la 12e légion de la garde nationale de Paris, et rep
sentant du peuple à l'Assemble nationale. Il présida
rue Montesquieu, le club de la Révolution, auquel il donn
son nom. Il était membre du Comité central de la Soci
des droits de l'homme, présidée par l'accusé Villain. C'es
ce titre que, dans les derniers jours d'avril, il fut l'un
signataires de ce violent manifeste qu'on vit affiché da
les rues de Paris, au nom de la Société des droits
l'homme, et qui se terminait ainsi : « Si maintenant, malg
cette promesse de pardon, vous persistez à vous isoler po
défendre l'ancienne forme sociale, vous trouverez à l'ava
garde, au jour de la lutte, nos sections organisées, et ce
sera plus de *pardon* que vos frères vous parleront, mais
justice. »

L'émotion produite par cette affiche fut telle, qu'u
partie du corps des officiers de la 12e légion crut devoi
répondre par une protestation publique.

Barbès assistait, le dimanche 14 mai, chez Louis Bla
à cette réunion dont il a déjà été parlé. Il insista, avec Lo
Blanc, dit un témoin, sur l'utilité qu'il y aurait à empêc
Blanqui de donner une trop grande portée à la manifestat

du lendemain. Il avait, le 13 au soir, essayé de calmer, dans le même sens, l'effervescence de son club, qu'il avait trouvé en feu, suivant l'expression du sieur Landolphe. Enfin, une lettre d'Huber à lui adressée le 13 mai, et saisie chez Landolphe, achevait de l'éclairer sur le caractère que les clubs entendaient donner à la manifestation. Et cependant, le 14 au soir, le colonel Barbès manque seul à l'état-major, à la convocation du commandant en chef de la garde nationale.

Le 15, à l'Assemblée, au moment où le tumulte commence, où les tribunes sont envahies par des individus porteurs de drapeaux, Barbès s'élance à la tribune, et s'y maintient malgré ses collègues.

Après que Raspail a lu la pétition, Barbès occupe de nouveau la tribune, et dit :

« Citoyens, que l'Assemblée des représentants du peuple prenne en considération la pétition qu'on vient de lui apporter; qu'elle déclare qu'elle s'associe au vœu du peuple, et que par conséquent le peuple de Paris a bien mérité de la patrie.... que l'Assemblée nationale, ajoute-t-il, en s'adressant aux factieux, s'associe au vœu que vous venez d'exprimer... »

Interrompu par les cris de : « Vive Barbès! » il poursuit en ces termes :

« Citoyens, vous êtes venus exercer votre droit de pétition; ce droit de pétition, vous avez bien fait de venir l'exercer; il vous appartient, et désormais il ne pourra vous être contesté.

« Maintenant le *devoir* de l'Assemblée est de prendre en considération la demande que vous avez faite; et comme le vœu que vous exprimez est positivement le vœu de la France, l'Assemblée aura à décréter ce que vous demandez... » Interrompu par de nouvelles clameurs, il termine par ces mots :

« Citoyens, vous êtes venus exprimer vos vœux à l'Assemblée; l'Assemblée les a entendus, il faut qu'elle y fasse droit; mais pour qu'elle ne semble pas violentée, il faut dans ce moment-ci que vous vous retiriez. »

Pendant le discours de Blanqui, Barbès sort de la salle, et placé, comme on l'a dit, avec Albert et Louis Blanc, sur l'entablement d'une fenêtre donnant sur la cour, il annonce au peuple, suivant un témoin, qu'il est admis à défiler devant l'Assemblée; suivant un autre, qu'il va demander à l'Assemblée l'autorisation de le faire défiler devant elle. Il ajoute : « Je n'ai pas besoin de vous recommander le calme et le sang-froid. »

Dans la salle des séances, le représentant Jusserand entend Barbès dire à deux individus étrangers à l'Assemblée : « Ma foi, quoi qu'il arrive, la journée sera bonne pour nous. »

Vers trois heures et demie, quand le tumulte est à son comble, quand le président est sous la menace de quatre ou cinq individus, au milieu desquels se fait remarquer le capitaine d'artillerie Laviron, quand l'Assemblée tout entière est en proie à une grave appréhension, Barbès reparaît à la tribune. *Le Moniteur* rapporte ainsi les paroles prononcées par lui :

« Citoyens représentants, le peuple qui est à vos portes demande à défiler devant vous; je demande que vous le lui accordiez... Il faut que l'Assemblée vote immédiatement le départ d'une armée pour la Pologne, un impôt d'un milliard sur les riches... (Plusieurs membres des clubs : Non! non! Barbès, ce n'est pas ça, tu te trompes : deux heures de pillage!) qu'elle défende de battre le rappel; qu'elle fasse sortir les troupes de Paris, sinon les représentants sont déclarés traîtres à la patrie! »

Le témoin Eugène Avond a entendu Barbès et le capitaine d'artillerie répéter à plusieurs reprises : « Un impôt d'un milliard sur l'*infâme* ville de Paris. »

Plus tard, Barbès, toujours à la tribune, s'écrie : « Pourquoi bat-on le rappel? Qui a donné l'ordre de battre le rappel? Que celui qui l'a donné soit déclaré traître à la patrie, mis hors la loi! »

Enfin, entre quatre et cinq heures, le témoin Avond l'entend encore dire : « Entendez la générale! on va massacrer nos frères! aux armes! à l'Hôtel-de-Ville! »

Les listes de gouvernement retrouvées dans les salles, celles proclamées dans la séance, portent le nom de Barbès.

C'est aux cris de : Vive Barbès! c'est en portant Barbès en triomphe, que les factieux quittent l'Assemblée pour aller à l'Hôtel-de-Ville. Barbès se met en marche avec la colonne, qui se dirige par la place de la Concorde, la rue de Rivoli, et les quais de la rive droite de la Seine.

Sur la place du Palais-National, un individu prend en toute hâte un cabriolet conduit par le cocher Dany, en disant : « Cocher, bon train, à l'Hôtel-de-Ville! » Au pont

Notre-Dame, la foule entoure le cabriolet en criant : « Voilà Barbès ! vive Barbès ! » On fait descendre de voiture celui qui est ainsi reconnu. Il paie le cocher, et s'éloigne en courant vers l'Hôtel-de-Ville, où la foule le suit.

Barbès est, en effet, entré à l'Hôtel-de-Ville à la tête des factieux et en se faisant énergiquement faire passage. Il s'y est installé avec ses complices, et il a agi comme membre du gouvernement que la sédition avait proclamé.

L'Hôtel-de-Ville repris, Barbès fut trouvé au milieu de sept ou huit personnes qui paraissaient délibérer. Il répondit au capitaine Péchinay, qu'il était membre du Gouvernement provisoire. — Est-ce de celui d'hier ou de celui d'aujourd'hui? demanda le capitaine. — De celui d'aujourd'hui, répliqua Barbès. Il fut arrêté et passa une partie de la nuit à l'Hôtel-de-Ville. Il s'attendait à être délivré, car il parut éprouver une déception très-vive en entendant le lieutenant-colonel Michel dire qu'on ne se battait pas à Paris.

« Qu'a fait la Chambre depuis qu'elle siége? demanda-t-il dans un autre instant, à l'adjudant-major Vanderberghe ; se bat-on dans Paris? — Non, répondit le témoin ; toute la garde nationale est contre vous. — Attendez, vous verrez! reprit Barbès. » Un coup de fusil, parti vers onze heures d'une des cours de l'Hôtel, sembla lui rendre quelque espoir. Il se leva, rajusta sa cravate et se promena de long en large. A deux heures du matin, il fut, ainsi qu'Albert et les autres prisonniers, transféré au château de Vincennes. Barbès a refusé de répondre aux questions qui lui ont été faites ; il s'est borné à reconnaître comme écrite et signée par lui la pièce saisie sur Chrétien. (V. plus haut l'exposé de faits généraux.)

SOBRIER.

Délégué, le 24 février 1848, à la Préfecture de police avec Caussidière, Sobrier se sépara de lui quelques jours après, et alla s'établir dans la maison rue de Rivoli, n° 16. Il y installa un comice agricole, la rédaction et le matériel du journal *la Commune de Paris*, et le Club des clubs, auquel succéda, dans le mois d'avril, le Comité centralisateur, présidé par l'accusé Huber. Le but de ce Comité était, selon l'expression du vice-président Danduran, de faire l'éducation des clubs, qui devaient y envoyer des délégués. Cette maison était, par les soins de la Préfecture de police, pourvue d'armes, de munitions de guerre, et d'un poste de douze ou quatorze hommes renouvelés chaque jour.

Dans les réunions qui s'y tenaient et qui avaient été ordonnées par Sobrier, on faisait entendre des menaces contre la garde nationale et la bourgeoisie. On annonçait hautement, par exemple, que le 15 mai on pousserait les choses à l'extrémité, qu'on dissoudrait la Chambre, qu'on irait jusqu'à la mort des représentants s'il le fallait.

C'est dans cet esprit que Sobrier et ceux qui étaient rassemblés autour de lui acceptèrent le projet de la manifestation du 15 mai. Tout était organisé d'avance. Les armes et les munitions étaient réparties dans divers endroits de la maison. Des projets de décrets, trouvés par le citoyen Jeandel et saisis par la justice, avaient été tout récemment rédigés : l'un d'eux instituait un Comité de salut public, et prononçait la déchéance de l'Assemblée, en lui reprochant, entre autres griefs, d'avoir interdit aux citoyens le droit de présenter eux-mêmes des pétitions, et d'avoir fait tirer sur le peuple apportant paisiblement une pétition en faveur des Polonais; un autre décret abolissait toute fonction publique, et conférait à des comités, composés de cinq ouvriers sur sept membres, les fonctions de vérificateurs de la fortune publique; un troisième établissait un impôt extraordinaire progressif et la confiscation des biens de ceux qui ne l'acquitteraient pas. Ces décrets sont écrits de la main de l'accusé Seigneuret.

C'étaient des affiches signées de Sobrier qui avaient convoqué le vendredi 12, chez Dourlans, boulevard de l'Étoile, aux Ternes, la réunion des délégués des clubs et des chefs de barricades, réunion dans laquelle la manifestation fut définitivement fixée au 15. Sobrier assistait à cette réunion, qui donna lieu à un rapport de police. Il y parla sans mystère, sans défiance, disant que lui et les siens voulaient une autre révolution, que l'Assemblée nationale devait être dissoute par la loi du plus fort. Cependant, le Comité centralisateur, qui siégeait le samedi 13, repoussa la proposition ouvertement faite par un membre de se rendre en armes à la manifestation du lundi, et décida que si on était attaqué on se défendrait, et que chacun irait chercher ses armes. Un avis rédigé par Sobrier, et publié le lendemain par les journaux *la Commune de Paris*, *la Vraie République*, *le Représentant du Peuple* et *le Père Duchêne*, se conforma à l'esprit de prévoyance de cette résolution. Cet avis était ainsi conçu :

« La marche devra être grave, solennelle, religieuse, imposante : le calme est le symbole de la *force*... C'est parce que nous sommes sûrs de faire triompher la cause démocratique, que nous recommandons le plus grand calme au peuple, qui n'a jamais été l'agresseur... ». Enfin, dans le numéro de *la Commune de Paris* du 15 mai, on lit ces lignes : « Il est urgent de faire tout de suite une démonstration sous la bannière *vivre en travaillant ou mourir en combattant*, afin de rappeler à l'Assemblée qu'elle n'est composée que de commis payés pour défendre les intérêts du peuple. »

En même temps, Sobrier faisait prévenir les hommes sur lesquels il croyait pouvoir compter. Le 14 mai, le sieur Girard, chef d'escadron, qui devait, le 15 mai, commander l'artillerie de l'Hôtel-de-Ville, reçoit la lettre suivante, portant le timbre de *la Commune de Paris*, et écrite sous la dictée de Sobrier :

« Le Comité centralisateur connaît votre patriotisme ; il pense que vous vous tiendrez prêt à tout événement. Si lundi nous répondions aux attaques des réacteurs, tous les patriotes feraient leur devoir. »

Sept mécaniciens chauffeurs de la Compagnie française du gaz sont, le 15 mai au matin, amenés chez Sobrier.

« Tant mieux ! dit Sobrier, plus nous serons, mieux cela vaudra, car nous voulons que la Pologne soit heureuse, ainsi que les ouvriers, et il faut que l'on envoie des hommes à son secours. Peut-être y aura-t-il du bruit, ajouta-t-il, car les carlistes et les réactionnaires voudront s'y porter... Si l'on en vient là, nous trouverons bien des armes, j'en ai chez moi avec des munitions. L'important est que vous connaissiez bien les conduits à gaz, parce que s'il y avait du bruit, il faudrait les couper. »

Dans la même matinée, les délégués des départements, réunis dans la salle Montesquieu, reçurent cinq émissaires porteurs d'une lettre signée de Sobrier, qui les engageait à venir bannières déployées, assister à la manifestation. Le président Hallez d'Arras déclara que les délégués n'avaient pas mission de faire des démarches de ce genre ; que, du reste, ils considéraient cette manifestation comme hostile au gouvernement et à l'Assemblée nationale, et qu'ils n'y prendraient aucune part. En se retirant, l'un des envoyés de Sobrier, montrant à sa boutonnière un ruban de laine rouge, prononça ces paroles significatives : « Si une collision s'élève, il ne faut pourtant pas que nous tirions les uns sur les autres ; vous nous reconnaîtrez à ce ruban rouge : c'est notre signe de ralliement. »

Une heure après, Sobrier, suivi de cinq ou six montagnards, vint lui-même renouveler son invitation au nom de *la Commune de Paris*. Le témoin Schitz lui rappela le refus déjà fait par la réunion. « Est-ce que vous voudriez nous f.... des coups de fusil? répliqua Sobrier ; sachez que je suis Sobrier et que vous ne me faites pas peur ! » Il sortit en proférant des menaces.

Sobrier partit de chez lui à la tête de quarante où cinquante individus, vêtus de bourgerons, pour rejoindre le cortége sur la place de la Bastille. En quittant la maison, ceux qui l'accompagnaient annoncèrent au concierge Huet qu'ils ne rentreraient pas le soir et qu'ils iraient coucher au ministère. Prenant place dans les premiers rangs de la colonne, il se dirigea avec la foule vers le palais de l'Assemblée nationale, et pénétra l'un des premiers, avec Blanqui, Raspail et d'autres chefs de clubs, dans l'enceinte réservée aux représentants. Là il se fait remarquer par l'exaltation de ses théories communistes ; il dit hautement que le jour est arrivé où les riches doivent payer pour les pauvres, et, entendant quelqu'un témoigner le désir de voir Sobrier, il se retourne et dit : « Vous l'avez devant les yeux ; c'est moi qui suis Sobrier ; » Il monte à la tribune, sur la tribune même ; il crie et gesticule avec fureur, il dit au secrétaire général de la questure : « Toi, il y a longtemps que tu mérites d'être fusillé, mais tu le seras aujourd'hui. » Dans le tumulte qui suit les paroles d'Huber sur la dissolution de l'Assemblée nationale, Sobrier est porté en triomphe par les factieux. « Il est, dit *le Moniteur*, dans un état d'agitation difficile à décrire. »

En quittant le palais de l'Assemblée, les chefs de l'insurrection disaient : « Le coup est fait ! nous avons réussi ! » L'un d'eux ajoutait : « La nuit sera terrible ! »

Sobrier, suivi d'un groupe de factieux, court au ministère de l'intérieur ; il pénètre jusque dans le cabinet du ministre. Pendant qu'il fait le tour de la pièce sans adresser la parole à M. Recurt, quelques-uns de ceux qui l'escortent annoncent à ce dernier la dissolution de la Chambre, la constitution d'un nouveau gouvernement, et réclament de lui la transmission de ces nouvelles dans les départements par la voie du télégraphe.

Sur le refus énergique du ministre, tous se retirent en criant : « A l'Hôtel-de-Ville! »

Dans ce court intervalle, les sceaux du ministère avaient disparu, dérobés par eux.

Vers six heures, Sobrier entre au café d'Orsay, où il cherche à propager le bruit de la dissolution de l'Assemblée. Il est reconnu par le représentant Rondeau, qui l'arrête et le remet à la garde nationale. On trouve dans la poche de son habit un pistolet chargé.

Sobrier, comme Barbès, s'attendait à être délivré. De la caserne du quai d'Orsay, où il avait été déposé, il a lancé dans la rue plusieurs billets qui ont été ramassés par les dragons. L'un de ces billets, adressé à Caussidière, lui rappelait qu'il lui avait promis de le faire mettre en liberté.

Une heure après, la garde nationale pénétrait dans la maison rue de Rivoli, n° 16; elle y arrêtait plus de soixante individus, au nombre desquels étaient les accusés Seigneuret et Houneau. Elle saisissait, indépendamment des papiers dont il a été parlé, cent soixante fusils, des cartouches et deux barils de poudre.

Sobrier, interrogé, a soutenu qu'il n'avait assisté à aucune réunion ; qu'on s'était, sans l'en avertir, servi de son nom pour faire les convocations, et qu'il avait ignoré l'existence des projets de décrets saisis chez lui. Il a avoué avoir assisté à la manifestation avec le pistolet chargé trouvé sur lui; il prétend n'être entré à l'Assemblée que pour sauver des représentants, et être entièrement étranger à l'enlèvement des sceaux du ministère de l'intérieur.

SEIGNEURET, absent.

Seigneuret, avocat agréé à Fécamp, avait laissé ses affaires en désordre, et confié à son père le soin de vendre sa charge pour aller prendre part aux émeutes de Rouen. Il s'était ensuite réfugié chez Sobrier, qui l'avait attaché à la rédaction de son journal. Dans une lettre écrite le 10 mai à un de ses parents, il s'exprimait en ces termes : « Je travaille à *la Commune de Paris*, en attendant que nous étranglions la garde nationale; tout est prêt. Tu recevras incessamment des nouvelles terribles. »

Il annonçait au témoin que le 15 on dissoudrait l'Assemblée. Ce jour-là, vers neuf heures du matin, il allait à la salle Montesquieu, en costume de montagnard, avec Sobrier, convier les délégués des gardes notionales de province à la manifestation, et rencontrant deux personnes de sa connaissance, il leur recommandait de ne pas aller, vers deux heures, du côté du palais de l'Assemblée, parce qu'à cette heure-là on s'en rendrait maître et on culbuterait tout. On annonçait l'établissement d'une autre république plus conforme à ses vœux, et sous laquelle il serait sous-préfet au Havre. Arrêté chez Sobrier dans la soirée, il a été, faute de renseignements, mis en liberté, et a, depuis, écrit à Sobrier une lettre dans laquelle il se déclare l'auteur des projets de décrets saisis.

HOUNEAU, absent.

Houneau a quitté au mois d'avril le lycée Monge, où il était maître d'études, et a été depuis lors l'un des rédacteurs du journal de Sobrier. Il est entré dans le palais de l'Assemblée, après avoir arraché les épaulettes d'un garde national. Il a dit au représentant Lamartine, qui s'opposait à son entrée dans la salle des séances : « Nous voulons lire la pétition, nous aurons un vote immédiat, sinon malheur à vous ! Si vous ne nous faites pas entrer, nous vous passerons sur le corps ! » A ces mots, il portait la main sous son habit, où un témoin dit avoir aperçu le manche d'un poignard.

Arrêté aussi chez Sobrier, le 15 au soir, il a été relâché en l'absence de renseignements.

HUBER, absent.

Huber avait été condamné, en 1836, à cinq ans de prison; en 1838, à la déportation pour crimes politiques. Il venait d'obtenir l'emploi d'intendant du domaine du Raincy à l'époque de la manifestation, dont il s'était déclaré lui-même l'auteur principal. Une lettre écrite par lui à Barbès, le 14, et saisie sur Landolphe, exprime le désir que la manifestation ait lieu sans armes; mais ses termes trahissent la disposition où il est de profiter de la première occasion pour prendre les armes et frapper.

Le 15 mai, Huber partit de la place de la Bastille à la tête de la manifestation, au milieu des délégués des clubs et des bannières. Il se détacha du cortége sur la place de la Concorde, et, une demi-heure avant l'ouverture de la séance, il pénétra dans la salle de l'Assemblée. Le secrétaire général de la questure le fit sortir; mais il rentra bientôt après, au moment où la séance venait de commencer. Invité de nouveau à se retirer, il dit que si on laissait lire la pétition par lui ou par les délégués, tout se passerait bien; mais que si on s'y refusait, il y aurait du désordre.

Le Moniteur constate qu'après l'envahissement de l'Assemblée. la lecture de la pétition et le discours de Blanqui, Huber monta à la tribune. Il paraît qu'à cet instant il annonça au président Buchez l'intention d'inviter la foule à se retirer, mais on voit bientôt à quelles conditions et dans quels termes : « On m'a donné parole, s'écrie-t-il, de laisser défiler le peuple devant la tribune; je me ferai tuer sur la place, si on ne tient pas cette promesse. J'engage le peuple à se retirer, et nous défilerons tous, deux à deux. Il faut que l'Assemblée sache que trois cent mille citoyens veillent sur elle. » Au plus fort du tumulte, Huber demande de nouveau qu'on fasse de la place pour que le peuple puisse défiler devant l'Assemblée. Epuisé d'efforts, il est pris d'un évanouissement qui dure une demi-heure. Revenu à lui, il s'élance à la tribune; avant de parler, il se tourne vers le président, qu'il insulte du geste et du regard, puis il s'écrie : « On ne veut pas prendre de décision ! Eh bien ! au nom du peuple, au nom du peuple trompé par ses représentants, je déclare que l'Assemblée nationale est dissoute. »

Au milieu des cris et des vociférations, pendant l'inexprimable confusion qui suivent ces paroles, Huber, dans un couloir, se concerte avec cinq ou six personnes, et écrit sur un papier quelques mots au crayon, disant : « Nous n'avons pas de temps à perdre. » Il rentre, et montre à Barbès, qui est à la tribune, ce morceau de papier, qui est une liste de noms, en lui demandant : « Connais-tu cela? » Sur la réponse négative de Barbès, il ajoute : « On ne t'a donc rien dit? »

Une feuille de papier au bout d'une pique est portée à la tribune. Huber l'arrache, et, d'une voix qui perce à travers les clameurs de tous, il s'écrie encore une fois : « L'Assemblée est dissoute! » Puis, se tournant vers le président, il le saisit au collet, le secoue violemment et lui dit : « Vous n'êtes plus rien, allez-vous-en. »

Après la sortie du président, après la lecture du décret des factieux, une troisième fois Huber proclame la dissolution de l'Assemblée. Plus tard, quand on vient de lire les noms proposés pour le nouveau gouvernement, on entend Huber crier : « Allons tous à l'Hôtel-de-Ville. » Il dit au général Tempoure, commandant en chef de la garde mobile : « Général, faites attention à ce que vous allez faire, votre avenir en dépend. Il n'y a plus d'Assemblée nationale ; je vous somme de me suivre à l'Hôtel-de-Ville. » Enfin il s'éloigne, et, montant sur la grille qui entoure le palais, il annonce à la foule que l'Assemblée est dissoute.

Au moment où il traverse les rangs de la garde nationale pour aller vers le pont, le témoin Pouillande, capitaine de la 10e légion, lui demande par quelle autorité l'Assemblée est dissoute. « Par l'autorité du peuple, » répond Huber. « Le peuple, c'est nous, et nous ne voulons pas la dissolution de l'Assemblée, » dit le capitaine en arrêtant Huber. Mais la foule se précipite et délivre le prisonnier, qu'elle entraîne au delà du pont.

Vers six heures du soir, Huber a été une seconde fois arrêté rue Coquillière, au coin de la rue Jean-Jacques Rousseau, par le témoin Sée, garde national, qui venait de la Chambre et qui l'avait reconnu. Conduit à la mairie du IVe arrondissement par le docteur Sée lui-même, il fut relâché par ordre du maire.

Rentré le soir, rue du Faubourg-Montmartre, 73, chez le sieur Moulin, avec lequel il demeurait, il dit à ce dernier qu'il ne savait ce qui lui avait passé par la tête quand il avait déclaré l'Assemblée dissoute. Il sortit pour aller faire couper sa barbe et ne reparut pas.

RASPAIL (Vincent-François).

Raspail, président du club des Amis du Peuple, a, dans la séance du 13 mai, prévenu les membres de ce club que la manifestation pour l'affranchissement de la Pologne avait été fixée, par le Comité centralisateur, au lundi 15 mai.

Suivant le témoin Veyne, il aurait rappelé le décret de l'Assemblée qui interdisait le rapport des pétitions à la barre et aurait annoncé qu'on devait s'arrêter à la grille, où des représentants recevraient la pétition des mains des délégués des clubs. Suivant, au contraire, un rapport de police dressé le soir même, tout en recommandant le calme et le silence, Raspail aurait ajouté : « Si quelqu'un vous insulte, répondez : Vous insultez la Pologne... A votre tête se trouvera la députation, qu'on introduira dans le sein de l'Assemblée ; elle approchera de la barre... Là, on déposera le motif de votre manifestation, en vous faisant les honneurs de la séance. »

Quoi qu'il en soit, le journal de Raspail, *l'Ami du Peuple*, dans son numéro du 14 mai, prévient les membres du club qu'ils devaient se réunir à l'Arsenal le lundi 15, à dix heures, pour se joindre à la manifestation.

Au départ de la colonne, Raspail et son club étaient à un rang éloigné de la tête du cortége. Dans le trajet sur le boulevard du Temple, Huber s'aperçut que la pétition qui avait été adoptée n'avait pas été rapportée par celui qui s'était chargé de la faire copier. Dans le petit désordre que souleva cet incident, on revint à la pétition de Raspail, qui avait d'abord été écartée, et on appela Raspail et Kersausie à prendre place en tête de la colonne, entre Huber et Danduran, vice-président du Comité centralisateur.

Raspail et Blanqui étaient en tête de cette partie de la colonne à laquelle le général Courtais fit ouvrir passage sur le pont. Ils étaient encore à la tête de ces soixante individus environ qui profitèrent de l'admission des délégués par le général Courtais pour forcer la grille faisant face au pont.

Bientôt après, Raspail, avec Sobrier, Blanqui et d'autres chefs de clubs, pénètre par les portes latérales dans l'enceinte réservée aux représentants. Raspail, en même temps que Blanqui et Quentin, monte à la tribune, tenant à la main sa pétition ; il refuse au président de la lui remettre. L'accusé Louis Blanc demande le silence, afin que la pétition soit lue. Le silence s'établit, et les mots prononcés par Raspail sont ceux-ci : « Citoyens, nous venons au nom de deux cent mille citoyens qui attendent à votre porte... » Sa voix est couverte par de vives protestations parties des bancs des représentants. Le silence un peu rétabli, on entend le représentant d'Adelsward s'écrier : « En vertu de quel pouvoir le citoyen Raspail prend-il la parole dans une assemblée où je m'étonne de le voir ? Je proteste contre ce qu'il peut avoir à dire. »

Raspail, interrompu une nouvelle fois par le représentant Milhoux, persiste et finit par donner lecture entière de la pétition, outrageant ainsi l'Assemblée et violant la loi qui lui interdisait la tribune.

Le préambule de cette pétition est ainsi conçu : « Citoyens représentants, nous sommes ici au nom de trois cent mille hommes qui attendent à votre porte; c'est en leur nom et en celui des délégués des clubs que nous vous présentons la pétition dont la teneur suit : »

Blanqui succède à Raspail au milieu de l'effervescence soulevée par le discours de ce dernier. On voit, par *le Moniteur*, que Raspail se joint à quelques efforts tentés pour faire évacuer la salle ; mais ceux-là même qui avaient médité et commencé l'attentat n'étaient plus les maîtres d'en arrêter les progrès ; néanmoins Raspail ne quitte pas l'Assemblée, il y est encore quand Huber proclame la dissolution.

Il sait que son nom est porté sur les listes du nouveau gouvernement provisoire, qu'on écrit dans les salles voisines et qu'on fait circuler. Dans sa déclaration du 15 mai, à sept heures du soir, devant le commissaire de police, il dit : « C'est là (dans le jardin) que j'ai appris que l'Assemblée nationale était dissoute, sans savoir si c'était par elle-même, par la Commission du Pouvoir exécutif ou par les citoyens qui étaient entrés dans la salle. J'ai appris en même temps qu'un gouvernement provisoire avait été nommé, et que mon nom s'y trouvait, disait-on (je n'ai pas vu la liste), et au lieu d'aller à l'Hôtel-de-Ville, je suis venu non pas en droite ligne, mais à force de détours, chez mon fils. »

Cette déclaration de l'accusé est en contradiction avec les faits et avec les dépositions des témoins, qui prouvent que ce n'est pas vers le domicile de son fils, rue des Francs-Bourgeois-Saint-Michel, 5, qu'il s'est dirigé, mais que c'est bien réellement vers l'Hôtel-de-Ville.

En effet, il est établi que, vers quatre heures du soir, il est monté avec deux autres personnes dans un cabriolet dit *milord*, qui se trouvait seul à la station du quai Malaquais. Raspail et un de ceux qui l'accompagnent, se placent dans l'intérieur de la voiture ; le troisième monte sur le siége, à côté du cocher Moulineau, auquel les voyageurs disent de les conduire à l'Hôtel-de-Ville. La voiture était à peine en marche, que plusieurs individus, reconnaissant celui qu'elle transportait, se mettent à crier : *Vive Raspail!* et à suivre la voiture en courant. Des gardes nationaux, qui se rendent à l'Hôtel-de-Ville, se retournent à ce cri, et disent au cocher de passer devant pour aller avec eux à l'Hôtel-de-Ville. Le cocher les dépasse vers l'Institut. Pendant la route, et après une discussion qu'il a pu entendre, les trois voyageurs lui donnent ordre de les conduire quai Napoléon, en face du pont d'Arcole.

Cette discussion sur le but de la course du cabriolet est niée par l'accusé Raspail dans son interrogatoire du 14 septembre ; il persiste à dire, contrairement au témoignage du cocher, qu'il s'est dirigé vers la demeure de son fils, rue des Francs-Bourgeois-Saint-Michel.

Pendant qu'il suivait le quai Napoléon, le cocher a vu, de l'autre côté de l'eau, des troupes et de la cavalerie. Au moment où le cabriolet s'est arrêté devant le pont d'Arcole, le témoin René Allard, qui avait reconnu Raspail, a vu une personne s'approcher de la voiture, parler à ceux qui étaient dans l'intérieur, et étendre la main comme si elle leur remettait un papier. A ce moment, les trois voyageurs mirent pied à terre et payèrent leur cocher.

Avertis par la personne qui venait de leur remettre un papier ou tout au moins de leur parler, ayant vu d'ailleurs comme le cocher Moulineau, défiler sur le quai de la rive droite les troupes et la cavalerie, Raspail et ses deux compagnons, au lieu de se diriger à gauche par le pont d'Arcole vers l'Hôtel-de-Ville, s'engagèrent à droite dans la rue d'Arcole ; puis, traversant le parvis Notre-Dame, ils arrivèrent à la place Maubert, où un nouveau cocher fut chargé de les conduire, non pas rue des Francs-Bourgeois-Saint-Michel, mais au Panthéon. Ce n'est qu'en route que changeant encore de direction, ils indiquèrent au cocher la rue des Francs-Bourgeois-Saint-Michel, 5. C'est là, chez un de ses fils, que l'accusé fut arrêté à sept heures et demie du soir.

LAVIRON, absent.

Laviron était, à l'époque du 15 mai, membre de la Société des Droits de l'Homme et capitaine d'artillerie de la garde nationale. Il assistait à la manifestation en uniforme et avec son sabre.

QUENTIN (Auguste-François).

Quentin, nommé en 1830 receveur général des finances dans le département de la Lozère, révoqué le 9 août 1832, devenu receveur particulier au Havre, puis à Caudebec, a été, en novembre 1842, destitué pour fautes graves commises dans ses fonctions. Il était, depuis la révolution de février, membre de la Société centrale républicaine, présidée par Blanqui. Il prenait souvent la parole aux séances, et, dans ce club, qui résumait en lui tant de germes d'anarchie et de violence, il se signalait encore par les motions les plus haineuses et les plus hostiles à l'Assemblée nationale.

DEGRÉ (Paul), dit *le Pompier*.

Paul Degré, artiste peintre, habite ordinairement Montargis, où il est président du club des Travailleurs et membre de la Société démocratique électorale. Le 15 mai, il était à Paris, et il rejoignit la manifestation vers la rue Montmartre. Il portait l'uniforme des sapeurs-pompiers de la garde nationale de Montargis : ses discours et sa turbulence inspiraient de l'inquiétude à quelques-uns des membres du cortége.

CHANCEL (Napoléon), absent.

Napoléon Chancel avait été envoyé dans le département de la Drôme, comme commissaire du Gouvernement provisoire. Il y compromit si gravement le caractère dont il était revêtu, que le commissaire général Froussard, nommé depuis représentant, fut forcé de le faire arrêter à Valence et de l'envoyer à Paris.

LARGER.

Larger, ouvrier mécanicien, travaillant naguère dans la maison Derosne et Cail, était chef des ateliers communaux de Passy et chef de bataillon de la garde nationale de cette commune.

BORME (Daniel).

L'accusé Daniel Borme a été arrêté le 15 mai, à l'Hôtel-de-Ville, par la garde nationale. Conduit à Vincennes, il fut interrogé par un juge d'instruction qui, à défaut de preuves, ordonna sa mise en liberté. A son retour de Vincennes, le juge d'instruction reçut d'un des commissaires de police de la ville de Paris, le dépôt d'une enveloppe qui, adressée au sieur Drevet, délégué du peuple, était contre-signée par Borme, en qualité de secrétaire général du Gouvernement provisoire.

D'actives recherches ne tardèrent pas à replacer Borme sous la main de la justice. Il fut de nouveau arrêté, le 24 mai, à son domicile, rue du Ponceau, 7.

Ses antécédents furent facilement constatés : Borme s'est successivement donné les qualités de chirurgien de marine, de chimiste, de manufacturier, de lieutenant-colonel d'une prétendue légion italienne. Il a été condamné en 1844 à quinze jours de prison pour port illégal de l'ordre de la Légion d'honneur. Il se dit auteur d'une machine de guerre, inventeur d'un nouveau feu grégeois pouvant détruire, suivant lui, le Gouvernement, l'Assemblée, et jusqu'à la ville de Paris tout entière. Il paraît de plus disposé à servir tous les partis ; ses écrits le démontrent, et la notoriété sur ce point est telle, qu'au moment où la garde nationale reprenait, le 15 mai, possession de l'Hôtel-de-Ville, le commandant Beaumont, qui dirigeait un détachement, s'écria en signalant Borme : « Arrêtez-moi cet homme-là, car il est de tous les partis. »

Dans la matinée du 15 mai, Borme a suivi le club Blanqui depuis le boulevard du Temple, et il est entré avec les factieux dans le palais de l'Assemblée nationale. Ce dernier fait est incontestablement établi par la découverte, près de la grille du péristyle, de papiers appartenant à Borme, et ramassés par le témoin Benthaler.

Aussitôt après que l'Assemblée eut été déclarée dissoute, et que le cri à l'Hôtel-de-Ville ! eut été proféré, Borme prit cette direction. Arrivé l'un des premiers sur la place de l'Hôtel-de-Ville, il fut bientôt installé dans le cabinet du secrétariat général, où Barbès, Albert et leurs complices prenaient séance.

Borme, qui, après la révolution de février, avait été,

disait-il, mis hors de l'Hôtel-de-Ville comme un petit saint Jean, se donna à lui-même ou reçut des factieux le titre de secrétaire général de la mairie du Gouvernement provisoire. Ce fut en cette qualité qu'il adressa des lettres de convocation à des individus qui, admis en février à l'Hôtel-de-Ville sous le titre de délégués du peuple, avaient été pendant quelque temps chargés du service des dépêches et avaient fini par être congédiés. Ces individus, dont la liste avait été apportée par l'accusé Thomas, devaient, disait ce dernier, prendre possession des mairies, des ministères et de l'hôtel des Postes.

Borme a été, en 1842, traité pour aliénation mentale; mais, quelle que soit encore maintenant l'exaltation de ses idées, les actes qui lui sont reprochés ne portent pas le caractère de la démence. Tout en protestant qu'il n'appartient à aucun club, il reconnaît être entré dans l'Assemblée nationale ; mais il prétend que, poussé d'abord par la curiosité, il a été entraîné par le désir de sauver un représentant qui était menacé; ce serait, selon lui, un motif analogue, la pensée de veiller à la sûreté d'un des membres de la Commission exécutive, qui l'aurait déterminé à courir à l'Hôtel-de-Ville; et s'il a pris le titre de secrétaire général, c'est que sa nomination à cette fonction lui aurait été annoncée par le chef de bataillon Beaumont, sous-commandant de l'Hôtel-de-Ville.

THOMAS (Jules).

Thomas, élève en pharmacie, combattant de Février, était l'un des quatorze individus admis, à cette époque, à l'Hôtel-de-Ville avec le titre de délégués du peuple, chargés pendant quelque temps du service des dépêches, puis congédiés quand la régularité fut rétablie dans tous les services.

Le témoin Arnaud, huissier au cabinet du secrétaire général de la Préfecture de la Seine, rapporte ainsi l'arrivée de Thomas à l'Hôtel-de-Ville : « A quatre heures environ, douze personnes, dont quelques-unes étaient armées, et dont l'une portait un drapeau, se présentèrent pour entrer dans le cabinet du secrétaire général. L'une d'elles, le nommé Thomas, que j'avais vu venir plusieurs fois chez M. Buchez, dit à ceux qui suivaient : « C'est ici que nous devons entrer. » Je m'opposai à leur passage, ainsi qu'un factionnaire de la garde républicaine, en leur représentant que ce cabinet était celui du secrétaire général, que sur la table il y avait des papiers précieux. Ils m'en écartèrent de force, ainsi que le factionnaire, et les hommes armés se mirent en sentinelle à la porte. »

C'est Thomas qui remit à Borme, prenant le titre de secrétaire général, la liste des délégués du peuple qui devaient prendre possession des mairies, des ministères et de la Poste, afin que Borme les convoquât immédiatement. En remettant cette liste, il ajouta : « Quant à Thomas, dont le nom figure le dernier sur cette liste, il n'est pas nécessaire de lui écrire, car c'est moi qui suis Thomas. » Au revers de cette liste, dont le témoin Schlinger a pris à l'instant copie, étaient écrits les mots suivants :

GOUVERNEMENT PROVISOIRE

RASPAIL,
BLANQUI,
LOUIS BLANC,
BARBÈS,
LEDRU-ROLLIN,
CAUSSIDIÈRE,
SOBRIER,
HUBER,
CABET.

Thomas, arrêté à l'Hôtel-de-Ville en même temps que Barbès, Albert et Borme, fut relâché le lendemain, faute de renseignements suffisants sur sa participation à l'attentat. Après les événements de Juin, il fut de nouveau arrêté dans le logement d'un sieur Clément, rue Saint-Cristophe, 4, où il cherchait à se cacher en même temps que le président du club des Jacobins. Déjà le juge d'instruction avait décerné un mandat contre lui. Thomas, interrogé, prétend n'être pas entré à l'Assemblée nationale et être toujours resté du côté de la rue de Bourgogne. Il explique sa présence à l'Hôtel-de-Ville par le désir de satisfaire à la demande de M. Lamartine, qui, dans une précédente manifestation, avait regretté l'absence des anciens délégués du peuple. Il nie avoir dit que les mairies, le ministère et la Poste étaient destinés à ces délégués.

COURTAIS (Amable-Gaspard-Henri)).

L'accusé Courtais était, depuis la révolution de Février, commandant en chef de la garde nationale de la Seine. Le 14 mai, il avait été investi par le président de l'Assemblée nationale et par la Commission du Pouvoir exécutif du commandement général des forces militaires chargées d'assurer l'inviolabilité de l'Assemblée, en présence de la manifestation annoncée pour le lendemain.

Le 15, la colonne devait se mettre et se mit en marche de la Bastille vers dix heures ou dix heures et demie.

Les divers corps de la garde nationale sédentaire et mobile avaient à peine été convoqués pour la même heure. Sur certains points, l'ordre définitif de réunion n'avait pas même été donné. Le général ne sortit de chez lui que vers onze heures et demie. Ayant reconnu l'insuffisance de ses mesures, et l'inexécution de ses ordres aux abords de l'Assemblée, il n'appela point la réserve imposante réunie dans le jardin des Tuileries et sur l'esplanade des Invalides, mais étant allé seul au devant de la manifestation, il lui témoigna sa sympathie, lui ouvrit le passage du pont, les grilles du péristyle, facilita l'escalade de la grille opposée, désarma en partie la garde mobile, éloigna de l'Assemblée, au pouvoir des factieux, les secours que le rappel aurait amenés; dans la salle, où il donna l'ordre de ne point le battre, se trouvaient Louis Blanc et le neveu du général, officier de son état-major.

A ce moment, celui-ci, en montrant Louis Blanc, disait : « Voilà l'homme qui, dans une heure, sera président de la République ! » Après la proclamation d'Huber, ce même officier, rencontrant sur le Pont-National ses camarades venant au secours de l'Assemblée, les engagea à rebrousser chemin : « Tout est fini, leur dit-il, un nouveau gouvernement est nommé. » Après cette proclamation, le général Courtais comprima encore l'élan de la garde nationale. Lorsqu'il est arrêté par elle, lorsqu'un officier, cédant à sa prière, se rendit près de sa famille pour la rassurer sur son sort et fit seulement connaître la dissolution de l'Assemblée, la première question adressée à cet officier fut celle-ci : « Qui est-ce qui est nommé ? »

Courtais a repoussé avec énergie l'imputation de complicité avec des hommes qui lui sont inconnus pour la plupart et pour qui il proteste n'avoir aucune sympathie. Il a décliné la responsabilité des propos de son neveu, tout en les expliquant par l'ironie. Il a attribué à l'émotion l'ordre dans lequel a rapporté les questions, à lui adressées, l'officier envoyé par lui dans sa famille. Suivant lui, ses ordres ont été mal compris et mal exécutés, ses actes, ses discours mal appréciés. Il a cherché autant qu'il était en lui à empêcher l'envahissement de l'Assemblée, Saisi par la jambe du côté de la grille de la rue de Bourgogne, il y a porté la main pour se débarrasser et non, pour faciliter l'escalade. Quand il a jugé ses efforts impuissants, il a voulu éviter une collision sanglante, et a été surtout préoccupé de la vie des représentants que le rappel battu aurait pu compromettre.

Il avait reçu, le 15, à cinq heures du matin, une lettre de Caussidière qu'il n'a pas représentée. Cette lettre aurait contenu l'assurance que le préfet répondait de tout, pourvu que le rappel ne fût point battu. Cette assurance explique, suivant lui, sa sécurité pendant la matinée, et ses préoccupations après l'envahissement.

CAUSSIDIÈRE (Marc), absent.

Les fonctions de préfet de police, que Caussidière exerçait au 15 mai, donnent à sa situation dans le procès un caractère de gravité particulier. Si l'on en croit les révélations d'Adolphe Chenu, cordonnier, qui a été l'un des capitaines de la garde républicaine, Caussidière avait été blessé de n'être pas membre du gouvernement fondé par la Révolution. Chenu attribue à ce sentiment le projet que, d'après lui, Caussidière aurait conçu, avec Sobrier de renverser la partie modérée du Gouvernement provisoire. Les détails dans lesquels entre Chenu confirment cette pensée que Caussidière, bien que préfet de police, n'est pas demeuré étranger aux manifestations du 17 mars et du 16 avril. Ce qui est certain, c'est que les relations qu'il avait avec Sobrier ne furent pas interrompues par leur séparation. On sait que Caussidière se chargeait de pourvoir la maison de la rue de Rivoli, 16, d'armes et de munitions destinées aux volontaires recrutés dans les clubs.

Il avait appelé autour de lui, à la Préfecture de police, un assez grand nombre d'hommes qui *lui étaient dévoués* et

auxquels il avait donné une sorte d'organisation militair
sous les noms divers de Montagnards, de Lyonnais, d
Gardes républicains.

Il s'était fait remettre, par les magasins de l'Etat, tout c
qui était nécessaire pour les armer. La Préfecture de polic
contenait aussi un dépôt de munitions; et, selon la décla
ration du chef du matériel de l'artillerie, Caussidière s'étai
fait délivrer tout ce que possédait de grenades l'arsenal d
Vincennes. Une lettre de Grandménil, adressée au sieu
Riotteau, à Angers, prouve qu'il avait voulu faire venir d
cette ville des bombes dont Riotteau était le fabricateu
Enfin, Borme avait été admis par lui à faire, dans une de
cours de la Préfecture, l'expérience du nouveau feu grégeoi
dont il se disait inventeur.

Tous ces préparatifs reçoivent une signification énergi
que, quand on les rapproche de l'allocution que, le 3 avri
Caussidière, en sa qualité de préfet, adressait aux commis
saires de police de Paris.

Voici cette allocution, telle qu'elle est rapportée par l
témoin Trouessard :

« Vous manquez tous d'énergie dans vos fonctions; c
n'est pas comme cela que j'entends que la police se fass
Vous êtes encore trop bourgeois; vos bourgeois ne fo
aucun don patriotique pour subvenir aux besoins du peupl
il n'y a que les ouvriers qui apportent le salaire de l
journée qu'ils gagnent à la sueur de leur front. Dites bie
à votre stupide bourgeoisie et à la garde nationale qu
s'ils ont le malheur de songer à la plus petite réaction, o
n'aura pas (ou nous n'aurons pas) besoin d'avoir recours
des coups de fusil; mais avec une boîte d'allumettes chi
miques, nous incendierons Paris, et il ne restera pas pierr
sur pierre : Paris périrait plutôt que la République. »

Enfin la Préfecture de police a longtemps fourni un post
de douze à quatorze hommes relevés tous les jours, e
Caussidière déclarait en avril au témoin Trouessard qu
Sobrier et lui marchaient ensemble, tandis que Sobri
disait au témoin Royer, en lui laissant entrevoir ses pr
jets pour le 15 mai, qu'il comptait sur Caussidière et sur l
général Courtais.

Caussidière était en rapports quotidiens et intimes ave
l'accusé Villain, président du Comité central de la *Socié
des Droits de l'Homme*.

Aussi les publications anarchiques de *la Commune* d

Paris et de la *Société des Droits de l'Homme* étaient-elles l'objet d'une protection et d'une faveur spéciales de la part du Préfet de police et de ses agents.

Ces diverses circonstances ne permettent pas de penser que Caussidière ait pu ignorer ce qui se tramait, pour ainsi dire ouvertement, chez Sobrier pour le 15 mai, et comme, le premier de tous, il avait la mission et le devoir d'empêcher de pareils actes, son inaction, s'il est informé, est déjà bien près de la complicité.

C'est lui, comme préfet de police, qui a transmis au ministère de l'intérieur ce rapport dont il a déjà été question sur la réunion du 12 mai, chez Dourlans, et sur les intentions si peu équivoques qu'y ont exprimées Sobrier et ses adhérents.

Le 14, mandé par la Commission exécutive, il ne se rend pas à cet ordre; le 15, il s'excuse encore par un motif de santé, mais il fait dire par un officier d'ordonnance, « que la manifestation qui se dirige vers l'Assemblée nationale est conduite par des hommes dont le préfet répond comme de lui-même. »

Il écrit le 15, à cinq heures du matin, au général Courtais : « Vous pouvez être tranquille; si vous ne faites pas battre le rappel, il n'y aura rien. »

Le même jour, à dix heures du matin, il écrit à M. Buchez, président de l'Assemblée nationale :

« . . . . . Cette manifestation se fera sans armes : il n'y a de troubles à craindre que de la part de quelques membres du club Blanqui, dont la réunion a lieu en ce moment au boulevard du Temple, et *qui seront, dit-on, armés de pistolets qu'ils tiendront cachés.* Je prends mes mesures en conséquence, et si je puis me rendre à la chambre, je vous tiendrai verbalement au courant de tout ce qui se passera; dans le cas contraire, je vous ferai connaître, par des agents sûrs, ses intentions que je surveille. »

Par un deuxième *post-scriptum* ajouté à cette lettre, il dit :

« Dix heures un quart. J'apprends à l'instant que, nonobstant toutes les prévisions, plusieurs citoyens, dont le nombre peut grossir, se rendent en armes aux divers lieux de réunion; ceux-ci seront soumis plus spécialement à une surveillance active. »

Ainsi le préfet de police connaissait bien les projets des factieux, et cependant il ne prend aucune mesure; bien plus, il refuse d'exécuter un ordre d'arrestation que le ministre de l'intérieur lui transmet, par M. Panisse, contre Blanqui, Flotte et Lacambre.

Il prétend qu'il avait envoyé à l'Assemblée nationale deux commissaires de police, les sieurs Bertoglio et Dousset, et que des agents avaient été postés sur le passage de la colonne des clubs. Mais les deux officiers de police judiciaire qui viennent d'être nommés avaient été substitués par Caussidière aux deux commissaires ordinairement préposés au service de l'Assemblée nationale, et il a fallu toute l'énergie de volonté qu'a montrée en cette occurrence le président Buchez, pour que le commissaire de police Yon demeurât, le 15 mai, au poste qu'il occupait les jours précédents.

L'instruction a fait connaître le motif pour lequel on avait voulu éloigner le commissaire Yon de l'Assemblée nationale. Voici ce qu'on lit dans sa déposition :

« Le 15 mai, vers onze heures et demie, midi, dit le témoin Yon, je fus prévenu que des individus demandaient à parler au commissaire de police à la porte de la présidence; je me rendis à ce lieu et je me trouvai en présence de cinq ou six hommes jeunes, dont deux ou trois avaient des chapeaux montagnards. Ils me sommèrent de leur procurer l'entrée de la salle, *comme je m'y étais engagé*. Je répondis que je n'avais pris d'engagement envers qui que ce soit, et que je ne pouvais les faire entrer. Ces individus, qui parlaient avec une grande véhémence, voulaient exiger que je tinsse ma parole, lorsque l'un d'eux dit : « Ce n'est pas à ce commissaire que nous avons eu affaire, ce n'est pas lui qui doit nous faire entrer... » L'attitude et la conduite de ces hommes me portèrent à penser qu'ils étaient de connivence avec les bandes qui envahirent l'Assemblée, quelques instants après. »

Après l'attentat commis, plusieurs factieux, parmi lesquels se trouve le capitaine d'artillerie de la garde nationale Laviron, vont à la Préfecture de police, dans le cabinet de Caussidière, rendre compte à ce dernier de la dissolution de l'Assemblée. Leur confiance est la preuve qu'ils savaient d'avance n'avoir rien à redouter de lui. En effet, il ne fait pas arrêter ces hommes qui viennent lui raconter le crime qu'ils ont commis; il les écoute, il souffre qu'ils lui proposent d'aller avec eux à l'Hôtel-de-Ville pour y installer le nouveau gouvernement. Puis, cherchant sans doute à savoir si le triomphe est assuré, il leur dit : « Vous « croyez que l'Assemblée est dissoute, que l'Hôtel-de-Ville « est pris; vous allez vous faire f..... des coups de fusil, « *raide comme barre.* »

Ce n'était pas la force qui lui manquait pour faire arrêter les coupables. Dès le matin du 15, la Préfecture de police était défendue par une nombreuse garnison; les Montagnards, les Lyonnais, la garde républicaine, les forts ou porteurs de la halle même y avaient été appelés; tous avaient des fusils, et il y avait dans l'hôtel, on l'a déjà vu, d'importants approvisionnements de munitions. Mais tout cet appareil n'était pas destiné à la répression de l'insurrection; le préfet de police a maintenu toutes ces forces inactives au milieu des graves périls que l'ordre et la dignité des lois ont courus dans cette journée. Il a laissé la sédition se développer, grandir, envahir l'Assemblée nationale, s'emparer de l'Hôtel-de-Ville, et lorsque dans leur marche à travers la ville, les factieux ont passé près de la Préfecture, ils ont été salués par les acclamations de ces troupes irrégulières, dont l'accusé vantait plus tard l'obéissance.

On voit encore, par les consignes données autour de lui, quel était l'esprit qui animait Caussidière au milieu de ces événements.

Les forts de la halle avaient été armés de fusils et postés sur le faîte des bâtiments de la Préfecture. Le capitaine de la garde républicaine chargé de leur faire prendre cette position leur recommanda de tirer sur ceux qui voudraient attaquer la Préfecture, quels qu'ils fussent, gardes nationaux ou autres. L'instruction signale encore l'attitude hostile prise par une partie des Montagnards, sur le pont au Change, au moment où le deuxième régiment de dragons défilait pour se rendre avec la garde nationale, à l'Hôtel-de-Ville. Le colonel des dragons, M. de Goyon, apercevant sur le pont une troupe d'hommes armés qui paraissait menacer le flanc de sa colonne, fit faire volte-face à l'un de ses escadrons, et s'avançant résolûment vers les Montagnards, il les menaça de les charger, s'ils faisaient le moindre geste agressif : l'énergique intrépidité du colonel détermina la retraite des Montagnards.

Ces hommes rentrèrent dans les cours de la Préfecture de police. Là, à la nouvelle de la dissolution de l'Assemblée nationale et de l'institution du nouveau gouvernement, des tambours avaient battu aux champs, et, toute la nuit, on entendit retentir les cris de : Vive Barbès !

Ces désordres ne sont pas les seuls par lesquels se soient signalés les hommes armés qui occupaient la Préfecture. Des prisonniers arrêtés, notamment rue de Rivoli, 16, ayant été conduits à la Préfecture par la garde nationale, furent mis en liberté par les Montagnards. Ceux-ci donnaient même des armes à quelques-uns d'entre eux, tandis que des gardes nationaux qui amenaient les prisonniers étaient maltraités et menacés d'arrestation. L'entrée de la Préfecture était quelquefois interdite à la garde nationale, parce qu'elle n'avait pas le mot d'ordre particulier que Caussidière avoue avoir donné, et qu'il appelle un mot de passe.

On se rappelle que l'accusé Flotte, déjà signalé à Caussidière, est allé le soir du 15 mai à la Préfecture de police et qu'il en est sorti libre.

Aussi, dans le décret d'institution du nouveau gouvernement provisoire rendu par Barbès et Albert à l'Hôtel-de-Ville, Caussidière est-il *continué* dans les fonctions de délégué à la Préfecture de police, et on voit ainsi se vérifier la confidence faite par Sobrier au docteur Royer.

Interrogé sur le motif pour lequel Barbès, Albert et leurs complices l'avaient conservé dans ses fonctions de préfet de police, Caussidière a répondu : « C'est probablement parce que j'occupais carrément la place ; mais il y avait dans ce gouvernement des hommes que je n'aurais jamais acceptés. »

Enfin, à peine Sobrier, l'un des principaux accusés, est-il arrêté sur le quai d'Orsay, que, de la caserne où il est déposé, il écrit à Caussidière une lettre ainsi conçue :

« Mon cher Préfet,

« Tu avais promis que je sortirais hier soir de la caserne d'Orsay. Je te prie d'intervenir de suite et de me mettre sous la protection de la loi.

« Salut et fraternité.

« Signé : SOBRIER. »

Caussidière s'exprime ainsi au sujet de la lettre dont il s'agit :

« Je n'ai reçu aucune lettre. Je ne m'étonne pas de la demande de Sobrier, je me l'explique par nos anciennes relations. Le commissaire Bertoglio vint me prévenir dans la soirée que Sobrier était arrêté; je lui répondis « C'est un malheur; qu'il y reste! » J'étais fort en colère de tout ce qui venait de se passer. »

Ainsi, parmi les auteurs de l'attentat, les uns vont, sans crainte de se livrer à Caussidière, l'avertir d'un premier succès; d'autres le maintiennent en fonctions dans le gouvernement qui naît de l'attentat; un dernier, tombé sous la main de la justice, invoque une promesse de lui et le somme de la tenir en le faisant rendre à la liberté. N'y a-t-il pas, dans cet ensemble de faits, la révélation d'une incontestable complicité?

C'est le 25 août 1848, après les débats sur le rapport de la commission d'enquête, que l'Assemblée nationale a autorisé les poursuites dirigées contre l'accusé Caussidière. Depuis cette époque, il s'est soustrait aux recherches, et les mandats décernés contre lui n'ont pu recevoir d'exécution.

VILLAIN, absent.

Villain faisait depuis longtemps partie de la *Société des Droits de l'Homme*, et il en était le président quand éclata la révolution de Février. Cette Société, qui jusque-là s'était développée dans l'ombre, parut alors au grand jour, et Villain s'efforça d'augmenter, tant à Paris que dans les départements, le nombre de ses affiliés. Le comité central de la Société des Droits de l'Homme fut établi dans le Palais-National, où Barbès avait fondé le club de la Révolution, dont il était président. Dans le même palais était alors également installé le Club des Clubs présidé par Huber. Des liens intimes existaient entre ces trois sociétés, car le témoin Montfleury, gouverneur du palais, dépose que lorsqu'il avait besoin pour des réunions électorales des locaux occupés par les clubs de Barbès ou de Huber, il lui suffisait de le dire à Villain, qui se chargeait de les prévenir.

Ce fut le 3 avril que l'accusé Villain et Napoléon Lebon se présentèrent au Palais-National, porteurs d'une lettre du préfet de police Caussidière, qui invitait le gouverneur à mettre un appartement à leur disposition, et ce, dans un intérêt de sûreté et d'ordre public.

Le nombre des affiliés qui se réunissaient chaque jour à ce club fut d'abord très-restreint; mais il ne tarda pas à s'élever à trente ou quarante. Des précautions étaient prises : des sentinelles étaient posées pour empêcher que les étrangers n'arrivassent à l'improviste dans les localités habitées par Villain et ses amis.

Ces précautions s'expliquent par la nature des travaux auxquels on s'y livrait. On y fondait des balles, on y fabriquait des cartouches; les gens de service du palais y ont vu des balles, des traînées de poudre, un mandrin à cartouches et des capsules.

Le témoin Peuvrier déclare qu'il a vu, dans la chambre de l'accusé Villain, des fusils de munition, des fusils à deux coups et des pistolets chargés.

Le but que se proposait la Société des Droits de l'Homme et l'esprit dont elle était animée sont suffisamment indiqués par le manifeste publié, après les événements de Rouen, par son Comité central, dans lequel Villain figurait avec Barbès et Huber.

Ce manifeste était ainsi conçu :

Société des Droits de l'Homme et du Citoyen.

« La Société a pour but :

« 1° De défendre les droits du peuple, dans l'exercice desquels la révolution de Février l'a réintégré;

« 2° De tirer de cette Révolution toutes les conséquences sociales.

« Comme point de départ, elle pose la Déclaration des Droits de l'Homme, formulée en 1793 par Robespierre.

« Il s'ensuit qu'au point de vue politique, elle comprend la République une et indivisible, et les droits du peuple souverain inaliénables. Au point de vue social, selon elle, l'ancienne Constitution est brisée, et celle qui est destinée à la remplacer devra reposer sur l'égalité, la solidarité et la fraternité, comme principes fondamentaux du pacte social.

« En conséquence, dans la révolution sociale qui commence, la Société des *Droits de l'Homme* se place dès à présent entre les *parias* et les *privilégiés* de la vieille société. Aux premiers elle vient dire : Restez unis, mais calmes : là est votre force ; votre nombre est tel, qu'il vous suffira de manifester votre volonté pour obtenir ce que vous désirez; il est tel aussi que vous ne pouvez désirer que ce qui est juste : votre voix et votre volonté sont la voix et la volonté de Dieu.

« Aux autres, elle dit : L'ancienne forme sociale a disparu, le règne du privilége et de l'exploitation est passé; si, au point de vue de la forme sociale ancienne, les priviléges dont vous étiez investis ont été acquis par vous d'une manière légale, ne vous en prévalez pas, car ces lois étaient votre ouvrage ; l'immense majorité de vos frères y est restée étrangère, par conséquent elle n'est point obligée de les respecter.

« Ralliez-vous donc, car vous avez besoin du pardon de ceux que vous avez trop longtemps sacrifiés. Si maintenant, malgré cette promesse de pardon, vous persistez à vous isoler pour défendre l'ancienne forme sociale, vous trouverez à l'avant-garde, au jour de la lutte, nos sections organisées, et ce ne sera plus de pardon que vos frères vous parleront, mais de justice.

« *Les membres du Comité central,*

« L.-J. Villain, Napoléon Lebon, A. Huber, V. Chipprон, A. Barbès. »

Il est certain que l'ordre avait été donné aux sections armées de se tenir en permanence, et, aux termes des statuts de la Société des Droits de l'Homme, Villain seul, en sa qualité de président, pouvait donner cet ordre.

La mise en permanence de ces sections a été établie par l'instruction. Ainsi, durant l'envahissement de l'Assemblée nationale, le témoin Ley a reçu des factieux l'invitation d'aller rue Albouy pour prévenir la Société des Droits de l'Homme de marcher. En même temps, le représentant Pascal Duprat recevait, d'une des personnes étrangères à l'Assemblée nationale, l'avis de se retirer, parce que la situation était périlleuse et que les sections armées allaient arriver.

Aux Quinze-Vingts, une trentaine de sectionnaires sont restés réunis en attendant le mot d'ordre jusqu'à dix heures du soir. Ils étaient sous les ordres de Defer, depuis transporté en Juin.

On sait enfin que, pendant la nuit du 15 au 16 mai, Barbès et Sobrier s'attendaient à être délivrés par les sections armées, et que, dans la salle Molière, où Villain s'était rendu le matin, des coups de feu ont été tirés sur des gardes nationaux, dont deux ont succombé.

Tous ces faits ne permettent pas de douter que Villain, comme Caussidière et Courtais, ne se soit rendu complice de l'attentat du 15 mai.

L'accusé Villain a disparu, et le mandat lancé contre lui n'a pu être mis à exécution.

Tels sont les faits particuliers que l'instruction révèle à la charge de chacun des accusés.

En conséquence, les susnommés :

Louis-Auguste Blanqui, Flotte, Martin dit Albert, Barbès, Sobrier, Raspail, Quentin, Degré, Larger, Borme, Thomas, Louis Blanc, Seigneuret, Houneau, Huber, Laviron et Chancel (les six derniers absents) sont accusés :

1° D'avoir, en mai 1848, commis un attentat ayant pour but de détruire ou de changer le gouvernement;

2° D'avoir, à la même époque, commis un attentat ayant pour but d'exciter la guerre civile en armant ou en portant les citoyens ou habitants à s'armer les uns contre les autres;

Courtais, Caussidière et Villain (les deux derniers absents) sont accusés :

De s'être, à la même époque, rendus complices des attentats ci-dessus spécifiés, en aidant et assistant avec connaissance, les auteurs desdits attentats, dans les faits qui les ont préparés ou facilités, ou dans ceux qui les ont consommés.

Crimes prévus par les articles 87, 88, 91, 59 et 60 du Code pénal, modifiés par l'article 5 de la Constitution du 4 novembre 1848.

Fait au parquet de la Haute Cour de justice, à Paris, le 25 février 1849.

Le procureur général près la Haute Cour de justice,
Signé : J. Baroche.

Les pièces suivantes sont annexées à l'acte d'accusation :

Les quatre pièces qui comprennent les premier, troisième, quatrième, sixième et septième décrets, ont été déposées sur le bureau de l'Assemblée nationale, le 16 mai 1848, par le représentant Auguste Avond, qui les tenait du sieur Jeandel. Ce garde national les avait trouvées, le 13 mai, dans un cabinet de travail de l'appartement occupé par Sobrier, rue de Rivoli.

La pièce qui comprend le deuxième décret a été saisie le 15 mai, dans le même appartement, par le commissaire de police Bruzelin, et placée sous le scellé annexé à son procès verbal.

PREMIER DÉCRET.

Le Comité de salut public,

Au nom du peuple *régénérateur* (1), fondateur de la Républiqu[e]

(1) Le mot « *régénérateur* » est tracé au crayon dans le manuscrit.

en février et mai 1848, le Comité de salut public déclare :

Que l'Assemblée nationale, composée en grande partie de réactionnaires, a violé son mandat;

Qu'elle a perdu un temps précieux, quand la misère réclamait de promptes mesures;

Qu'elle a refusé de créer un ministère du travail;

Qu'elle a cherché sa force dans des amas d'armes déposées dans l'ancienne Assemblée, quand elle devait se faire respecter par sa force morale seulement, en accomplissant sa mission avec zèle et dévouement;

Qu'elle s'est attribué le droit et le pouvoir (1) d'oppression en laissant les troupes dans Paris et en accordant au président le droit de les convoquer, ainsi que toutes les gardes nationales de France;

Qu'elle a attenté à la liberté et à la souveraineté du peuple proclamée sur les barricades de Février, en interdisant au peuple, par une loi, le droit de présenter lui-même une pétition;

Qu'enfin elle a fait tirer sur le peuple, qui venait paisiblement présenter une pétition en faveur des Polonais.

En conséquence :

Le peuple de Paris, sentinelle avancée, s'est chargé de veiller à l'exécution des mandats donnés aux représentants, et, ayant reconnu qu'ils avaient violé leur mandat, les a déclarés déchus de tout pouvoir et a constitué un Comité de salut public composé de neuf membres, qui sont les citoyens. . . . .

. . . .

Lequel Comité est investi de pouvoirs illimités, afin de prendre toutes mesures pour constituer et organiser une véritable République démocratique, et étouffer la réaction par les moyens les plus énergiques, si elle osait se montrer encore une fois.

Les membres du Comité de salut public.

DEUXIÈME DÉCRET.

Le Comité de salut public,

Au nom du peuple de Paris, fondateur de la République,

Déclare et proclame :

Le pardon et l'oubli du passé pour tous les citoyens qui voudront marcher dans sa voie, quels que soient leurs torts passés et le mal qu'ils ont produit;

Que tous ses soins et ses décrets doivent tendre à apporter immédiatement un remède aux souffrances du pauvre, de l'ouvrier et du petit commerçant et petit propriétaire;

(1) Les mots « *et le pouvoir* » sont écrits au crayon dans ce manuscrit.

Qu'un des premiers moyens d'y parvenir, c'est d'empêcher la sortie des espèces du territoire de la République,

Décrète :

Nul citoyen ne peut sortir du territoire de la République jusqu'à nouvel ordre. Tout individu pris émigrant sera considéré comme traître à la patrie, la République lui ôte la protection qu'elle doit aux personnes et le met hors la loi.

Les membres du Comité de salut public.

TROISIÈME DÉCRET.

Le Comité de salut public,

Au nom du peuple de Paris, fondateur de la République,

Décrète :

Tous les pouvoirs administratifs, judiciaires, charges et fonctions publiques, priviléges et monopoles, sont abolis sans distinction et quelle que soit la puissance qui les ait créés. Il sera avisé prochainement à reconstituer de nouveaux pouvoirs et à indemniser les acquéreurs détenteurs des charges. La police des villes et communes appartiendra à la force ouvrière ci-après constituée.

Les maires conserveront seuls la portion des pouvoirs suffisants pour faire exécuter le présent décret.

Art. 1er. — Appel sera fait par proclamations, affiches, à son de caisse ou de trompes, aux patriotes connus avant et depuis le 24 février 1848. Ils seront invités, pour le salut de la patrie, à se réunir le même jour, à heure fixe de la soirée, pour choisir entre eux un Comité municipal, composé de sept patriotes, dont cinq au moins seront ouvriers sachant lire, écrire et additionner; à leur défaut, de citoyens pris dans les non électeurs avant le 24 février.

Art. 2. — Le Comité municipal entrera de suite en fonctions après sa formation, et destituera l'ancien Conseil municipal.

Art. 3. — Les fonctions du Comité municipal seront : 1° celles des Conseils municipaux actuels; 2° celles de vérificateurs de la fortune publique; 3° celles de juges dans les questions de police, d'ordre et d'exécution de nos décrets. La procédure suivie devant eux sera provisoirement celle suivie devant les justices de paix, et le ministère d'avocat ou de mandataire y est formellement prohibé.

Art. 4. — Les commissaires extraordinaires ou leurs délégués réformeront ce que ce premier Comité pourrait avoir de défectueux dans sa composition.

Art. 5. — Les patriotes connus formeront entre eux une force armée pour la sûreté et l'exécution de nos décrets; ils sont autorisés à requérir les armes chez tous les citoyens sans distinction. Cette force prendra le nom de force ouvrière.

Art. 6. — Le surplus de la garde nationale, et surtout la partie bourgeoise, ne pourront se montrer en public revêtus d'uniformes militaires ou en armes.

Art. 7. — Tout citoyen, de ceux désignés en l'article 5, qui enfreindra le présent décret, sera mis hors la loi.

QUATRIÈME DÉCRET.

Le Comité de salut public,

Au nom du peuple de Paris, fondateur de la République :

Considérant qu'il importe de soulager immédiatement les citoyens nécessiteux, et que ceux qui peuvent le faire sont les riches actuels qui, depuis trois mois, cachent le numéraire ;

Considérant qu'il faut que la fraternité écrite sur tous les monuments publics ne soit plus un vain mot, mais se manifeste par des actes,

Décrète :

Art. 1er. — Les capitalistes, connus pour tels par le Comité municipal, devront verser, dans le délai de cinq jours, sur la sommation qui leur en sera faite, la somme de 200 fr. sur 1,000 fr. de rente notoirement connus au-dessus de 1,500 fr. de rente par tête, au-dessus de quinze ans, jusqu'à 3,500 fr., et 250 fr. à partir de 3,500 fr. jusqu'à 5,000 fr., en suivant ainsi une progression jusqu'à la moitié du revenu.

Art. 2. — Dans le même délai, tout propriétaire foncier payant plus de 100 fr. de contributions foncières sera tenu de verser 25 fr. par 50 fr. de contributions, qu'il paiera en sus jusqu'à 250 fr. ; à partir de 250 fr. de contributions jusqu'à 1000 fr., ils paieront 100 fr. par 50 fr. de contributions ; à partir de 1,000 fr. jusqu'à 5,000 fr., ils paieront 150 fr. par 50 fr. ; au-dessus de 5,000 fr., ils paieront 200 fr. par 50 fr.

Art. 3. — Les capitalistes et propriétaires qui refuseront de satisfaire au présent décret dans le délai fixé, verront leurs biens fonciers déclarés biens communaux, et leur argent confisqué au profit des nécessiteux. La force ouvrière est, dans ce dernier cas, autorisée à se livrer à des recherches, et, si elles sont infructueuses, les citoyens qui auront refusé l'impôt fraternel seront mis hors la loi.

Art. 4 — Les fonds trouvés et ceux versés librement seront versés chez le caissier municipal choisi par les sept membres du Comité municipal.

Art. 5. — Il sera fait immédiatement, sur les premiers fonds versés, une distribution aux nécessiteux, dans la proportion de 3 fr. par famille de trois personnes et de 8 fr. par famille de plus de six personnes.

Le secours ainsi donné au nom de la fraternité, sera de quatre jours dans la proportion ci-dessus, et la distribution s'en fera par lettre alphabétique; les citoyens majeurs et chefs de famille, les veuves et majeures, devront se présenter avec ordre et attendre le tour de la lettre qui commence leur nom.

Art. 6. — La force ouvrière est chargée du maintien de l'ordre.

Art. 7. — Tout citoyen trouvé ivre sera mis en prison pour trois jours, et nourri seulement de soupe, de pain et d'eau.

SIXIÈME (1) DÉCRET.

Le Comité de salut public

Ordonne que les Comités municipaux convoqueront immédiatement leur commune pour faire reconnaître la République actuelle avec le Comité de salut public comme pouvoir.

Ils feront leur rapport et le confieront à un courrier qui passera *franco* par toute la France.

Le Comité avisera en cas de refus.

SEPTIÈME DÉCRET.

L'organisation du travail, sur une base possible actuellement, sera promulguée dans trois semaines. Elle sera tout entière dans l'intérêt des ouvriers, en sauvegardant, autant que possible, les justes droits du maître.

(1) On n'a pu saisir le décret portant le numéro 5.

DÉBATS

HAUTE COUR DE BOURGES

Présidence de M. Bérenger.

Audience du 7 mars.

Sur une table placée aux pieds de la Cour sont déposées les pièces de conviction : des drapeaux, des épées, des fusils, un uniforme et un casque de pompier, etc.

Au-dessus de la Cour, on a construit des stalles grillées, qu'occupent les personnes munies de billets.

Voici les noms des défenseurs des accusés :

Courtais, Me Bethmont;
Sobrier, Me Baud;
Blanqui, Me Maublanc;
Thomas, Me Decoux-Lapeyrière;
Flotte, Mes Levis et Adelon (ce dernier d'office);
Albert, Me Boinvilliers fils, d'office;
Barbès, Me Boinvilliers fils, d'office;
Degré, Me Ernest Picard;
Raspail, Me Decoux-Lapeyrière;
Larger, Me Rivière;
Villain, Me Rivière;
Borme, Me Hamel;
Chancel,
Quentin, Me Guillot.

Louis Blanc et Caussidière, qui avaient annoncé devoir se constituer prisonniers lors de l'ouverture des débats, ont expliqué, par les deux lettres qui suivent, les motifs qui les portent à ne pas comparaître devant la Haute Cour. Villain et Chancel se sont constitués.

A MES CONCITOYENS.

« En refusant de comparaître, aujourd'hui, devant la Haute Cour de justice qu'il a plu à mes ennemis d'instituer pour juger les faits du 15 mai, je dois expliquer mon refus.

« Le sentiment de mon innocence devrait me faire courir devant des juges ; mais comme il ne m'a pas protégé devant mes accusateurs, devant mes collègues de l'Assemblée nationale, qui m'ont livré avant de m'avoir entendu, j'ai lieu de croire que le même esprit de partialité et de haine qui m'a atteint au milieu de mes collègues m'accompagnerait à la Cour de Bourges.

« Les jours de vérité et de justice ne sont pas venus ; je dois les attendre à l'abri des attaques royalistes.

« Si je n'ai pas été défendu contre elles par 147,000 suffrages obtenus de la population de Paris, un mois après les événements dans lesquels on a voulu m'impliquer ;

« Si l'Assemblée à laquelle j'appartenais a laissé déposer sur son bureau un acte d'accusation tout formulé contre moi, avant même que je fusse monté à la tribune pour donner les explications qu'on me demandait ;

« Si les rapports des plus vils espions ont pu prévaloir contre les actes, contre les déclarations du citoyen qui, du 24 février au 24 mai, c'est-à-dire au milieu des circonstances les plus difficiles et des irritations les plus vives, avait maintenu la tranquillité de Paris et le respect des personnes et des propriétés ;

« Si même, alors que, je suis éloigné de mon pays, la haine des réactionnaires attachée à mes pas mêle chaque jour mon nom à des tentatives de désordre supposées, dois-je aller grossir le nombre des victimes des ennemis de l'harmonie sociale ?

« Les cachots, les pontons et les bagnes ne sont-ils pas assez remplis ?

« Aller se livrer entre les mains de ceux qui trahissent les vrais intérêts des travailleurs et du commerce, de ceux qui ravalent la dignité et l'honneur du pays pour satisfaire leur ambition et leurs intérêts personnels, serait une duperie, et depuis longtemps les démocrates sont victimes de leur confiance et de l'esprit de fraternité qui les anime. Il convient d'y apporter quelque réserve, car il n'est question, pour le moment, que d'atteindre et frapper des républicains : ce n'était pas là la justice devant laquelle j'avais promis de comparaître.

« Le 3 mars 1849.

« CAUSSIDIÈRE.

Lettre de L. Blanc.

« Le 26 août, en quittant Paris, j'ai écrit que, le jour des débats venu, je me présenterais devant le jury, et rien au monde ne m'aurait empêché d'accomplir cette promesse : tenir sa parole étant un devoir d'honnête homme et une vertu de républicain.

« Mais je ne me suis pas engagé, au mois d'août, à comparaître devant un tribunal institué seulement au mois de novembre.

« Je ne me suis pas engagé, au mois d'août, à comparaître devant une juridiction exceptionnelle, créée, trois mois après, par les mêmes hommes qui m'avaient proscrit, et en vue d'une condamnation désirée, au mépris d'un principe d'éternelle justice, celui de la non rétroactivité.

« La décision par laquelle l'Assemblée nationale m'a livré, en se *déjugeant*, et l'acte d'accusation, qui ne contient pas une seule charge sérieuse, disent assez que l'évidence n'est rien, là où les passions politiques sont tout.

« Plus que jamais, Paris est abandonné à l'empire de la force; on y épuise le scandale des arrestations arbitraires; la contre-révolution y est dominante et furieuse.

« En de telles circonstances, placé sous le coup de la plus honteuse iniquité qui fût jamais, je me réserve le droit de décider si, pour servir ma cause, je n'ai rien de mieux à faire que de me jeter aux mains de mes ennemis. Je reste le maître de ma résolution.

« Le jour ne peut être éloigné où les haines de parti céderont la parole à la vérité : je proteste et j'attends.

« J'ai lu l'acte d'accusation; et j'ai senti mon cœur hésiter entre l'indignation et la pitié.

« Il porte :

« Que je suis parvenu, le 15 mai, à m'évader de l'Hôtel-de-Ville, QUE LE BRUIT EN A COURU!

« Que, le 15 mai, loin d'engager la foule à se dissiper, je l'ai félicitée sur le droit de pétition conquis; et, quelques lignes plus bas, on me montre engageant le peuple à laisser l'Assemblée délibérer librement!

« Que, le 13 mai, au Luxembourg, je tenais je ne sais quels discours factieux, et, le 13 mai, *le Moniteur* constate que je n'étais plus au Luxembourg, donné alors pour demeure à la Commission exécutive!

« Voilà ce que c'est que la justice en France dans ce moment. Je n'ajoute pas un mot.

« Londres, le 3 mars 1849.

« LOUIS BLANC. »

A midi quarante minutes, les trente-six jurés désignés par le sort viennent prendre leurs places.

A une heure, les accusés sont introduits.

Le premier banc est occupé par les citoyens Raspail, Sobrier, Barbès, Albert et Blanqui;

Le second, par les citoyens Flotte, Quentin, Degré et Larger;

Le troisième, par les citoyens Villain, Courtais, Thomas et le sieur Borme.

Les accusés sont séparés les uns des autres par des gendarmes mobiles ou départementaux.

Raspail est en habit noir; il couvre sa tête d'une calotte de velours bleu brodée d'or. Blanqui et Barbès, maigres et pâles, paraissent très-fatigués. Albert porte un habit noir et un gilet blanc à larges revers renversés à la *Robespierre*. Degré est un homme jeune, vigoureux; il est vêtu d'une redingote de drap noisette. Borme porte une petite veste de marin.

M. le Président. — Accusés, avant la lecture de l'acte d'accusation, je dois vous demander vos noms, prénoms, âge, professions et demeure.

Accusé Blanqui, quels sont vos nom, prénoms...

Blanqui. — Monsieur, je ne puis répondre à aucune question, notre intention étant de ne point accepter la compétence de la Haute Cour. Notre coaccusé Raspail s'est chargé de poser des conclusions formelles à cet égard; pour moi, je n'entrerai dans aucune considération judiciaire et n'envisagerai la question que sous le rapport uniquement politique...

M. le Président. — Permettez-moi de vous interrompre. L'interrogatoire actuel n'a d'autre objet que de constater votre identité et ne peut aucunement préjudicier aux moyens de défense que les accusés croiront devoir présenter.

Blanqui. — Cet interrogatoire est déjà un commencement de débat, et je dois d'avance bien constater que ma réponse n'implique pas acceptation de votre juridiction. Je m'appelle Louis-Auguste Blanqui, âgé de quarante-deux ans, homme de lettres, demeurant à Paris.

M. le Président. — Accusé Albert, levez-vous. Quels sont vos nom et prénoms...

Albert. — Repoussant votre juridiction, je déclare ne vouloir répondre à aucune question.

M. le Président. — Accusé Barbès, dites vos nom, prénoms...

Barbès. — Je ne puis répondre à aucune de vos questions. Plusieurs de mes coaccusés refusent comme moi d'accepter votre juridiction, et, si vous voulez me le permettre, je vais expliquer aux citoyens jurés quels sont les motifs qui nous ont fait prendre cette détermination.

M. le Président. — Vos explications ne peuvent être données qu'après la lecture de l'acte d'accusation.

Accusé Sobrier, levez-vous, et dites vos nom, prénoms...

Sobrier. — Je n'accepte pas le débat. Je me nomme

Joseph-Marie Sobrier, âgé de trente-sept ans, propriétaire, demeurant à Paris, 16, rue de Rivoli.

M. LE PRÉSIDENT. — Accusé Raspail, dites vos nom, prénoms...

RASPAIL. — Si je réponds à votre question, c'est en faisant toutes réserves sur une compétence que je conteste de la manière la plus formelle; je me nomme François-Vincent Raspail, âgé de cinquante-quatre ans, chimiste, homme de lettres, représentant du peuple, né à Carpentras, demeurant à Montrouge, près Paris.

FLOTTE refuse de répondre.

QUENTIN. — Je réponds, sous toute réserve, me nommer Auguste-François Quentin, âgé de quarante-neuf ans, propriétaire, né à Angers, demeurant à Paris, rue de la Chaussée-d'Antin, 38.

DEGRÉ, dit LE POMPIER, déclare se nommer Paul Degré, âgé de trente-six ans, artiste peintre, né à Paris, demeurant à Montargis.

LARGER déclare se nommer Xavier-Victor, âgé de trente-trois ans, mécanicien, ex-chef de bataillon de la garde nationale de Passy, né à Soultz (Haut-Rhin), demeurant à Passy, rue de la Montagne, 23.

BORME déclare se nommer Daniel Borme, âgé de vingt-sept ans, chimiste, né à Roque-Broussanne (Var), demeurant à Paris, rue du Ponceau, 7.

THOMAS répond, sous toutes réserves, se nommer Louis-Jules-Ferdinand Thomas, âgé de trente et un ans, né à Antony (Seine), demeurant à Vaugirard, rue Blomet, 1.

COURTAIS. — Je me nomme Amable-Gaspard-Henri Courtais, général nommé le 24 février à l'Hôtel-de-Ville, représentant du peuple, élu par 71,833 voix, de l'Allier, chevalier de la Légion d'honneur, décoré sur le champ de bataille par l'empereur.

VILLAIN déclare se nommer Léopold Villain, demeurant à Paris, rue de Calais, 5.

M. LE PRÉSIDENT. — Je rappelle aux défenseurs qu'ils ne doivent rien dire de contraire à leur conscience ni au respect dû aux lois, et qu'ils doivent s'exprimer avec modération.

BARBÈS. — Citoyen président, je viens de voir se lever un avocat qui a été désigné pour Albert et pour moi, mais dont nous n'avons en aucune façon accepté le ministère.

Me BOINVILLIERS. — Après la lecture de l'acte d'accusation, je compte demander à la Cour la permission de me retirer.

M. le Président. — Nous vous entendrons alors. Je vais recevoir le serment de MM. les jurés.

MM. les jurés répondent successivement à la formule du serment par les mots : Je le jure !

Courtais. — Je demande à la Cour la permission de lui déclarer, avant la lecture de l'acte d'accusation, que je viens de voir Degré pour la première fois ; ce n'est pas le pompier que j'ai vu diriger son sabre sur moi à la grille du palais de l'Assemblée nationale : celui-là avait soixante ans, de vives couleurs, les cheveux aussi blancs que les miens. J'éprouvais le besoin de faire tout d'abord cette déclaration.

Degré. — Je crois devoir me lever pour que MM. les jurés voient que je ne suis pas l'homme dont parle M. Courtais.

Le Président, s'adressant au jury :

« Messieurs lés jurés,

« Vous avez, nous avons tous, une grande mission à remplir. Appelés à inaugurer cette juridiction suprême que la Constitution a fondée, de sérieux devoirs nous sont imposés envers le pays, envers les accusés, qui ont le droit de compter sur notre impartialité et qui ont besoin d'en trouver la garantie dans notre indépendance.

« Entrant les premiers, après de déplorables événements, dans cette voie de réparation nationale, nous devons songer aussi que nous avons à établir un précédent qui marque bien le caractère de ce haut tribunal.

« Fermeté, modération, ces deux mots indiquent le sentiment qui doit tous nous animer. »

L'orateur explique que dans les pays où le gouvernement est absolu, on créait des tribunaux d'exception qui n'étaient, au fond, que des commissions.

« Les peuples libres, au contraire, ont déterminé d'avance la composition des tribunaux nécessaires en certains cas.

« Ces motifs ont déterminé l'Assemblée nationale à fixer le lieu de votre convocation à Bourges, dans cette cité paisible que distinguent, non moins que les souvenirs dont elle s'honore à si bon droit, la sagesse de ses habitants, leur amour de l'ordre et des lois, et où rien ne saurait troubler le recueillement nécessaire à la justice. »

Blanqui. — Quand on nous a fait distribuer des pièces

imprimées, nous avons dû penser que c'était pour que cette distribution nous fût utile. Aussi, n'avons-nous pas été peu surpris de voir que les pièces les plus importantes avaient été supprimées.

D'un autre côté, je croyais qu'un arrêt de renvoi et un acte d'accusation devaient être l'expression exacte des dépositions recueillies dans l'instruction. Eh bien! dans les actes qui vont être lus, il est fait allusion à des dépositions qui n'existent pas, ou qui ont une autre signification. Je proteste donc contre ces actes, et je pourrais presque aller jusqu'à les arguer de faux, puisqu'ils s'appuient sur des dépositions qui n'existent pas ou qui sont altérées.

M. Baroche, procureur général. — Aux termes de la loi, nous aurions pu ne délivrer aux accusés qu'une seule copie des pièces; nous avons compris que cela n'était pas possible, et nous avons donné l'ordre pour que les pièces fussent imprimées et distribuées, non pas seulement à tous les accusés, mais à tous leurs défenseurs. Nous avons prescrit en outre de donner à toute réquisition au greffe communication des dossiers. Nous avons donc fait tout ce qui était humainement possible, et, je le répète, je m'étonne des plaintes qui viennent d'être apportées à cette audience.

Raspail. — Je sais qu'indépendamment du volume imprimé qui nous a été distribué, nous pouvions, à nos frais, faire copier toutes les pièces au greffe. Quoique je n'accepte pas la juridiction de la Haute Cour, quelques-uns de nos amis se sont présentés au parquet; les pièces étaient toujours en route d'une main dans l'autre, et nos amis n'ont jamais pu les rencontrer à travers tous ces voyages.

Je dis que c'est là un déni de justice dont je n'accuse pas la loyauté de M. le procureur général, mais dont nous avons le droit de nous plaindre.

Nous avons souvent dit aux cours devant lesquelles nous avons comparu sous le régime déchu, qu'il était odieux d'user contre des accusés de notes de police. Nous avons le droit de demander que l'on recherche les notes de police déposées contre nous, qu'on nous les communique, et qu'on fasse paraître devant nous ceux qui les ont fournies.

Je prie M. le président de vouloir bien ordonner que, dans une salle du donjon, il nous sera donné communication, non-seulement des dépositions que nous ne connaissons qu'imparfaitement, mais encore de toutes les notes de police.

Blanqui. — Je croyais arriver à cette audience connaissant tout, et je ne connais pas tout. Je croyais que les pièces imprimées étaient entièrement conformes aux pièces manuscrites ; il n'en est rien.

Je suis donc en droit, je le répète, d'arguer de faux les actes dressés contre nous sur des dépositions qui ne disent pas ce qu'on leur fait dire.

M. le procureur général BAROCHE. — Je ne puis accepter plus longtemps la situation que l'on semble vouloir nous faire.

Je ne peux que répéter ce que j'ai dit sur le soin que nous avons mis à faciliter la défense.

Quant aux notes de police dont a parlé l'accusé Blanqui, je déclare que je ne connais pas plus que lui ces notes ; je ne connais que celles qui ont été transmises avant l'arrestation de l'accusé ; s'il le désire, nous lui ferons communiquer celles-là.

BLANQUI. — Il faut que tout soit éclairci avant que MM. les jurés entendent la lecture de l'acte d'accusation, dont leur esprit pourrait conserver quelque impression fâcheuse.

RASPAIL. — Nous ne pouvons nous laisser accuser par une note de mouchard.

BARBÈS. — Il me semble, citoyen président, que puisque j'entends contester toute l'autorité de la Haute Cour de justice, je devrais naturellement m'expliquer de suite.

M. LE PRÉSIDENT. — Vous aurez la parole après la lecture de l'acte d'accusation ; mais je dois, avant tout, pour me conformer à l'art. 313 du Code d'instruction criminelle, faire lire ce document. Greffier, donnez lecture de l'arrêt de renvoi et de l'acte d'accusation.

Le greffier donne lecture de ces deux pièces, que nous avons données en commençant, tant pour mettre le lecteur au courant des faits généraux du procès, que pour ne rien enlever, en les coupant, de l'intérêt des débats.

Entre la lecture des deux documents, la séance est suspendue un instant. On entend au milieu du bruit M. Courtais dire à un gendarme : « Je vous défends de mettre la main sur moi. »

A la lecture d'un passage qui le concerne, le même accusé se lève et s'écrie : Mais c'est faux ! Je m'inscris en faux !

M. LE PRÉSIDENT. — Général Courtais, gardez le silence vous vous expliquerez plus tard.

On arrive à un autre passage où il est dit que, dans l'invasion de l'Assemblée, quand Barbès prononça l'impôt d'un milliard sur les riches, des voix lui auraient crié : Tu te trompes, Barbès, c'est deux heures de pillage qu'il nous faut.

RASPAIL, avec énergie. — C'est indigne ! c'est infâme ! je proteste. Il n'y a pas une bouche française qui puisse prononcer de pareils mots. C'est un devoir pour nous de protester contre les injures adressées au peuple français. Le citoyen procureur général a été nommé par ce peuple qu'il injurie aujourd'hui, et dont il allait solliciter les suffrages dans les clubs.

M. le procureur général BAROCHE. — Le procureur général n'a pas été nommé par le peuple qui envahissait l'Assemblée le 15 mai.

BLANQUI. — Est-ce que le peuple n'a pas eu Paris en son pouvoir ? A-t-il donc songé à piller ? C'est infâme de calomnier ainsi le peuple et le socialisme.

M. LE PRÉSIDENT. — Greffier, continuez la lecture de l'acte d'accusation.

RASPAIL. — Pardonnez à notre émotion, président ; nous ne voulons pas manquer de respect à la Cour ; mais nous ne pouvons maîtriser notre indignation. C'est pour nous un devoir de défendre le peuple, et surtout le peuple de Paris, cette capitale de la démocratie. Il n'y a qu'un calomniateur qui puisse oser dire que le peuple français veut le pillage.

COURTAIS. — Ceci ne s'applique certainement pas à M. le procureur général qui siége en ce moment.

BARBÈS. — C'est moi qui ai proclamé l'impôt d'un milliard, et je jure devant Dieu et sur mon honneur que personne n'a répondu par une demande de pillage.

M. le procureur général BAROCHE. — Cette demande est mentionnée dans *le Moniteur*.

PLUSIEURS ACCUSÉS. — Eh bien ! *le Moniteur* a menti.

RASPAIL. — C'est un mensonge officiel (1).

(1) Nous appelons l'attention de nos lecteurs sur la partie de la déposition de M. le sténographe en chef du *Moniteur*, qui concerne la fameuse phrase : NON, NON, BARBÈS ; DEUX HEURES DE PILLAGE !

Il est absolument faux que les mots *deux heures de pillage* aient été prononcés dans le fameux tumulte du 15 mai.

La lettre suivante publiée par *le Peuple* dans son numéro du 5 avril 1849, donne peut-être l'explication véritable de cette singulière erreur.

Le citoyen Pelletier de Lorgues, ex-prévenu du 15 mai, détenu à Belle-Ile en mer, écrit ce qui suit :

« J'étais à côté de Barbès lorsque ce généreux citoyen prit la parole à

Barbès. — Il faut que le peuple soit respecté. Lui prêter de tels sentiments, c'est, nous le répétons, une infamie.

M. le président. — Greffier, reprenez votre lecture.

La lecture de l'acte d'accusation est terminée à cinq heures et demie.

M. le Président aux accusés. — Vous venez d'entendre la lecture de l'acte d'accusation; demain vous entendrez les charges portées contre vous. Huissier, faites l'appel des témoins.

Barbès. — Je demande à dire quelques mots sur ma situation dans le débat.

M. le Président. — L'audience est bien avancée.

Barbès. — Je n'en ai que pour trois ou quatre minutes; ce sera là toute la part que je prendrai au débat; il se trouvera par là très-simplifié.

M. le Président. — Vous pouvez parler.

Barbès. — Je viens d'entendre ce que vient de dire M. le Président, et je me demande de quel droit vous pourriez nous juger; évidemment ce n'est que par le droit du plus fort, car si les hommes qui ont été à l'Hôtel-de-Ville le 15 mai eussent été les plus forts, vous acclameriez leur gouvernement comme vous avez acclamé la République en février; quelque solution que je recherche dans cette affaire, je n'en découvre pas d'autre que la force; vous devez nécessairement me condamner, vous Tribunal exceptionnel qu'on a choisi exprès pour cela, vous qu'on a pris parmi les hommes les plus contraires à nos opinions.

Les adorateurs des dieux du paganisme, les sectateurs de Jupiter et de Mercure n'étaient pas plus ardents persécuteurs de Christ que vous adorateurs du capital, vous ne l'êtes des socialistes : entre vous et nous, c'est une guerre à mort. (Rumeurs.)

Nous voulons vous faire la guerre pour renverser votre idole de son piédestal au profit du peuple, et à votre profit à vous-mêmes.

Vous, au contraire, vous allez nous condamner à la pri-

la tribune. L'acte d'accusation porte qu'au moment où celui-ci proposait de frapper un milliard sur les riches, un factieux se serait écrié : « Non, non, Barbès; tu te trompes. C'est deux heures de pillage qu'il « nous faut. » Ce factieux, c'était moi. Voici textuellement mes paroles : « Non, non, Barbès, tu te trompes. C'est deux milliards et non un milliard « qu'il nous faut pour soulager le peuple impunément exploité depuis « cinquante ans. »

son, et sans la Révolution de Février, vous nous couperiez la tête. (Agitation parmi les jurés.)

M. le Président. — Accusé, vous risquez de vous nuire par ces exagérations.

Barbès. — Je vous prie de remarquer que je mets dans mes paroles la plus grande modération.

M. le Procureur général. — Il nous est impossible de tolérer qu'on présente le jury comme venu ici pour condamner.

Albert. — J'adhère aux paroles de mon ami Barbès.

M. le Procureur général. — Oublie-t-on que les jurés ont été désignés par le sort, parmi les élus du suffrage universel? C'est la première fois que l'on vient élever un pareil soupçon contre ceux qui sont l'expression de la volonté populaire.

Nous requérons qu'il soit interdit à l'accusé Barbès de continuer.

Barbès. — J'en appelle à tous ceux qui nous entendent : si la journée du 15 mai avait tourné autrement, ceux qui sont ici pour nous juger seraient, au contraire, à notre place. (Bruit.)

M. le Président. — Accusé Barbès, dans votre intérêt...

Barbès vivement. — Permettez, monsieur le Président, j'ai fini tout à l'heure, et désormais je ne prendrai plus aucune part au débat.

M. le Président. — Il m'est impossible de vous laisser continuer.

Barbès. — Dès à présent je renonce au débat, et, si je parais demain, ce ne sera que comme forcé et contraint.

Me Boinvilliers fils. — Désigné d'office pour défendre les accusés Albert et Barbès, je vois, par la détermination qu'ils viennent de prendre, mon ministère devenu inutile, et je demande à la Cour la permission de me retirer.

M. le Procureur général. — Un accusé a toujours le temps d'accepter le débat, et pour cela, il est indispensable qu'il soit constamment assisté de son défenseur.

M. Martin Bernard. — Je demande à donner quelques explications.

M. le Président. — Vous n'avez pas la parole.

M. le Procureur général. — M. Martin Bernard n'est ici ni accusé ni défenseur, il ne peut donc être entendu.

M. Martin Bernard. — Je proteste...

Barbès. — Si on ne permet pas à mon défenseur de

parler, cela prouve qu'on ne veut pas que je sois défendu.

M. MARTIN BERNARD. — On interdit la parole à un représentant du peuple... Cela est grave...

M. LE PRÉSIDENT. — C'est précisément à cause de cette qualité et de l'inviolabilité dont vous êtes investi que je vous ai refusé la parole, parce que je n'aurais aucun moyen d'action sur vous.

Le défenseur nommé pour les accusés Barbès et Albert a-t-il quelque excuse personnelle à faire valoir?

Me BOINVILLIERS. — J'ai cru qu'il était inutile de rester pour défendre des accusés qui ne veulent pas être défendus; si la Cour juge que je dois rester, j'accepte d'avance sa décision.

M. LE PRÉSIDENT. — La Cour vous engage à rester.

RASPAIL. — Je demande, M. le Président, à faire entendre quelques paroles de paix. Nous sommes devant nos concitoyens, et je ne crois pas qu'ils aient un parti pris de condamner ; nous voulons mettre dans le débat la plus grande modération, et, pour ma part, quoi que je puisse dire, je proteste contre tout soupçon d'avoir voulu insulter un citoyen français nommé par le suffrage universel.

Si nous mettons tous la même modération dans nos paroles, nous arriverons peu à peu à nous entendre ; mais je vous prie de ne pas oublier que, détenus depuis neuf mois, nous avons vécu dans un milieu différent du vôtre, en proie à des peines qu'il est difficile de maîtriser ; aussi, s'il m'échappait par la suite quelque impertinence, soyez sûrs qu'elle serait seulement sur mes lèvres et non dans mon cœur.

M. LE PRÉSIDENT. — Accusé Raspail, nous acceptons vos paroles.

Audience du 8 mars.

Parmi les pièces à conviction, on remarque un tableau de bois noirci semblable à ceux qui servent aux démonstrations mathématiques. Sur ce tableau, trouvé le 15 mai, après l'occupation de l'Hôtel-de-Ville, sont écrits à la craie les noms suivants :

Barbès, Blanqui, Ledru-Rollin, Cabet, Louis Blanc, Raspail, Albert, Flocon, Thoré, Pierre Leroux, Caussidière.

A onze heures un quart, les accusés sont introduits; on

remarque que Barbès et Albert sont absents; l'accusé Quentin lit un numéro du journal *le Peuple*.

M. Martin Bernard, qui siégeait au banc de la défense, n'est pas présent aujourd'hui.

Cinq gendarmes mobiles, armés de leurs fusils, et commandés par un brigadier, traversent la salle d'audience, et se rendent dans la Chambre du conseil.

A onze heures trente-cinq minutes, la Haute Cour monte sur le siége.

MM. les jurés l'ont précédée de quelques instants.

M. LE PRÉSIDENT. — Deux des accusés, Barbès et Albert, ayant refusé de comparaître, il leur a été fait, aux termes de la loi, une sommation par un huissier accompagné de la force armée; un procès-verbal a été dressé par l'huissier : le greffier va en donner lecture.

M. le commis-greffier donne lecture des deux procès-verbaux unis contre Albert et Barbès.

Après le prononcé d'une décision qui ordonne que Barbès et Albert seront contraints par la force à assister aux débats, plusieurs agents de la force publique sortent de l'audience pour en assurer l'exécution, ils sont sous la direction de M. le chef d'escadron La Grangière, commandant la gendarmerie du département du Cher.

Quelques moments après, Barbès et Albert sont amenés chacun par deux gendarmes mobiles ; Barbès porte une casquette de drap bleu : il se découvre au moment où il prend place sur son banc.

M. LE PRÉSIDENT. — La fin de l'audience d'hier a été marquée par des incidents graves, par des faits regrettables ; une imputation a été adressée par un des accusés, qui a abusé de la liberté que je lui avais donnée, de la liberté de la défense; une imputation a été adressée à MM. les hauts jurés à qui on a attribué d'avoir d'avance un parti pris de condamner.

Cette imputation est non-seulement un outrage à la Haute Cour nationale, c'est aussi une insulte au pays qui a nommé les jurés, insulte qui a occasionné de la part d'un de MM. les jurés une exclamation dans laquelle on ne peut pas voir une manifestation de son opinion, mais le cri de la conscience outragée.

Une autre imputation non moins imméritée a été adressée au ministère public, qui y a répondu sur-le-champ.

J'ai la confiance que de pareils faits ne se renouvelleront pas. Si j'ai le droit de protéger les accusés contre leur propre exagération, j'ai aussi celui de protéger les citoyens qui sont appelés ici à remplir une haute mission.

Je suis déterminé à user des pouvoirs qui me sont conférés par la loi, pour faire respecter la justice.

BARBÈS. — Ayant été amené ici comme contraint et forcé, je n'ai aucune observation à présenter.

BLANQUI. — Je dois faire observer que, resserrés comme nous le sommes par les gendarmes, nous sommes dans l'impossibilité de prendre des notes; il faudrait que l'un des gendarmes placés à mes côtés quittât la place qu'il occupe. Je ne me sauverai pas, gardé par un seul gendarme.

Sur l'ordre de M. le Président, le gendarme placé à la droite de Blanqui quitte le banc où il était assis, et laisse ainsi à cet accusé une plus grande liberté de mouvement.

M. LE PRÉSIDENT. — Les accusés avaient annoncé l'intention de présenter une exception préjudicielle. Cette exception doit-elle être présentée par un avocat?

RASPAIL. — Je parlerai individuellement, n'ayant pas eu le temps de me consulter avec mes coaccusés.

BLANQUI. — Je parlerai sur le déclinatoire.

COURTAIS. — J'accepte le débat, bien que la loi soit positive et ne doive pas avoir d'effet rétroactif; mais, à cause de ma longue captivité, j'accepte les jurés qui sont devant moi.

BORME. — J'accepte le débat.

DEGRÉ. — J'accepte le débat public, que j'ai toujours désiré.

M. LE PRÉSIDENT. — Ceux des accusés qui ne feront pas de protestation accepteront par cela même le débat.

VILLAIN. — Je persiste dans la protestation que j'ai déjà faite.

M. LE PRÉSIDENT. — Y a-t-il un avocat pour présenter l'exception?

Me BAUD, défenseur de Sobrier. — Au nom de mon client, je me réserve de présenter dans le cours du débat toutes les observations que je croirai dans son intérêt; quant à présent, je n'accepte ni ne décline la compétence de la Haute Cour.

RASPAIL prend la parole en ces termes : En déclinant votre compétence, je vous prie de croire que je n'use que d'un droit. Si je décline votre compétence, c'est parce que je crois qu'il est autant dans l'intérêt de la Haute Cour que dans l'intérêt des accusés de fixer dès les premiers instants ce que doit être votre haute juridiction.

La loi, vous le savez, ne l'a pas réglée : elle vous a laissé le soin de faire ce règlement ; je viens vous fournir l'occasion favorable de le faire, et j'accepte d'avance votre décision, qu'elle me soit ou non favorable.

Le délit du 15 mai a été commis à la face du soleil, en présence de témoins, du ministère public lui-même, et peut-être des jurés : c'est un de ces délits où tout est clair et évident ; il ne fallait que quinze jours pour déterminer la qualification de ce délit.

Eh bien ! voilà neuf mois que nous sommes soumis à toutes les rigueurs du secret, et cependant on ne nous a pas fait subir plus de deux ou trois interrogatoires. Au bout de quinze jours, l'acte d'accusation était terminé, j'en ai pour garant M. Bertrand, juge d'instruction, qui me disait, au commencement de mai, qu'il n'avait plus rien à faire dans notre affaire.

Cependant les pièces n'ont été envoyées à la Chambre du conseil qu'au mois d'octobre ; elle n'a rendu sa décision que le 17 novembre, tandis qu'il était de son devoir de la prononcer immédiatement,

La Chambre des mises en accusation n'a été saisie que le 23 décembre, et elle n'a rendu son arrêt que le 16 janvier.

La loi exige que le procureur général remette les pièces à la chambre des mises en accusation dans un délai de cinq jours, et cependant il a pris plus de deux mois et demi.

Aux termes de l'article 219 du Code d'instruction criminelle, la Chambre des mises en accusation doit statuer dans les trois jours ; or, dans cette affaire, elle n'a statué qu'au bout de vingt jours.

En prolongeant ainsi les délais, n'avait-on pas l'idée de nous faire attendre qu'il fût fait exprès pour nous une loi exceptionnelle, une loi qui est pour la Haute Cour la plus grave des insultes, puisqu'elle suppose que vous avez moins d'impartialité que d'autres tribunaux.

Quant à nous, nous croyons qu'on s'est trompé sur ce point ; mais tous ces délais prouvent trop bien ce qu'on désirait.

La Chambre des mises en accusation a mis vingt jours à prononcer; il est vrai qu'il n'y a pas de peine de nullité à cet égard, il n'y en a que contre les accusés : si nous sommes d'une minute en retard, on nous dit que la porte est fermée; si c'est l'accusation, il n'y a pas de peine de nullité.

Enfin, la chambre des mises en accusation, après avoir étudié notre affaire pendant vingt jours, a décidé que nous devions être renvoyés devant le jury de la Seine.

Au bout de cinq jours, nous voyons paraître à la tribune de l'Assemblée nationale un de nos collègues qui demande qu'on brise cet arrêt irrévocable et qu'on nous arrache aux juges qui nous avaient été donnés.

Et qui demande cela? Ce n'est pas M. le procureur général, dont nous sommes devenus la chose en notre qualité d'accusés, c'est le ministre de la justice qui usurpe les fonctions de magistrat, qui transforme la tribune en siége de ministère public et qui demande des armes pour nous perdre plus sûrement.

Les anciennes assemblées nationales ou non nationales, les assemblées aristocratiques, s'étaient réservé la connaissance de certains cas, elles étaient donc compétentes pour en connaître; mais l'Assemblée nationale ne s'était rien réservé, elle devait donc nous délaisser aux juges ordinaires.

Si cette confusion de procédure s'établissait, il en résulterait les effets les plus désastreux, et l'Assemblée nationale pourrait ainsi me dépouiller de ma propriété quand cela lui plairait. D'ailleurs, la loi n'est pas muette sur les formes à suivre devant la Haute Cour de justice; cette juridiction a été fondée en 1804, l'article 220 du Code d'instruction criminelle la réglemente : il décide que dans le cas où un fait déféré à une chambre des mises en accusation serait de nature à être jugé par la Haute Cour de justice, la Chambre des mises en accusation devrait se dessaisir et ordonner le renvoi.

Une option devait donc avoir lieu entre les deux juridictions, car il est d'une évidence mathématique que lorsqu'on a opté pour un parti, on ne peut revenir à l'autre.

L'Assemblée nationale nous soumet à la procédure d'instruction criminelle pour une partie, et elle nous enlève le bénéfice de l'autre partie; agissant ainsi, elle a violé la loi; nous autres philologues, nous ne pouvons comprendre cela, parce que nous interprétons les mots d'après le dictionnair de l'Académie.

La Cour de cassation ne nous a pas contredits; mais ell a dit qu'elle n'avait pas le droit de réformer les décrets d l'Assemblée nationale et nous a renvoyés devant la Haut Cour de justice, qui est souveraine comme l'Assemblée nationale. Ainsi, on ne peut nous opposer ici l'arrêt de la Cou de cassation.

J'arrive à la question de non rétroactivité déjà traitée devant l'Assemblée nationale; on a prétendu devant cett Assemblée que le principe de non rétroactivité s'appliquerait aux lois qui statuent sur le fond et non aux lois d forme : ce serait, a-t-on dit, une infamie qu'un homme fû jugé en vertu d'une loi pénale qui n'existait pas quand l fait incriminé a été commis.

Je m'engage à prouver que cette distinction est absurde; l'article 2 du Code civil, lequel porte que la loi n statue que sur l'avenir et ne peut avoir d'effet rétroactif. I n'y a pas là l'épaisseur d'un doigt, la largeur d'un fil pou placer une subtilité; la loi, quelle qu'elle soit, ne peut rétrograder; de même que la matière est l'œuvre de Dieu, l forme appartient à l'homme, et je défie qu'on nous présent une loi où la rétroactivité puisse s'appliquer au fond.

J'ai tué un homme, voilà le fond; il n'appartient pas à u législateur de dire que ce n'est pas un assassinat.

J'ai envoyé mon troupeau paître sur un terrain communal, il n'y a pas délit; il y a eu partage depuis, j'y envoi encore mon troupeau, alors je manque à la forme.

Le fait n'est pas moi, personne ne peut le modifier; si j suis entré à l'Assemblée nationale pour la combattre, si, reniant tous les antécédents de ma jeunesse, je me suis élev contre le résultat erroné ou non du suffrage universel, si j voulais mettre l'Assemblée à la porte, c'est là le fait.

Je suis entré là pour servir et non pour nuire; j'ai usurp la tribune à laquelle apparemment mon talent ne me donnait pas d'accès; en poursuivant ce fait, ce n'est pas l forme que vous atteignez, c'est le fond, et la Chambre de mises en accusation a bien jugé en me renvoyant aux assises de la Seine.

Que jugez-vous, Messieurs de la Haute Cour? Les haut attentats, les attentats ayant pour but de renverser le Gouvernement; mais la Cour d'assises peut aussi juger ce ıttentats, on n'a pu l'en dessaisir que par une loi, et cette oi, on lui a donné un effet rétroactif.

On nous a renvoyés devant vous, on nous a traînés de ırison en prison; nous avons fait le voyage dans des cellules oulantes de 1 mètre 40 de haut et de 50 centimètres de arge; celui qui a fait ces sortes de voitures n'était pas eulement un homme cruel, c'était un ignorant; on ne plaerait pas les plus vils animaux dans un si petit espace.

Ne croyez pas cependant que je repousse votre compéence parce que je crains votre décision; vous êtes les élus u suffrage universel, et fussiez-vous mes ennemis, j'aime ıieux voir mes ennemis sur le banc de mes juges que sur eux des accusés.

Nous avons entendu M. le Président même parler hier de ι République comme ouvrant les portes à toutes les améorations; je suis vrai républicain depuis mon enfance; moi ui n'ai jamais rien demandé au budget, qui ai toujours traaillé à mes dépens, je crains que vous ne veuillez voir dans ıs portes que cette République doit ouvrir à toutes les améorations, que des portes un peu rouillées et tournant diffilement sur leurs gonds, tandis que nous voulons que le auvre devienne aussi heureux que le riche, sans rien dimiuer du bonheur de celui-ci.

Je termine, Messieurs les hauts jurés; comme homme, ne récuserais pas votre jugement et je vous dirais : xaminez les faits qui me sont imputés; si vous trouvez que ai manqué à la République, qu'on apporte l'autel de la atrie, et à cette flamme de vertu, je brûlerai cette main ont les actes auraient démenti la pensée de toute ma vie, je vous bénirai encore en exécutant votre arrêt.

Ici l'accusé fait passer à la Cour des conclusions dont il t donné lecture par le greffier, et qui tendent à ce que la aute Cour de justice, séant à Bourges, se déclare incomtente.

Un jeune homme en habit noir se lève au banc de la dénse.

M. LE PRÉSIDENT. — En quelle qualité vous présentezous?

Me LÉVY. — Comme conseil de l'accusé.

M. LE PRÉSIDENT. — Vous avez la parole.

Me LÉVY décline la compétence de la Cour et s'appuie surut sur ce que les membres des Conseils généraux n'ont ıs été nommés pour être juges.

Étrange destinée que celle des accusés, dit-il en terminant. Emprisonnés sous M. Lamartine, conservés sous M. le général Cavaignac, les voilà qui vont être jugés sous la présidence de Louis-Napoléon Bonaparte.

Pourquoi n'a-t-on pas attendu plus longtemps le retour impossible de la monarchie? Nous n'aurions pas aujourd'hui la douleur de voir traîner devant les juges, comme ayant voulu renverser la République, des hommes dont tout le crime est, aux yeux de certaines gens, de l'avoir fondée.

M. LE PRÉSIDENT. — Les autres accusés ont-ils quelque chose à dire ?

LARGER. — J'adhère aux conclusions de Raspail.

M. LE PRÉSIDENT. — Et vous, Flotte ?

FLOTTE. — Je n'y adhère pas.

Me LÉVY. — Le citoyen Flotte veut dire qu'il se contente de protester, sans accepter tous les développements de M. Raspail.

Me RIVIÈRE, en bourgeois. — Je dirai un mot en ce qui concerne l'accusé Villain.

M. le procureur général BAROCHE. — Pourquoi n'êtes-vous pas en robe, Me Rivière?

Me RIVIÈRE. — Je prie la Cour de m'excuser pour cette audience, je n'ai pu trouver de robe à Bourges et je fais venir la mienne de Paris. (Rires.)

Me RIVIÈRE. — L'accusé Villain, qui s'est constitué prisonnier avant-hier, ne reconnaît pas la compétence de la Haute Cour; mais sans s'arrêter à cet obstacle, il accepte les débats, et je le défendrai.

THOMAS. — J'accepte les débats, tout en protestant.

BLANQUI. — Vous croyez, de bonne foi, être un tribunal. Je vous demande la permission de vous dire et de vous prouver que vous n'êtes qu'une commission spéciale, ni plus ni moins que ces tribunaux dont M. le Président vous parlait hier lui-même avec une juste sévérité ; vous êtes un expédient dangereux imaginé par un pouvoir qui se précipite dans des pensées de vengeance.

Pour vous prouver ce que je dis, examinons votre extrait de naissance.

L'Assemblée nationale, outragée par l'invasion du 15 mai, acquit bientôt la certitude que cette invasion n'était qu'un tumulte imprévu, qu'une bourrasque populaire ; qu'il n'y avait eu ni complot, ni concert, mais seulement un pêle-mêle d'hommes étrangers les uns aux autres et réunis par le hasard.

Elle acquit ainsi la certitude que les hommes politiques auxquels elle fait l'honneur de les redouter n'avaient ni protégé ni favorisé cette bourrasque, qu'ils l'avaient prévue avec douleur et combattue d'avance avec énergie ; elle comprit donc que devant la justice ordinaire il n'y avait pas les moindres éléments de condamnation.

Que faire cependant? On ne pouvait laisser échapper l'occasion de se défaire d'hommes qu'on regarde comme des obstacles. On jette dans le fond d'un cachot les victimes de cette échauffourée, et on les laisse là se lamenter, comme matière condamnable, sur les dangers de la fermentation des esprits.

Puis on oublie le procès dans les cartons, et un beau jour l'Assemblée nationale avec un aplomb de pape et de sacré collége, crée un tribunal qui doit, à un jour donné, formuler un arrêt.

S'il est un principe sacré qui ait toujours été abrité par la toge du magistrat, comme le palladium de la liberté, de la fortune et de l'honneur des citoyens, c'est celui de la non rétroactivité des lois.

Tout à coup, certains jurisconsultes, bourrés de citations latines qu'ils écorchent en l'honneur de Justinien ou de Vulpien, se sont mis à combattre les principes qu'ils avaient défendus tant de fois avec des ongles de chat sauvage.

Il le fallait pour le besoin d'un procès inique, d'un procès vieux de six mois, d'un procès qui est le premier et sera, je l'espère bien, le dernier d'une juridiction trop complaisante.

M. LE PRÉSIDENT. — Je vous invite à vous abstenir de semblables outrages envers la Haute Cour. Tâchez de suivre l'exemple de modération que vient de vous donner votre coaccusé.

BLANQUI. — Je retire le mot si vous voulez, mais il me semble que je ne me suis pas servi d'une expression trop excentrique.

M. LE PRÉSIDENT. — Vous avez retiré le mot, cela suffit.

BLANQUI, continuant sa discussion. — On ergote sur des distinctions entre les lois pénales, entre le tarif des peines et les lois de procédure, comme si le Code pénal pouvait être quelque chose sous la juridiction qui l'applique.

Aussi toutes les subtilités de l'esprit de chicane ne pourront-elles jamais empêcher la conscience publique de dire que vous êtes un tribunal créé pour un délit, par conséquent que vous êtes un tribunal exceptionnel, n'offrant aucune garantie aux accusés.

On a dit que vous étiez le produit du suffrage universel. Mais qu'est-ce donc que le jury ? C'est la nation tout entière, parmi laquelle le sort extrait, pour juger les accusés, quelques-uns de leurs pairs. C'est là précisément le caractère propre du jury, qui fait la garantie des accusés. Ce caractère, l'avez-vous?

Le législateur a repoussé l'élection à deux degrés presque à l'unanimité, et cependant elle serait aussi le suffrage universel. Mais on a compris qu'elle n'est pas la représentation exacte du pays. Pourquoi le double degré serait-il plutôt admis pour le jury que pour la représentation politique?

Et puis, remarquez bien que les conseils généraux ne sont autre chose que des espèces de conseils de famille composés nécessairement des hommes qui ont le plus fort intérêt à la bonne gestion des intérêts de tous, et par conséquent de grands propriétaires, d'hommes de lois, d'hommes haut placés, permettez-moi de le dire, offrant des garanties de fortune et de lumière. Sont-ce là des qualités positivement nécessaires pour juger les hommes, défenseurs les plus ardents, les plus emportés, si vous le voulez, des intérêts populaires?

Il y a entre les fonctions de conseiller général et celles de juge une sorte d'incompatibilité : les conseillers généraux sont des hommes paisibles, des hommes de famille, d'ordre et de paix qui doivent gérer les intérêts du département; mais ils n'ont reçu du peuple aucun mandat pour juger. Le suffrage universel n'a pas le mérite de rendre un médecin bon avocat, un avocat bon médecin; pensez-vous donc qu'il puisse faire de ceux qu'il a désignés des espèces de maître Jacques? (On rit.)

Dans un an, quand le peuple, en nommant ses conseillers généraux, aura su d'avance qu'ils pourraient être investis des redoutables fonctions de juges, je ne dis pas que le jury ne pourra pas être pris dans les conseils généraux; mais aujourd'hui vous ne pouvez pas être devenus des juges, par cela seul que vous avez été choisis par un caprice législatif.

Par un hasard malheureux, dans ce que vous appelez ces grandes assises tenues par des délégués judiciaires, parmi tous ces jurés, venus de tous les points de la France, il en manque un; et celui-là, c'est le représentant de la Seine, de ce département qui est la vingt-cinquième partie de la France à lui seul ; le représentant de Paris, où le crime a été commis, de Paris, dont tous les habitants sont comme frappés de suspicion.

On traîne les accusés hors de Paris ; on exclut du droit de les juger tous les habitants de cette grande capitale que redoute le parti du passé, et on commence ainsi à la frapper de cette déchéance, à laquelle on espère la condamner.

Le suffrage universel est dans la proportionnalité du nombre de représentants avec la population. Paris devrait, à ce compte, avoir trois jurés; il n'en a pas un seul. Croyez-vous donc que la présence d'un ou de plusieurs jurés parisiens parmi vous ne changerait pas notre situation?

Il n'y a pas ici de conseiller général de la Seine, savez-vous pourquoi? Parce qu'il n'y a pas de Conseil général à Paris ; Paris a été frappé de suspicion. On savait que l'élection amènerait des hommes populaires, des défenseurs de la République, et on n'en a pas voulu. On s'est jeté dans une voie d'arbitraire dans laquelle on n'a pas osé aller plus avant en demandant un juré à la Commission municipale nommée par le pouvoir.

J'aurais encore bien des considérations à faire valoir ; mais je m'arrête et je conclus à ce que la Cour se déclare incompétente.

M. le Président. — Y a-t-il un autre accusé qui veuille ajouter quelque chose?

Tous les accusés gardent le silence.

M. le Procureur général prend la parole pour combattre les conclusions présentées par Raspail et le déclinatoire de Blanqui.

Après en avoir délibéré, la Haute Cour rend un arrêt dont voici le texte :

« La Cour, sur le déclinatoire tiré de la rétroactivité prétendue du décret portant renvoi de l'accusation relative à l'attentat du 15 mai, devant la Haute Cour de justice;

« En ce qui touche la recevabilité du déclinatoire :

« Attendu que la compétence de la Haute Cour de justice a sa source dans l'art. 91 de la Constitution ;

« Qu'aux termes des 2e et 3e paragraphes de cet article, cette Cour *juge toutes les personnes prévenues de crimes, attentats ou complots contre la sûreté intérieure ou extérieure e l'Etat, qu'en vertu d'un décret spécial l'Assemblée na-onale a renvoyées devant elle;*

« Attendu que ce décret, émanant d'un corps dont les ttributions sont distinctes du pouvoir exécutif, ne saurait lettre obstacle à ce que la juridiction par lui saisie examine t apprécie, en dehors des considérations d'ordre politique ui ont motivé le renvoi des décisions antérieures passées n force de chose jugée, les exceptions juridiques faisant artie intégrante de la défense des accusés;

« Attendu que le déclinatoire, fondé dans l'espèce sur la iolation du principe de la non rétroactivité des lois soulève ne question de la nature de celles qui, dans la limite de elles ci-dessus déterminées, peuvent être légalement déféées à la connaissance de la Haute Cour de justice;

« Que, d'autre part, il se lie au droit inaliénable qu'a tout ribunal de juger sa propre compétence;

« Que, d'autre part, il constitue une exception péremp-oire rentrant essentiellement dans la défense des accusés;

« Qu'enfin il n'y a été statué d'une manière directe et xpresse ni par le décret portant renvoi de l'accusation rela-ive à l'attentat du 15 mai devant la Haute Cour de justice, i par aucune décision ayant le caractère de la chose jugée;

« Qu'ainsi, et à tous ces titres, les accusés sont receva-les à le proposer et la Haute Cour compétente pour décider 'il a son fondement dans la loi;

« Au fond :

« Attendu que si, en vertu des principes d'éternelle jus-ice consacrés à la fois par l'art. 2 du Code civil et par l'art. du Code pénal, les lois répressives ne s'appliquent qu'aux aits postérieurs à leur promulgation, il en est autrement es lois de procédure et de compétence qui, du moment où lles ont force d'exécution, régissent indistinctement les rocès nés et à naître;

« Que l'instruction et le jugement des affaires tant civiles ue criminelles se composant d'actes successifs, ceux de es actes non consommés qui précèdent la décision défini-ive et, en dernier ressort, appartiennent à l'avenir et su-issent dès lors l'empire des formes nouvelles auxquelles ils ont soumis;

« Attendu qu'en ce qui touche spécialement la juridic-ion, ses formes ne sont qu'un mode d'exercice de la puis-ance publique;

« Que le législateur étant toujours le maître de modifier

cet exercice suivant le besoin des temps, restreindre a procès non encore existants l'effet des changements qu'il apporte, ce serait entraîner dans sa sphère d'action la so veraineté nationale qu'il représente, consacrer l'inégalité où un principe commun appelle une application commun reconnaître des droits acquis en matière de juridiction, le quels sont d'ordre public ;

« Attendu qu'il n'existe quant à la force légale de c règles aucune différence entre le cas d'un tribunal su primé en entier et remplacé par un autre, et celui, c comme dans l'espèce, une certaine nature d'affaires (transportée de la juridiction ordinaire à une autre juridicti constitutionnellement établie ;

« Que dans ces deux cas, il y a parité de situation, ide tité de principes, uniformité de conséquences ;

« Sur les moyens relatifs à la composition de la Hau Cour et à celle du haut jury ;

« Attendu que cette composition, étant un acte du po voir constituant, ne saurait tomber sous le contrôle du po voir judiciaire ;

« Que l'art. 91 de la Constitution n'a fait dépendre le co cours des hauts jurés au jugement des attentats par lui pı vus que de leur qualité de membres des conseils générau sans distinguer entre ceux qui seraient actuellement inves de cette qualité et ceux qui la tiendraient d'une électi nouvelle ;

« Attendu enfin, en ce qui concerne les garanties de défense, qu'il n'est pas permis de supposer et d'admett que la loi fondamentale de l'Etat ait placé la Haute Co dans des conditions inférieures sous ce rapport à celles qu devant les autres tribunaux, assurent aux accusés une bon et impartiale justice ;

« Que les éléments constitutifs de sa suprême juridictio laquelle procède à la fois de l'élection et de l'institution (jury et du suffrage universel, loin d'affaiblir ces garantie leur donnent, au contraire, une plus grande étendue et u force nouvelle ;

« La Cour rejette le déclinatoire. »

M. le Président. — Il sera procédé demain à l'interrog toire des accusés. L'audience commencera à dix heures pr cises. J'invite MM. les jurés à être exacts. Si l'audience n commencé que très-tard aujourd'hui, cela tient à la cause qu'ils connaissent comme nous.

L'audience est levée à six heures.

Audience du 9 mars.

A dix heures un quart les accusés sont introduits. Barbès, Albert, Sobrier, Raspail, Flotte et Borme ne figurent pas parmi eux.

M. Primorin, commissaire central, sort de la salle, accomgné de huit ou dix gendarmes.

Quelques moments après arrivent Borme et Sobrier, suivis d'Albert et de Barbès; ces deux derniers tenus sous les bras par des gendarmes; Raspail arrive un moment après, escorté seulement par les agents de la force publique.

M. le Président. — L'audience est ouverte. L'accusé Flotte ayant refusé de comparaître, nous avons donné des ordres pour qu'il fût amené.

Le greffier donne lecture du procès-verbal constatant le refus de comparaître de Flotte, qui a été trouvé dans son lit ayant quitté *son dernier vêtement*, et qui a déclaré ne pas vouloir prendre part à la suite des débats, ne reconnaissant pas la juridiction de la Haute Cour.

M. le président rend une ordonnance identique à celle rendue pour Barbès et Albert.

Flotte se fait apporter à l'audience; deux gendarmes le tiennent, l'un par les épaules et l'autre par les pieds; il est assis sur son banc par ces gendarmes qui lui enlèvent ensuite sa casquette. Flotte est très-pâle et paraît fort ému.

A peine l'accusé est-il placé sur son banc qu'il se lève.

Flotte. — Je déclare...

M. le Président. — Vous n'avez pas la parole.

Flotte. — Je la demande.

M. le Président. — Vous n'avez pas la parole.

Flotte. — Je déclare que j'ai assez de votre tribunal exceptionnel, de votre présence royaliste.

M. le Président. — Vous n'avez pas la parole. Huissiers, faites l'appel des témoins.

Un huissier procède à l'appel des témoins.

Pendant cette opération, Flotte s'entretient avec Barbès

A l'appel du nom du sieur Vidocq, appelé comme témoin,

et qui d'ailleurs ne répond pas, un certain mouvement se manifeste dans l'auditoire.

Un assez grand nombre de témoins ne répondent pas ; les uns ne sont pas encore arrivés, les autres sont momentanément absents.

M. l'avocat général de Royer s'explique quant à l'absence des témoins qui n'ont pas répondu à l'appel. Il annonce, quant aux témoins représentants du peuple, qu'ils ont retardé leur arrivée pour assister autant que possible aux séances de l'Assemblée nationale. Mais ils se présenteront quand l'ordre des débats l'exigera.

VILLAIN. — Voilà qui est très-bien pour les représentants du peuple. Mais Klein, qui est transporté, est un de mes amis, je voudrais bien le voir.

Me RIVIÈRE. — D'après ce que vient de dire mon client, il paraît qu'il peut avoir intérêt à faire entendre Klein, qui est transporté. Je demande donc à la Cour qu'elle veuille bien le faire venir. Les débats seront assez longs pour que cela soit possible.

M. l'avocat général DE ROYER. — Nous nous en rapportons à la prudence de la Cour. Je dois maintenant faire observer à la Cour que M. de Mornay, assigné à la requête de l'accusé Quentin, a écrit pour déclarer qu'invité par Quentin à l'aller voir au donjon de Vincennes, il y était allé par un sentiment d'humanité, mais qu'il n'avait absolument rien à dire et qu'il demandait à être dispensé de le faire.

M. QUENTIN. — Je renonce à l'audition de M. de Mornay.

Me RIVIÈRE. — L'accusé Villain est le meilleur juge de l'utilité qu'il y a pour lui à ce que les témoins, soit à charge, soit à décharge, dont il vient de parler, soient entendus; j'insiste pour que la Cour donne des ordres pour faire venir Klein.

VILLAIN. — Quant à M. Recurt, que l'on dit n'avoir point trouvé, je vous dirai, moi, où il demeure, si vous l'ignorez.

Les accusés Thomas, Blanqui et Courtais insistent également pour l'audition de M. Recurt. M. Buchez, témoin présent, déclare que M. Recurt doit arriver à Paris dans deux jours, et qu'il se rendra à Bourges.

BLANQUI.—Je fais remarquer, en ce qui me concerne, que plusieurs témoins n'ont été cités que pour la forme, puisqu'ils sont déportés et n'ont pas la liberté de locomotion.

Me Baud prie la Cour de faire entendre, avant tous les autres, les témoins à décharge que les accusés ont fait citer, parce que, dit-il, la plupart sont des ouvriers qui n'ont pas le moyen d'interrompre longuement leurs travaux professionnels.

M. le procureur général Baroche répond qu'il est impossible d'intervertir l'ordre des dépositions.

M. le Président annonce qu'il va être procédé à l'interrogatoire des accusés. En conséquence, il donne aux huissiers l'ordre de faire retirer les témoins.

Blanqui pose des conclusions tendantes à ce qu'il soit déclaré que l'art. 319 du Code d'instruction criminelle ne prescrit que l'interrogatoire de forme des accusés.

La Cour rejette ses conclusions.

INTERROGATOIRE DES ACCUSÉS

BLANQUI. — Je déclare que je ne répondrai pas.

Albert fait la même déclaration.

BARBÈS. — J'ai déclaré que je ne reconnaissais pas votre autorité, naturellement je ne répondrai pas.

SOBRIER. — Je ne répondrai pas.

RASPAIL. — Je ne voudrais pas que ma conduite parût emporter un blâme pour celle de mes coaccusés.

J'ai accepté votre juridiction, je serais en contradiction avec moi-même si je refusais de répondre. Je le répète, on ne doit voir ici ni lâcheté de ma part ni blâme pour mes coaccusés.

M. LE PRÉSIDENT. — N'avez-vous pas présidé un club la veille du 15 mai, et ne l'avez-vous pas engagé à prendre part à la manifestation?

RASPAIL. — On s'est servi d'un mot généralement adopté; mais, en réalité, ce n'était pas un club, ce n'était qu'un cours où je faisais des leçons publiques. Au lieu de s'entasser à l'École de médecine, j'avais établi ma chaire de professeur dans la salle Montesquieu, parce qu'elle est au centre de toutes les classes de la population. Il y assistait près de trois mille personnes, dont mille dames; ce n'était donc pas véritablement un club.

Quant à la question de la Pologne, elle m'était en quelque sorte personnelle; depuis 1838, je n'ai laissé passer aucune occasion de soutenir la Pologne de ma plume; en 1838, j'ai publié un manifeste qui a été traduit et répandu en Pologne.

Quelques jours avant le 15 mai, plusieurs Polonais s'adressèrent à moi pour la rédaction d'une pétition en fave de leur pays ; loin de moi la pensée de refuser de répond à une demande qui me donnait l'occasion de protest encore une fois en faveur de cette Pologne qui doit jour réaliser le second membre de la phrase de Napoléo « L'Europe sera, dans cinquante ans, républicaine ou c saque. »

Je rédigeai la pétition, et elle fut déposée par mon neve le représentant, sur le bureau de l'Assemblée.

Quelques jours plus tard, j'appris qu'on préparait u manifestation en faveur de la Pologne ; on me pria d'y fai assister mon club.

Je dis à mon club que nous y assisterions, et que no nous placerions à la suite du cortége ; que j'organiserais m monde en sections, et qu'il y avait défense de quitter l rangs. Je dis que la police pouvait vouloir transformer ce manifestation en une émeute ; que la garde nationale, n la vraie garde nationale, mais la garde nationale des e ployés, voudrait nous barrer le passage ; je dis à mes ami « Répondez à leurs provocations qu'elles s'adressent à Pologne et que vous ne les acceptez pas. » Cela fut dit plein club ; les témoins en déposeront.

Le jour avait été mal indiqué, je changeai cette indicatio et nous nous rendîmes à l'Arsenal ; à peine y étions-nou qu'on vint me dire qu'on n'avait pas de pétition ; on m'e gageait à porter la mienne à la tête du cortége, préciséme pour empêcher le tumulte que la police pouvait vouloir pr voquer ; j'hésitais, mais cette considération me décida. montai en voiture, et, en une demi-heure, je parcourus, p les rues latérales, le grand arc des boulevards ; j'arrivai à Madeleine, et je trouvai là, parmi de très-honnêtes ger beaucoup de gens dont je croyais devoir me défier.

M. le Président. — Quand vous avez quitté votre clu qu'est-il devenu ?

Raspail. — Il est resté à l'Arsenal et a suivi le cortég

M. le Président. — Comment êtes-vous entré dans salle de l'Assemblée nationale ?

Raspail. — Quelque tumulte s'était déjà manifesté sur place de la Concorde ; je n'arrivai à l'Assemblée, comme constate l'accusation, qu'une heure après qu'elle était e vahie.

J'avais dit à mon club : « Autrefois, on présentait d pétitions à la barre de la Convention ; l'Assemblée nationa a reculé sa barre jusqu'à la tribune, il faut y déposer pacifiquement notre pétition. »

Arrivé à la grille, je dis : « Ma mission est terminée, il ne me plaît pas de rester davantage. » Pendant que je me retirais, un garde national me dit que le général Courtais voulait me parler. Le général me demanda mon nom, je lui dis que je me nommais Raspail. « Mais, dit-il, il y a déjà une personne entrée sous ce nom. » Je prouvai mon identité et j'entrai, introduit par le général Courtais.

Je ne connaissais pas l'Assemblée nationale; j'arrivai dans une salle borgne, où des espèces de corybantes dansaient sur les tables et cassaient les glaces; je leur dis que c'était une chose indigne, et que s'il fallait être républicain à ce prix, je ne voudrais pas l'être. Je requis des officiers de la garde mobile de faire cesser ce désordre, ils me dirent qu'ils n'avaient pas d'ordre.

J'entrai alors dans la salle; elle était tellement remplie, qu'il n'y avait plus de place. Je reconnus beaucoup d'hommes de la police : je les ai désignés à M. le juge d'instruction; mais il n'a pas voulu suivre la marche que je lui traçais pour les retrouver.

Le président lui-même et des représentants m'ont engagé à monter à la tribune et à lire la pétition. Je suis descendu après cette lecture.

Les représentants m'ont dit : « Décidez-vous à faire sortir tout le monde. » Je fis sortir tous les bien intentionnés; les mouchards refusèrent de sortir. J'étais excédé de fatigue, il faisait une chaleur suffocante. M. de Lamartine s'était trouvé mal, je me trouvai mal aussi; je sortis, et je tombai sur le perron.

M. LE PRÉSIDENT. — Que faisait votre club pendant ce temps?

R. — Il était resté à la Madeleine; il m'a seulement envoyé deux émissaires pour savoir ce que j'étais devenu. Je leur prescrivis le plus grand calme.

M. LE PRÉSIDENT. — En sortant de l'Assemblée, vous êtes monté en cabriolet; où alliez-vous ?

R. — En sortant de la salle, j'étais seul avec un officier de la garde nationale. On m'annonçait qu'un gouvernement provisoire était formé. Je rencontrai des braves gens qui crièrent : « Vive Raspail! » Ces témoignages m'honorent, et je ferais bien des mois de prison pour les mériter.

Quand je fus monté en cabriolet, la foule acclama : « A

l'Hôtel-de-Ville! » Je répondis : « Pourquoi voulez-vous donc aller à l'Hôtel-de-Ville? » Ils me répondirent : « C'est parce que vous êtes sur la liste du Gouvernement provisoire. — Si j'avais voulu en être, dis-je, j'en aurais été le 24 février; je n'ai jamais voulu gouverner les hommes, je me borne à mon travail, je ne m'occupe que d'une idée; je suis resté toujours dans ma solitude, et j'ai continué à donner des consultations sans diplôme et à faire le plus de bien que j'ai pu. » Au Pont-Neuf, on voulut me faire traverser le pont; j'obtins de continuer par le quai de la Volaille : ce fut toujours une course de gagnée. Arrivé au pont d'Arcole, je dis à ceux qui m'accompagnaient : « Regardez l'Hôtel-de-Ville, vous voyez qu'il n'y a rien. » Je descendis de cabriolet, j'y trouvai une nouvelle foule, et comme un cabriolet que je pris montait la montagne Sainte-Geneviève au pas, la foule se grossissait. Je ne voulais pas retourner chez moi, de peur de compromettre ces honnêtes hommes. Je descendis à la place du Panthéon; j'ai prié ces honorables citoyens de se disperser, ils m'ont enfin quitté.

L'accusation me reproche de ne m'être pas rendu auprès de mon épouse, à Montrouge, et d'être allé chez mes enfants! L'accusation aurait dû savoir que c'est chez mes enfants que je donne des consultations gratuites aux pauvres.

Je me gardai bien de sortir, de peur d'être encore reconnu. Tout à coup, nous vîmes arriver la bonne garde nationale de la 10e légion, composée surtout de médecins : on mit une sentinelle au pied de l'escalier où je me trouvais. J'aurais pu faire une plainte en détention arbitraire : je les entendais demander le no 12. On arriva enfin jusqu'à moi; je demandai le mandat d'arrêt, on me l'exhiba. Ce mandat d'arrêt était signé de Marie, qui avait oublié des relations anciennes qui ne devraient jamais s'oublier; de Marie, qui aurait dû se brûler le poignet avant de le signer. Infamie! (Mouvement.)

Les hommes qui devraient surtout faire respecter les lois sont ceux qui y songent le moins. Ainsi, le mandat portait que je devais être avec Blanqui dans un conciliabule. J'étais non avec Blanqui, non dans un conciliabule, mais chez mes enfants. On ne devait donc pas m'arrêter, car tout mon crime était d'être bon père de famille. Le nom de celui qui m'a fait arrêter est gravé historiquement comme le nom d'un infâme! (Mouvement.)

M. le procureur général Baroche. — Quand l'accusé Raspail occupait la tribune, n'a-t-il pas entendu quelques représentants qui protestaient contre l'usurpation de cette tribune?

RASPAIL. — J'aurais bien voulu vous voir à ma place. Vous savez comment la salle est disposée, et de la tribune il est difficile d'entendre.

Il est impossible que les sténographes aient entendu tout ce qui a été mentionné. Mais vous savez comment les choses se passent : chaque représentant porte son mot, sa page. Je n'ai pas, je le déclare, entendu l'interruption de M. d'Adelsward; je défie que quelqu'un ait pu entendre la petite voix flûtée de M. d'Adelsward.

Si j'étais entré dans l'Assemblée pour la renverser, je le dirais; ce n'est pas la prison qui m'effraie, c'est le mensonge; si je mentais, ce serait pour la première fois de ma vie.

M. LE PROCUREUR GÉNÉRAL. — Ainsi, vous persistez à dire que vous n'êtes entré dans la salle qu'introduit par l'accusé Courtais?

RASPAIL. — Oui, monsieur; mais déjà une autre personne était entrée sous mon nom.

M. LE PROCUREUR GÉNÉRAL. — Les témoins décideront s'ils vous reconnaissent.

RASPAIL. — Il nous ont vus, maintenant ils nous reconnaîtront. C'est dans l'instruction qu'il aurait fallu faire cela; mais on voulait nous garder dans l'enfer de Vincennes.

UN DE MESSIEURS LES JURÉS. — Je ne sais si un juré a le droit de faire une question?

M. LE PRÉSIDENT. — Vous pouvez parler.

M. LE JURÉ. — Je demanderai à l'accusé Raspail de quelle manière il a été introduit par l'accusé Courtais?

RASPAIL. — Le général a dit que les délégués pouvaient entrer, et je suis entré après avoir dit mon nom.

BLANQUI. — Le représentant qui est venu dire que les délégués des clubs pouvaient entrer dans la salle des séances est le citoyen Xavier Durrieu.

RASPAIL. — Je sais que c'est une personne qui avait autorité.

M. LE PROCURER GÉNÉRAL. — M. Durrieu est cité comme témoin.

M. LE PRÉSIDENT. — Accusé Flotte, voulez-vous répondre à mes questions?

Flotte ne répond pas.

On passe à l'interrogatoire de Quentin. Cet accusé, à la face joviale et la taille rondelette, a plutôt l'air d'un paisible bourgeois que d'un conspirateur.

M. le Président à l'accusé Quentin. — Ne faisiez-vous pas partie du bureau du club Blanqui?

R. — Oui, j'y ai été introduit par M. Xavier Durrieu, représentant du peuple; je n'ai d'ailleurs fait partie d'aucune manifestation, ni en mars, ni en avril. Le 14 mai, je ne suis pas sorti de chez moi; j'étais malade par suite d'un banquet de fraternisation donné à l'armée par la 2e légion; le 15 au matin j'allai, pour affaire, au ministère de l'intérieur, voir M. Carteret; de là, je me suis rendu à la Préfecture de police et ensuite chez moi. Après midi, je voulus retourner au ministère de l'intérieur.

Sur le boulevard, je me trouvai auprès de M. Félix Avril, auquel je demandai : Qu'y a-t-il? La foule était là criant : *Vive la Pologne!* Je me mêlai à la foule, que je suivis en amateur. La grille de l'Assemblée était ouverte; chacun y entrait; j'y entrai. Dans la salle des Pas-Perdus, je vis M. de Lamartine au milieu de la foule, et je lui dis : Rentrez donc dans la salle des représentants; votre place n'est pas ici. J'en dis autant à M. Arago.

Je pénétrai dans la salle, disant à tout le monde : Respectez l'Assemblée. On a dit que j'avais menacé M. le président. Je me suis approché de lui, au contraire, pour le protéger. J'ai cherché à maintenir l'ordre. Mon crime, je vais vous le dire, c'est d'avoir dit qu'au 25 février les caisses de l'Etat n'étaient pas vides, comme on le prétendait, et qu'au contraire elles contenaient 2,500,000 fr. lors de la promulgation criminelle des 45 centimes. C'est là tout mon crime.

Mais les représentants ont comme les députés, au 24 février, abandonné leur poste; si les représentants étaient restés sur leurs siéges, le désordre ne se serait pas accompli. La foule envahissante, enhardie par ce départ, crie : *A bas les représentants!* et Huber monte à la tribune pour proclamer la dissolution de l'Assemblée. Cette dissolution était pour moi un crime capital; car, après cela, rien, le chaos, l'anarchie.

D. — Vous aviez à la main une canne que vous agitiez d'une façon menaçante?

R. — J'avais un petit jonc des plus légers, dont je suis porteur depuis quinze ans.

D. — Vous aviez des pistolets sur vous?

R. — En sortant de l'Assemblée, je pris une voiture et je me fis conduire au Luxembourg. Je savais la Commission exécutive peu populaire, et je voulais arriver à la protéger. M. Arago, en m'apercevant, s'est écrié : « Voici encore un perturbateur, arrêtez-le, enfermez-le; ne le frappez pas, mais assurez-vous de lui. » Je fus mis dans un vestibule, gardé par huit gardes nationaux et deux mobiles. Un officier me demanda si j'étais armé, je lui répondis : « Je suis porteur de deux pistolets de poche, les voici. » Je passai là trente heures, et depuis j'ai vécu en prison.

M. le procureur général BAROCHE. — Vous niez avoir dit ces mots : « Cette canaille qui veut encore escamoter la révolution. »

QUENTIN. — Absolument. J'ai entendu en effet crier à côté de moi : *A bas les canailles de représentants!* mais ce n'était pas moi.

M. le procureur général BAROCHE. — Le général Courtais a formellement déclaré que vous aviez prononcé les mots que je vous rappelle.

QUENTIN. — Cela n'est pas vrai, et cela s'éclaircira.

M. le procureur général BAROCHE. — Vous êtes monté à la tribune?

QUENTIN. — Oui, mais pour la protéger de l'invasion.

M. le procureur général BAROCHE. — N'avez-vous pas dit au président: « Retirez-vous, vous êtes indigne de présider; Louis Blanc, au fauteuil! »

QUENTIN. — Je n'ai rien dit de cela.

M. LE PRÉSIDENT. — Accusé Degré, levez-vous. Reconnaissez-vous le sabre, l'uniforme et le casque qui vous sont présentés?

DEGRÉ. — Oui, M. le président.

D. — Vous faisiez partie d'un club à Montargis?

R. — Je n'en faisais pas partie; je le présidais. Ce n'était qu'une réunion pour les élections.

D. — N'y a-t-il pas eu une réunion spéciale avant le 15 mai?

R. — Non, monsieur.

D. — Quel jour êtes-vous venu à Paris?

R. — Le 11 ou le 12.

D. — Qu'étiez-vous venu faire à Paris?

R. — Je venais pour la fête de la Concorde.

D. — Vous êtes-vous fait présenter dans un club?

R. — Non.

D. — Le 15 mai, quand avez-vous rejoint la manifestation?

R. — Je l'ai rencontrée sur le boulevard, comme j'allais faire un portrait. On m'a dit que c'était une manifestation pour la Pologne. Je m'y associai volontiers, puisqu'il s'agissait d'une manifestation pour une nation généreuse. Je n'étais pas en uniforme. J'allai m'habiller, et je rejoignis la manifestation.

J'avais été nommé treizième délégué, ou plutôt je m'étais joint aux délégués, parce que j'avais la curiosité de voir les représentants.

Arrivés à la grille de l'Assemblée, j'entrai quand on vint dire aux délégués d'entrer. Je me dépêchai de me faufiler. Je me trouvai dans une tribune comme celle-ci, mais elle n'était pas grillée (l'accusé montre la tribune qui est devant la Cour).

D. — Là, que fîtes-vous?

R. — Je voulais demander le silence à l'Assemblée. Je remarquai que les représentants étaient effrayés : je descendis alors dans la salle et montai à la tribune pour dire aux représentants que, s'il y avait des gens malintentionnés, il y en avait d'autres qui n'avaient que de bonnes intentions, et que l'Assemblée devait être tranquille sur le fond de la manifestation.

D. — Vous vous êtes laissé aller à des actes de violence ; vous avez tiré votre sabre et en avez frappé un témoin qui sera entendu.

R. — Ce témoin se trompe ou il est bien coupable. Il y a parmi nous beaucoup d'innocents. Mais je ne parle que pour moi ; les autres se débrouilleront (rires). Il n'y a pas de quoi rire ; je suis ému et je n'ai pas l'habitude de parler en public.

M. le Président. — Je recommande le respect pour l'accusé ; il a droit à tous les égards.

D. — Accusé, comment êtes-vous sorti de l'Assemblée?

R. — J'échangeai quelques mots avec un représentant, qui m'a parlé et serré la main comme un père de famille à son fils. Je lui demandai de tâcher de rétablir les affaires. Nous nous sommes séparés, et j'ai fait son portrait.

D. — Comment l'appelez-vous ?

R. — Je ne sais pas ; je lui ai écrit par les journaux, il ne m'a pas répondu.

D. — Vous dites que vous avez fait son portrait. Comment l'avez-vous fait ?

R. — De mémoire. Je ne l'ai vu que deux minutes. Mais je crois qu'il est ressemblant; le voici (l'accusé fait passer le portrait à M. le président). C'était le représentant qui était à la droite du président.

Je m'efforçai alors de ramener l'ordre. M. l'abbé Leblanc me dit : Vous n'êtes donc pas venu ici pour..... il n'acheva pas. Mais je compris ce qu'il voulait dire, et je lui répondis : Je ne suis pas un renverseur d'assemblée. Il me dit alors que ce n'était pas ma place ; que j'étais un charmant garçon (rires). Je lui dis que j'étais content pour lui qu'il me jugeât ainsi (nouveaux rires).

M. Leblanc me dit qu'il était prêtre; je lui fis observer que rien ne ressemble plus à un bourgeois qu'un prêtre (hilarité), et je lui offris de venir prendre avec moi un verre d'eau sucrée. Il refusa, et je quittai l'Assemblée au moment où Barbès proposait de voter le milliard d'impôt sur les riches.

D. — Êtes-vous retourné chez Godard, chez lequel vous étiez descendu?

R. — Oui, monsieur le Président; j'y ai encore couché, et ce n'est que le 17 que je suis allé chez Courtois, chez lequel j'avais l'habitude d'aller quand je venais à Paris.

Je n'étais descendu chez Godard que pour m'informer de sa moralité, parce qu'il était vice-président du club dont j'avais accepté la présidence. On avait imprimé dans un journal de Montargis qu'il avait mangé la fortune de sa mère, qu'il avait recherché le grade de capitaine de la garde nationale par des moyens illicites, et autres choses peu convenables.

M. le procureur général BAROCHE. — Vous êtes entré à l'Assemblée en vous faisant passer pour délégué?

R. — Oui, Monsieur.

D. — Vous avez dit dans un de vos interrogatoires que vous vous étiez introduit en escaladant les colonnes qui sont en face de la rue de Bourgogne?

R. — Je n'ai pas voulu dire cela, mais que j'étais descendu d'une tribune dans la salle en me laissant glisser entre les colonnes; voilà ce que j'ai appelé escalader.

D. — Vous avez été au bureau du président et vous l'avez insulté?

R. — Cela n'est pas dans ma nature ; et quand on n'a pas une chose dans sa nature, on ne commence pas dans une assemblée qui mérite le respect de toute la société.

D. — N'avez-vous pas dit qu'il fallait chasser les représentants qui voulaient escamoter la révolution?

R. — Je n'ai pas dit cela. Je n'avais, presque comme tout le monde, que des sentiments de fraternité. Mais on nous prête des propos; c'est ainsi qu'on me fait dire la même chose qu'à M. Quentin, que je ne connais pas, et qui n'a pas le même tempérament que moi. Tout cela tombera de soi-même.

M. LE PRÉSIDENT. — Larger, vous commandiez un bataillon de la garde nationale?

R. — Oui, Monsieur, à Passy.

D. — Vous connaissiez Sobrier?

R. — Oui, Monsieur, j'allais chez lui, parce qu'il avait fondé un comice agricole et un journal des travailleurs.

D. — Vous avez pénétré dans l'Hôtel-de-Ville le 16 avril, à l'aide du mot d'ordre?

R. — Oui, Monsieur, et j'avais le mot comme officier; mais je n'avais pas d'armes, et je n'en ai fait aucune distribution.

D. — Votre club de Passy s'est-il réuni le 14 mai, et que s'y est-il passé?

R. — Oui, et je m'y suis opposé à la manifestation du lendemain.

D. — Pourquoi êtes-vous venu à Paris le 15?

R. — J'avais reçu un rendez-vous dans une lettre anonyme. Je m'y suis rendu armé, parce que j'étais depuis longtemps en butte à des persécutions de tous genres, et j'ignorais quels ennemis, royalistes ou autres, essayaient de m'entraîner dans un guet-apens. En revenant de ce rendez-vous, fixé à Montmartre, je rencontrai le cortége, et, comme partisan de la démocratie, je m'y mêlai pour un instant; plus tard, je n'ai pu le quitter, et j'ai pénétré dans l'Assemblée par la place de Bourgogne, toutes les portes ouvertes. Bientôt je m'empressai de retourner à Passy, pour annoncer la nouvelle sans trop inquiéter, et je me suis placé à la Mairie pour y attendre des ordres comme chef de bataillon.

M. LE PRÉSIDENT — Accusé Borme, vous avez servi dans la marine?

R. — Oui, Monsieur, en 1832.

D. — Avez-vous été à l'hôpital maritime de Brest?

R. — Oui, en 1840, à mon retour de la Martinique.

D. — Que faisiez-vous à Paris avant le 15 mai?

R. — D'abord chimiste, et ensuite inventeur d'une machine de guerre et d'un feu grégeois, je proposais mes inventions au gouvernement.

D. — Quelles étaient vos ressources ?

R. — J'empruntai 6,000 francs et je vins à Paris avec 4,000, après avoir fait construire en Suède la machine dont je parle.

D. — Avez-vous eu des relations avec Vidocq?

R. — Vidocq connut mon invention; il me fit venir près de lui, me proposa de s'associer avec moi pour la vendre à l'Angletere, au refus du gouvernement français. Je répondis : non, et je m'étais ainsi fait un ennemi de Vidocq.

L'accusé semble fort ému et parle tellement bas, que pour que les jurés puissent l'entendre, on est forcé de l'amener tout près d'eux.

D. — N'avez-vous pas été condamné pour port illégal de la Légion d'honneur ?

R. — Oui, c'est Vidocq qui m'a dénoncé. Espérant avoir le ruban rouge pour mon invention, j'en achetai à l'avance, et j'en mis sur un vieux paletot que je ne portais que dans mon laboratoire.

D. — Comment vous êtes-vous trouvé à l'Assemblée ?

A cette question, l'accusé se trouble visiblement; Il devient absolument inintelligible.

Raspail constate cet embarras, qui lui semble suspect, et pose à Borme la question suivante :

L'accusé Borme a-t-il été secrétaire de M. Marrast, maire de la ville de Paris?

R. — Non.

D. — A-t-il travaillé avec M. Flottard ?

R. — Non.

Raspail. — Encore une dénégation. A-t-il dénoncé ses coaccusés par une lettre datée de la Conciergerie, où il était enfermé avec nous ?

R. — J'ai pris quelquefois des mesures contre mes coaccusés; j'ai même averti de l'insurrection de juin, qui se tramait dans la prison. (Rumeur et indignation de la part des accusés. Me Lévy, conseil de Flotte, rit en haussant les épaules. Alors Borme, s'adressant à lui : Ne riez pas, vous, car vous en étiez. — Rumeurs dans l'auditoire.)

Borme continue. — Je dénonçai aussi, le 20 juin, M. Lacambre, qui avait fait un plan de Paris en désignant la place de chaque barricade. Le 22 juin, j'écrivis de nouveau, demandant à être nommé préfet de police ; le 25, j'écrivis de nouveau quand déjà j'entendais le bruit de la fusillade ; (l'émotion augmente la difficulté que l'accusé éprouve naturellement à parler, il bégaie).

Le 2 juillet seulement, je fus appelé devant M. Trouvé-Chauvel, après une perquisition faite chez Lacambre, où l'on avait trouvé un plan de l'insurrection. Il me dit alors : « Si je ne m'en suis pas occupé plus tôt, c'est que le *général Cavaignac avait son plan* (profond mouvement), et que d'ailleurs vous avez déjà été signalé à M. de Lamartine comme un homme dangereux. Voilà pourquoi nous n'avons pas eu égard à vos avis. »

RASPAIL. — Borme n'a-t-il pas écrit à ses coaccusés une lettre où il rétractait sa dénonciation et disait n'avoir fait que céder à l'intimidation du juge d'instruction ?

BORME. — Non.

FLOTTE, avec vivacité. — La lettre existe.

RASPAIL. — La lettre sera reproduite. Vous voyez bien, M. le président, que cet homme est trop honnête homme pour être avec nous. Je ne sais pas pourquoi on nous l'a associé. Vous devriez rougir, et la justice aussi. (Mouvements divers.)

M. LE PRÉSIDENT. — Vous ne devez pas insulter vos coaccusés.

QUENTIN. — Borme n'a-t-il pas été attaché au cabinet de M. Armand Marrast dans les jours qui ont précédé ou qui ont suivi son entrée comme maire à l'Hôtel-de-Ville ?

BORME. — Jamais.

BLANQUI. — M. le Président, voulez-vous demander à Borme pourquoi il était venu chez moi dans l'intervalle du 24 février au 15 mai ?

BORME. — Je suis allé en effet chez Blanqui, que je ne connaissais pas ; c'était huit jours avant le 15 mai. J'avais été envoyé chez lui par Vidocq, qui m'avait dit : « Vous verrez ces gens-là ; ils veulent la république rouge ; vous verrez ce qu'ils veulent faire. » C'était alors sans intérêt ; car ils conspiraient contre Louis-Napoléon dans l'intérêt duquel j'avais formé une légion de 4,000 volontaires et 900 gardes municipaux qui étaient à Beaumont.

D. — Qu'est-ce que c'était que cette légion étrangère ? Par quels ordres et avec quel argent l'avez-vous formée ?

R. — Je l'avais formée moi-même, et j'avais emprunté

pour cela 1,200 fr. Mon but était d'empêcher des mouvements semblables à ceux du 17 mars et du 16 avril.

RASPAIL. — Vidocq n'a-t-il pas prêté les mains à la formation de cette ligue? N'en était-il pas le général?

BORME. — Non.

M. LE PRÉSIDENT. — Dites-nous comment vous êtes allé à l'Assemblée nationale?

Borme répond à cette question dans des termes d'une obscurité complète. — On croit comprendre qu'il allait à l'Assemblée demander à M. Ledru-Rollin des subsides pour une légion italienne.

M. LE PRÉSIDENT. — Et à l'Hôtel-de-Ville, pourquoi y êtes-vous allé?

BORME. — Je savais que Blanqui devait s'en emparer, et je venais pour le surveiller.

BLANQUI. — Dites pour l'assassiner.

BORME. — Non, mais pour croiser le fer avec lui. Je me servais de Vidocq parce qu'il savait tout ce qui se passait, et il m'avait prévenu des projets de Blanqui.

Arrivé à l'Hôtel-de-Ville, le commandant Beaumont me dit que M. Flottard avait eu peur, et qu'il avait quitté son cabinet; que M. Marrast l'avait chargé de me dire de m'y installer. J'entrai dans le cabinet et on me présenta une liste de délégués auxquels j'écrivis.

D. — Vous avez écrit, en prenant la qualité de secrétaire général?

R. — Oui, Monsieur.

RASPAIL. — Ces lettres sont-elles au dossier? Elles ont, je crois, été écrites au nom de la Régence.

BORME. — Pas le moins du monde.

Larger prononce quelques mots dont on ne peut saisir le sens.

BORME. — Vous vous entendez tous contre moi.

M. le procureur général BAROCHE. — J'ai là les lettres dont il est question; elles seront communiquées aux défenseurs, et ils verront qu'elles ne sont pas écrites au nom de la Régence. En voici le texte :

RÉPUBLIQUE FRANÇAISE (cette tête est imprimée).
à M. Pichot, *délégué.*

« Monsieur, rendez-vous immédiatement à l'Hôtel-de-
« Ville pour constituer la délégation du peuple.

« Signé : BORME fils, *secrétaire général.* »

Un défenseur. — Quel était ce Pichot?

Borme. — Je ne le connais pas; il était sur la liste que m'a remise Thomas.

Quentin. — Borme ne mangeait-il pas à l'Hôtel-de-Ville?

Borme. — Je n'y ai jamais pris d'autre repas qu'un souper le 15 mai, après mon arrestation. Je n'y avais pas mangé avant, quoique le colonel Rey m'y eût invité.

Larger. — Je dois à la mémoire du brave colonel Rey, mon ami, de déclarer qu'il n'a jamais fait sa société de cet homme, et qu'il se plaignait au contraire de ses importunités.

Courtais. — Je puis faire la même déclaration.

Blanqui. — Je demande de nouveau à Borme s'il n'a pas écrit à ses coaccusés une lettre dans laquelle il explique avoir dénoncé ses coaccusés pour avoir sa liberté, que M. le juge d'instruction lui avait promise à cette condition, et si dans cette lettre il ne leur demande pas pardon, en disant que l'espoir d'être mis en liberté lui aurait tout fait faire. Cette lettre est à Paris, entre les mains d'un avocat qui devait plaider dans la cause.

Borme. — Vous pouviez le faire venir. Je n'ai rien écrit de semblable. J'ai seulement écrit à Flotte quelques explications qui ne sont pas ce que vous dites.

Courtais. — J'ai eu la lettre en ma possession pendant quarante-huit heures.

Blanqui. — Que m'a dit Borme dans la visite qu'il m'a faite?

Borme. — Je lui ai dit que j'avais des hommes à sa disposition; mais comme il savait à quoi s'en tenir sur ma légion, il me refusa.

L'audience est suspendue pendant un quart d'heure, et reprise à trois heures un quart.

Borme. — Je demande la parole.

M. le Président. — Vous avez la parole.

Borme. — Le général Courtais m'a dit que le colonel Rey n'avait jamais eu de rapports avec moi; il y a dans le dossier une pièce qui m'a été délivrée par le colonel Rey.

Quant à la lettre dont on a parlé en voici la copie.

Borme lit cette lettre, dans laquelle il demande pardon à Flotte et à Lacambre de les avoir dénoncés, ce qui n'implique pas, selon lui, la fausseté de sa dénonciation.

Il lit ensuite une lettre dans laquelle il dénonce un complot pour faire sauter l'Assemblée nationale, complot qu'il préviendra si on veut le mettre en liberté.

Il raconte que ses codétenus, réunis en Conseil révolutionnaire, l'ont condamné à mort. Il prétend que tous les accusés du 15 mai avaient juré d'assassiner Louis-Napoléon, et que par dévouement à la personne de ce dernier, il les surveillait.

Le 13 juin, ajoute Borme l'accusé Blanqui a reçu une lettre de Lacambre.

Blanqui. — Il ne faut même plus prendre la peine de relever les assertions de ce malheureux homme; on a inséré, en effet, dans l'enquête parlementaire, une lettre que j'ai reçue peu avant les événements de juin, mais cette lettre n'était pas de Lacambre, on peut s'en convaincre par l'écriture; c'était une lettre anonyme.

Quentin. — Borme a avancé que tous les accusés de mai avaient juré d'assassiner le prince Louis-Napoléon. Je proteste, en mon nom et au nom de mes collègues... de mes coaccusés.

Borme. — Vous étiez à Vincennes, et j'ai parlé de ceux de la Conciergerie.

M. le Président. — Accusé Thomas, voulez-vous répondre à mon interrogatoire?

R. — Non, M. le Président.

M. le procureur général Baroche. — Il faudrait pourtant que l'accusé s'expliquât sur l'incident de la remise à Borme d'une liste de délégués.

Thomas répond qu'il s'agissait simplement de quatorze délégués de différentes corporations, auxquels M. Buchez avait alloué une indemnité de dérangement.

M. le Président. — Accusé Courtais, vous commandiez la garde nationale au 15 mai. La veille, n'avez-vous pas été invité à prendre les mesures nécessaires?

Courtais. — Oui, M. le Président. Je n'entrerai pas dans de longs détails à ce sujet, m'en rapportant à mon honorable ami Me Bethmont, qui a bien voulu se charger de me défendre.

J'avais été prévenu, comme vous l'avez dit, et je m'étais rendu au sein de la Commission exécutive.

D. — Vous aviez aussi reçu une lettre de M. Marrast?

R. — Oui, M. le Président, et j'avais commandé 1,000 hommes par légion. Le sieur A. Marrast vint avec moi à l'état-major, et il y resta jusqu'à minuit avec le colonel

Saisset et avec un colonel de la garde nationale de la 1re légion, je crois.

M. Marrast me dit que j'avais eu tort de commander 1,000 hommes, parce qu'il ne fallait pas fatiguer la garde nationale, et que 500 hommes auraient suffi.

D. — Quelles dispositions prîtes-vous le 15 pour protéger l'Assemblée nationale?

R. — Cela entre dans les explications que vous fournira mon défenseur, Me Bethmont.

J'avais ordonné aux colonels des légions d'occuper les points que je leur avais désignés pour le cas d'alerte, dans une lettre confidentielle connue d'eux seuls.

Après avoir expliqué la place et le rôle assignés à chaque légion, l'accusé arrive aux faits qui se sont passés au moment de l'envahissement.

J'avais, dit-il, été à la Chambre déjà, quand j'en sortis pour aller parler aux personnes qui faisaient partie de la manifestation.

On me promit de ne pas entrer dans la Chambre, et l'on me pria de demander au président de laisser entrer les délégués.

M. Buchez me dit de faire entrer 25 ou 30 délégués, mais de ne pas laisser défiler sur le pont. M. de Lamartine, auquel je parlai de cela, partagea cet avis.

J'ouvris la grille pour faire entrer les délégués, comme M. le Président m'y avait autorisé; mais la grille était envahie déjà, et la garde mobile ne bougeait pas; elle était assise sur les dalles et riait de ce qui se passait.

D. — N'avez-vous pas dit à la garde nationale : Laissez passer le peuple !

R. — Je ne sais comment qualifier cette allégation. On a dit, écrit, imprimé que j'avais écrit sur un calepin de garde national : *Ordre de laisser passer le peuple*. J'ai demandé qu'on représentât le calepin où j'avais écrit : *Ordre de retirer les baïonnettes*, signé *Courtais*.

M. le procureur général BAROCHE. — Nous n'avons jamais dit cela.

COURTAIS. — On l'a imprimé dans la première version d'une lettre publiée par *le Journal des Débats*.

M le procureur général BAROCHE. — Cela est possible; mais l'instruction n'a rien dit de semblable.

Me BETHMONT. — M. le procureur général a raison; aucun témoin n'a dit cela dans l'instruction, mais le témoin Cochot l'avait dit dans une lettre publiée dans un journal. Seulement, quand il a été assigné, il ne l'a pas répété.

D. — Pourquoi avoir fait retirer la baïonnette, si la garde mobile restait tranquille devant ce qui se passait?

R. — La garde mobile avait mis la baguette dans le canon, cela équivalait à un refus d'obéir. Elle allait être désarmée : c'est pour empêcher ce désarmement que j'ai donné l'ordre de retirer la baïonnette. Ce serait à faire encore que je recommencerais, Tout le monde veut avoir sauvé la République ce jour-là. Je ne sais pas si je l'ai sauvée; mais je suis convaincu que j'ai empêché une déplorable collision.

D. — Ne tendîtes-vous pas la main à un homme qui ne pouvait escalader la colonnade?

R. — Cela n'est pas possible. Je n'avais pas besoin de risquer de me faire jeter de dix à douze pieds de haut. Je pouvais faire ouvrir la grande porte; j'avais bien le droit d'aller voir si la garde nationale était arrivée; j'avais bien le droit de parler au peuple, comme je l'ai fait souvent avec bonheur et succès. J'étais monté sur l'entablement pour parler au peuple. Si l'on a crié : *Vive Courtais! c'est un brave homme!* c'est à cause de ce que je venais de dire.

On dit que j'ai donné la main à un homme. Cela n'est pas vrai dans le sens qu'on attribue à mon action. J'ai soutenu seulement un homme qui était monté sur un artichaut et qui s'empalait. Il criait, je lui ai tendu la main : voilà mon seul crime.

J'ai été bousculé, frappé. Un poignard même a été dirigé contre moi, mais je l'ai écarté. Et l'on vient dire que je suis complice de l'invasion! MM. les jurés me jugeront.

D. — N'avez-vous pas dit que vous briseriez votre épée et que vous déposeriez vos épaulettes plutôt que de tirer sur le peuple?

R. — Je n'ai pas dit cela ainsi; mais j'ai dit que ma conscience ne me permettait pas de faire tirer sur le peuple désarmé, et que je briserais plutôt mon épée que de faire quelque chose de contraire à ma conscience.

D. — M. d'Origny vous a remis un ordre de faire battre le rappel, signé par MM. de Lamartine, Garnier-Pagès et Pagnerre. Vous avez donné, vous, un contre-ordre.

R. — Cela est vrai; j'étais convaincu qu'il n'y avait que ce moyen d'éviter l'effusion du sang, puisque le bruit seul qu'on faisait battre le rappel suffisait pour faire naître des dangers sérieux.

D. — Vous devez comprendre que vous encouriez une grave responsabilité : car vous empêchiez la garde nationale de faire ce qu'elle a fait plus tard avec succès.

R. — Je m'inscris en faux contre cette expédition de la garde nationale. Quand elle est venue, elle n'a eu besoin de chasser personne, car il n'y avait plus personne après le départ pour l'Hôtel-de-Ville.

D. — Mais, si la garde nationale n'avait pris sur elle de chasser le Gouvernement provisoire qui s'installait à l'Hôtel-de-Ville, ce gouvernement eût pu rester maître de la situation.

R. — La garde nationale se fût facilement rendue maîtresse de l'Hôtel-de-Ville où il n'y avait personne d'armé.

D. — Quand avez-vous été arrêté ?

R. — M. de Lamartine m'avait fait appeler : je le trouvai dans un cabinet de la présidence ; c'est lui qui m'apprit que l'on avait déclaré l'Assemblée nationale dissoute. Il me demanda ce que je comptais faire ; je répondis que j'allais marcher sur l'Hôtel de-Ville avec la garde nationale.

C'est très-bien, me dit-il, je vais y aller avec vous. Mais avant d'y aller, je suis entré dans la salle des séances de l'Assemblée nationale, la garde nationale, pas toute cependant, s'est jetée sur moi en criant : *A bas le traître !* et j'ai été arrêté. A bas le traître ! c'est bientôt dit ; mais il faut le prouver.

M. le procureur général Baroche. — Quand on a entendu battre le rappel, les factieux ne vous ont-ils pas accusé de les trahir et d'oublier vos engagements ?

R. — Je n'avais pas pris d'engagements ; je n'avais pas l'honneur de connaître un seul de ceux qu'on dit mes complices, à l'exception d'Albert, que j'avais vu dans le Gouvernement provisoire, de Barbès, que j'avais vu comme colonel de la garde nationale, et de Quentin que j'avais rencontré quelquefois, il y a deux ans, dans la salle des Pas-Perdus de l'ancienne Chambre des députés.

Les autres, je ne les connais même pas de vue, je n'ai connu Blanqui qu'au tirage du jury. Quant à Sobrier, j'ai été son prisonnier pendant cinq minutes, rue de Rivoli, 16, avec le lieutenant-colonel Howyn.

M. le procureur général Baroche. — Il résulte de la facilité même avec laquelle on s'est rendu maître de l'Assemblée nationale, quand la garde nationale est survenue, que vous auriez pu éviter l'invasion, si le matin vous aviez réuni des forces suffisantes.

R. — J'avais bien commandé des forces, mais il ne dépendait pas de moi de faire qu'elles arrivassent en temps utile. Vous, Messieurs de la Cour, qui habitez Paris, vous savez avec quelle lenteur la garde nationale répond à l'appel. Quand je suis arrivé au bout du pont de la Concorde, je n'ai trouvé que 57 hommes où j'attendais un bataillon tout entier. La première légion aussi s'est fait attendre, et j'ai eu une discussion avec son colonel, M. de Tracy, sur la position qu'elle devait prendre.

J'ajouterai que tout le monde commandait, à tel point que sur un refus fait par un commandant de la garde mobile de m'obéir, j'avais dit, en termes brusques que je ne reproduirai pas, qu'alors je n'avais rien à faire.

Enfin, j'ai à me plaindre de la police ; j'ai été mal servi par les rapports. Ni la police de Caussidière, ni celle de l'Intérieur, ni celle de la Mairie, car il y avait beaucoup de polices, ne m'avaient prévenu que la manifestation devait partir à dix heures.

M. le procureur général BAROCHE. — Quand, en arrivant, vous n'avez pas trouvé de forces suffisantes, pourquoi n'avez-vous pas appelé, par exemple, la brigade qui se trouvait à l'esplanade des Invalides?

R. — J'ai déjà dit que tout le monde commandait, et qu'un commandant de garde mobile avait refusé de m'obéir. D'ailleurs, je ne pouvais faire venir là de la ligne, sans risquer de faire naître une collision épouvantable.

M. le procureur général BAROCHE. — Le commandant de la garde mobile qui a refusé de vous obéir est le commandant Bassac; il refusait, parce qu'il était dans l'intérieur du palais, et parce que vous vouliez faire retirer la baïonnette aux hommes de son bataillon.

R. — Je vous affirme que les baïonnettes de la garde mobile n'effrayaient guère le peuple. Si j'ai ordonné de retirer les baïonnettes, c'était pour essayer de calmer les esprits. Mais le commandant Bassac allait et venait, donnait des ordres ; il est encore un de ceux qui ont sauvé la République.

UN JURÉ. — L'accusé Courtais n'a-t-il pas ordonné, au nom du peuple, à la garde nationale de sortir de l'Assemblée nationale, qu'elle venait de rendre à la représentation.

COURTAIS. — Je n'ai pas donné cette ordre ainsi. J'ai dit :

Au nom de la loi, je vous somme d'évacuer la salle des séances, pour que les représentants puissent reprendre leurs délibérations. Il faudrait que j'eusse été stupidement bête pour avoir la pensée de sommer la garde nationale, que je savais dévouée à l'Assemblée, d'évacuer la salle pour la laisser au peuple qui n'était plus là.

J'avais proposé, pendant l'invasion, à M. Buchez et à M. Marrast, de faire évacuer la salle avec deux cents hommes, s'ils assumaient sur eux la responsabilité de m'en donner l'ordre; mais ils ne l'osèrent pas, et je ne leur en donnai pas le conseil, car je ne sais pas ce qui serait arrivé ; le sang des représentants aurait coulé, celui du peuple aussi. Le mal était fait. J'ai toujours pensé qu'il n'y avait pas d'autre remède que de laisser évacuer la foule, quand sa colère, quand sa folie serait passée.

Sans doute il y avait là un malheur que je regrettais ; mais enfin les représentants auraient pu rentrer en séance : on aurait pu m'accuser, me destituer, que sais-je? mais jamais m'accuser de trahison. Tous ceux qui me connaissent, vous-même, M. le procureur général, vous n'avez pu douter de mon honneur.

M. le procureur général BAROCHE. — L'accusation portée contre vous est soutenue par moi. Voilà ma réponse.

Me BETHMONT. — Un autre se charge de vous répondre.

Je demande à M. le président la permission de rectifier un fait : ce n'est pas que je veuille élever un débat ; il ne s'agit ici que d'un interrogatoire, et ce n'est pas la place de la discussion. Mais il est souvent difficile que cet interrogatoire ne dégénère pas en discussion.

Vous en avez eu la preuve tout à l'heure, en voyant M. le procureur général faire déjà du réquisitoire. La force des choses veut donc que je rectifie un fait.

L'officier de garde mobile dont nous avons entendu parler comme ayant refusé d'obéir au général Courtais, n'est pas le commandant Bassac, mais le commandant Cochot.

M. LE PRÉSIDENT. — Accusé Villain, voulez-vous que je vous interroge?

VILLAIN. — La Cour sait que je viens de me constituer prisonnier. Je n'ai pas encore eu le temps de lire les pièces et de savoir ce dont je suis accusé. Je prierai donc M. le président de ne m'interroger que quand les témoins déposeront.

M. l'avocat général De Royer. — Les pièces vous ont été remises aussitôt après votre constitution.

Villain. — C'est vrai, M. l'avocat général; mais nous sommes ici toute la journée, et je n'ai pas eu le temps de les lire.

Me Rivière. — J'ajouterai que l'accusé n'a encore eu avec son défenseur qu'une fort courte entrevue. M. le président pensera donc sans doute que sa prière est fondée.

M. le Président. — Alors nous entendrons les témoins.

L'audience est levée à cinq heures.

Audience du 10 mars.

DÉPOSITION DES TÉMOINS

M. l'avocat général De Royer. — Nous recevons des excuses d'un témoin assigné à la requête de Quentin, M. de Girardin. Il déclare que sa déposition ne peut être d'aucune utilité à l'accusé, vu qu'il ne sait rien du procès.

L'accusé Quentin renonce à l'audition de M. de Girardin.

M. le Président. — Huissier, faites entrer le premier témoin.

Dagneaux, restaurateur.

M. le Président. — Connaissiez-vous les accusés avant l'accusation?

R. — Non.

D. — Dites ce que vous savez.

R. — Je suis allé à l'Hippodrome pour assister à un repas de deux mille convives, chez Dourlans; je suis resté au club qui se tient chez lui. J'écoutais ce qui se disait; c'était le 12 mai. On discutait le jour de la manifestation; on discutait aussi où serait le lieu de réunion; on fixa la place de la Bastille; j'ai entendu quelqu'un dire : Il faut couper la tête à ceux qui ne comprennent pas la République.

Raspail. — Quel jour ces paroles ont-elles été prononcées?

R. — Le 12 mai.

Raspail. — Je nie que ces paroles aient été dites chez Dourlans. Le témoin n'a-t-il pas déposé contre les accusés, notamment dans l'affaire Désirabode?

R. — Non.

Raspail. — Le 14 juillet 1831, n'avez-vous pas déposé

de faits semblables à l'occasion du procès des *Amis du peuple ?*

M. le procureur général BAROCHE. — Qui avait prévenu le témoin de cette réunion chez Dourlans?

R. — Les journaux et les affiches.

M. le procureur général BAROCHE. — Quel motif donnait-on pour fixer le jour au 15 mai?

R. — On disait que ce jour était plus favorable parce que la réunion du Champ de Mars, qui avait lieu la veille, donnerait le moyen d'avoir des armes.

M. le procureur général BAROCHE. — M. le président, l'accusé Sobrier n'a pas cru jusqu'ici devoir répondre; je lui demande en ce moment s'il veut répondre à cette question : L'accusé Sobrier n'a-t-il pas rédigé et signé l'affiche convoquant le peuple pour le 15 mai?

SOBRIER. — Je ne suis pas tenu de répondre. Je dirai seulement qu'on s'est souvent servi de mon nom.

Me BAUD. — De qui est l'écriture?

M. le procureur général BAROCHE. — C'est signé *Sobrier.*

SOBRIER. — J'avais un bail passé avec M. Vavin, liquidateur de la liste civile; c'est ce qui explique comment plus tard des pièces nombreuses et diverses ont été soustraites chez nous.

Me BAUD. — Il y avait une affiche où l'on prenait le nom de Sobrier; mais on n'a pas trouvé une copie signée de lui, ni un brouillon écrit de sa main.

M. le procureur général BAROCHE. — Sobrier avait un journal et n'a pas réclamé. D'ailleurs le brouillon a été trouvé chez lui.

SOBRIER. — On a trouvé bien autre chose.

M. LE PRÉSIDENT. — Présentez à Sobrier le brouillon de l'affiche.

SOBRIER. — Ce n'est pas mon écriture ni celle de personne que je connaisse.

Me BAUD. — Je ne sais pas encore si Sobrier autorisera son défenseur à le défendre, mais ce que je puis dire, c'est que dans le débat, mon devoir est de contrôler les faits produits contre lui.

BLANQUI. — Il est assez extraordinaire que le témoin ait attendu au 15 mai pour satisfaire sa curiosité des clubs, qui aurait dû être satisfaite à ce moment depuis la Révolution. On a alors le droit de s'étonner qu'il vienne nous prêter des propos odieux que nous repoussons tous, et qu'il recommence aujourd'hui contre nous des dépositions perfides qu'il a déjà faites analogues sous Louis-Philippe contre les républicains.

M. le procureur général BAROCHE. — On ne peut ainsi qualifier de perfide la déposition d'un témoin qui fait connaître à la justice ce qu'il sait.

LOUIS BOUSQUET, directeur de la *Collection des lois*, demeurant à Paris.

M. Dagneaux me rendit compte de ce qu'il avait entendu chez Dourlans, le jour même où il y était allé. Il me dit qu'il avait eu beaucoup de peine à entrer; qu'il avait entendu les chefs disputer s'ils feraient leur coup le 13 ou le 15; on avait décidé par assis et lever que ce serait pour le 15, parce qu'on se procurerait plus facilement des armes à cause de la revue du dimanche, qui donnerait l'occasion de s'en faire délivrer dans les mairies.

RASPAIL. — C'est le rapport fait par M. Dagneaux au témoin.

BOUSQUET. — Oui.

RASPAIL. — Je suis étonné alors qu'on n'ait pas saisi quelques-uns de ces scélérats qui déshonorent tous les partis. M. Dagneaux a tous les jours des rapports avec la police, et il paraît leur signaler ce qu'il avait entendu.

M. le procureur général BAROCHE. — Que voulez-vous dire des rapports du témoin Dagneaux avec la police?

RASPAIL. — Sans doute, il est restaurateur, et voit tous les jours des hommes de la police.

M. DAGNEAUX. — Je n'ai jamais eu de rapports avec la police; j'ai gagné ma fortune honorablement.

RASPAIL. — Je n'attaque pas la moralité de M. Dagneaux; je dis seulement que son état de restaurateur lui donne de nombreux rapports avec de hauts employés de la police, auxquels il aurait pu dire ce qu'il avait vu ou entendu.

M. DAGNEAUX. — Mon établissement n'est fréquenté que par des gens fort honorables et non par des agents de police. Pourquoi vouliez-vous que je me fisse dénonciateur?

BLANQUI. — M. Dagneaux est dans une position à part; il a déjà, sous l'ancien régime, dénoncé des républicains, et était exécré dans le quartier Latin par les étudiants et les républicains, notamment par M. Mathé, représentant du peuple. On regardait son établissement comme un foyer de police, et lui comme un espion.

M. LE PRÉSIDENT. — Accusé Blanqui, s'il était permis

d'attaquer ainsi les témoins, qui donc pourrait s'y soustraire? Dans votre intérêt, abstenez-vous d'un semblable système toutes les fois que vous n'aurez pas d'actes précis à spécifier.

BLANQUI. — Faites assigner MM. Madier et Mathé, et ils vous diront que ce que je vous dis est vrai.

M. le procureur général BAROCHE. — MM. les jurés apprécieront et remarqueront que, depuis longues années, M. Dagneaux occupe une position honorable dans le même quartier.

M. DAGNEAUX. — Je fais remarquer que je n'ai jamais été appelé en témoignage. L'accusé est dans l'erreur, la seule chose dont on puisse m'en vouloir, c'est d'avoir, comme garde national, contribué à charger sur la foule en 1831 dans les Champs-Élysées, sous les ordres du général Courtois, et c'est pour cela que les étudiants m'ont témoigné quelque animosité.

BLANQUI. — Nos souvenirs étaient peut-être inexacts quant aux détails; mais pas quant à la vieille haine de M. Dagneaux contre les républicains.

VILLAIN. — Pourrait-on, à l'aide du garçon qui vous a introduit chez Dourlans, reconnaître ici des membres de la réunion?

R. — Le garçon ne m'a pas introduit, et il m'a dit que je serais écharpé si je m'y introduisais. Je ne suis pas entré.

M. CARLIER, cinquante-cinq ans, directeur de la police au Ministère de l'intérieur.

D. — Connaissiez-vous les accusés avec le 15 mai?

R. — Je connaissais Blanqui, Raspail, Sobrier, Villain et M. Courtais. Le 15 mai, je n'ai reconnu à la tribune que Blanqui. Je fis des listes pour envoyer aux douze mairies, et partis au Luxembourg dire à M. Arago ce que je pouvais faire. En rentrant au ministère, je trouvai M. Sobrier dans mon cabinet.

M. LE PRÉSIDENT. — Quelle part Barbès aurait-il prise à l'affaire du 15 mai?

R. — Je l'ignore; comme témoin, je n'en sais rien personnellement. Les rapports de police me l'ont présenté comme l'auteur principal avec Blanqui.

D. — Le 15 mai, vous avez vu et entendu Blanqui à la tribune?

R. — Oui, monsieur; il disait que depuis trois mois le

peuple faisait crédit à la Chambre, et qu'il avait mis trois mois de misère à sa disposition.

D. — Quels renseignements avez-vous à nous donner sur le n° 16 de la rue de Rivoli?

R. — Il a été occupé par M. Sobrier; c'était une succursale de la Préfecture de police; il y avait là des armes en grande quantité.

D. — Pourquoi Sobrier s'était-il séparé de Caussidière?

R. — Je l'ignore.

D. — S'est-on occupé chez Sobrier de la manifestation de la Pologne?

R. — Oui, monsieur le Président.

D. — Quels sont les clubs qui ont participé à la résolution de cette affaire?

R. — Plusieurs qui, à la fin de chaque séance, se présentaient chez Caussidière, représentés par leurs délégués.

D. — Qui a organisé cette manifestation?

R. — Sobrier et Blanqui, d'après les rapports de police.

D. — Que fîtes-vous dans la nuit du 14 au 15 mai?

R. — J'étais inquiet. M. Recurt, mon ministre, craignait que la Chambre ne fût envahie par des hommes armés.

D. — Caussidière n'empêcha-t-il pas M. Yon, commissaire de police désigné spécialement par le président de l'Assemblée, d'y faire son service?

R. — Cela est vrai, Caussidière lui dit de rester dans son quartier.

D. — Avez-vous vu l'accusé Courtais escalader l'entablement?

R. — Je n'ai pas vu M. Courtais.

M. le procureur général BAROCHE. — Le témoin connaît-il l'accusé Villain?

R. — Je l'ai vu à l'occasion de l'organisation des Droits de l'Homme, qui offrait de mettre quinze mille hommes à la disposition du ministre de l'intérieur ou du préfet de police.

M. le procureur général BAROCHE, à Villain. — Est-il vrai que la Société des Droits de l'Homme ait quinze mille hommes à sa disposition?

VILLAIN. — Certainement, et à l'heure qu'il est, elle en a plus encore; elle proposait au mois d'avril de se mettre au service des seuls membres du Gouvernement provisoire qui fussent de vrais républicains. Quant à la journée du 16 avril, elle ne s'y est pas mêlée; cette affaire était trop stupide, elle ne signifiait rien.

Blanqui. — La déposition du citoyen Carlier n'est plus qu'un souvenir, une ombre de celle qu'il a faite dans l'instruction. J'ai besoin de donner à MM. les jurés quelques explications sans lesquelles cette déposition ne serait pour eux que de l'hébreu. Il est bien vrai que Sobrier et moi, et que les républicains en général n'étaient pas d'accord entre eux et qu'ils vivaient dans un état peu fraternel. Loin de comploter ensemble, ils contrecarrèrent les projets les uns des autres. Je désire savoir d'où et depuis quand M. Carlier me connaît.

R. — J'ai connu M. Blanqui à son club; je ne prétends pas dire que je le connais comme organisateur du complot du 15 mai.

Blanqui. — J'accepte ces paroles comme une rétractation, de la part du témoin, de ses dires à la Commission d'enquête et à l'instruction, alors qu'il n'affrontait pas la publicité d'une audience. Tout calcul fait, les actes seront bientôt zéro, les suppositions un chiffre au-dessous, vous verrez.

Villain. — M. Carlier a dit que la majorité des membres du Gouvernement provisoire devait être assassinée par nous, et que si les membres ne l'ont pas été, cela tient à ce que nous n'étions pas d'accord sur le choix de l'homme qui devait prendre la dictature, de Blanqui ou de moi.

R. — C'est encore un rapport de police qui le dit.

Un juré. — Que s'est-il passé au club Blanqui dans les jours qui ont précédé le 15 mai?

R. — Il y avait là, comme dans les autres clubs, une grande agitation.

Raspail et Larger demandent si leurs clubs sont compris dans ces mots : *les autres;* le témoin répond négativement. Quant au club de Sobrier, il était muni d'armes, tout ceci résulte des rapports de police reçus par moi.

Blanqui. — Ceci prouve une fois de plus l'absurdité des rapports de police sur des choses qui se passaient publiquement. Ces rapports sont des non sens.

M. Dandurand, quarante-trois ans, ingénieur civil à Paris, déclare connaître Raspail, Villain et Sobrier.

D. — Quels ont été vos rapports avec Sobrier et la rédaction de *la Commune?*

R. — Le Club des Clubs avait cessé d'exister quinze jours avant les affaires de mai, par suite de soupçons qui s'étaient élevés sur la moralité des membres du bureau.

Des débris de ce club se forma le Comité centralisateur. Sobrier n'en faisait plus partie. Je fus nommé vice-président et Huber président.

Le manifeste publié par le Comité centralisateur fut généralement trouvé trop religieux, et il empêcha beaucoup d'adhésions, mais nous prîmes l'initiative de la manifestation en faveur de la Pologne et beaucoup d'adhérents nous revinrent alors.

Le 11 mai, c'était un jeudi, dans une réunion tenue dans une des pièces de Sobrier, il fut décidé que tous les clubs adhérant au manifeste du Comité se rendraient à la Chambre.

Le vendredi, dans une autre réunion, la manifestation est remise au lundi; on ne voulait pas qu'elle pût être confondue avec une manifestation projetée par ce qu'on appelait la bourgeoisie, les réacteurs.

Dans cette séance du samedi, on proposa d'aller à la manifestation en armes. Huber protesta énergiquement et déclara que si l'on voulait y aller en armes, la manifestation n'aurait pas lieu. Il fut donc décidé que l'on irait sans être armé; mais que si l'on était attaqué on se défendrait, et que chacun irait chercher ses armes.

Le lieu de la réunion avait été fixé pour le 15 mai à la Bastille. A neuf heures il n'y avait encore que peu de monde. Vers dix heures et demie ou onze heures, je rencontrai Huber pour la première fois.

Pour éviter toute collision et toute rivalité, je proposai de réunir à la tête de la colonne les délégués de tous les clubs et toutes les bannières sans distinction de rang. Cette proposition fut adoptée.

Notre adresse avait été oubliée; on résolut de demander à Raspail de lire lui-même une adresse qu'il avait présentée au Club centralisateur. Raspail, prévenu, nous rejoignit avec Kersausie vers la rue de la Chaussée-d'Antin.

Arrivés sur la place de la Concorde, nous fûmes pressés par la foule où nous remarquâmes beaucoup de figures hétérogènes; ces hommes, qui n'avaient pas fait partie de la colonne sur les boulevards, se mirent à la tête et traversèrent le pont les premiers.

Au delà du pont, des gardes nationaux nous barrèrent le passage; leurs rangs furent brisés; la colonne prit le pas de course jusque sur la place de Bourgogne, les bannières en tête.

Les portes de l'Assemblée nationale étaient fermées; elles

étaient défendues par des gardes mobiles en trop petit nombre, qui furent obligés de se replier. Bientôt un enfant de douze à quinze ans escalada le mur; un homme de haute taille alla chercher une échelle placée près du monument qui est au milieu de la place : cette échelle servit à plusieurs individus pour sauter dans l'intérieur.

C'est alors que le général Courtais parut sur le mur, exhortant le peuple à se retirer et lui disant qu'on allait recevoir ses délégués. Je ne l'ai vu tendre la main à personne. Il fut hué et bousculé.

La porte s'étant ouverte, la foule se précipita dans la cour et bientôt dans la salle. Je fis mes efforts pour empêcher cette invasion, mais je ne pus réussir.

Le bruit nous attira bientôt dans la salle, M. Courtais en tête. Blanqui était à la tribune; des hommes descendaient le long des murs, la salle était complétement envahie; plus de cinquante personnes entouraient le président; il se passait là une scène indescriptible. Les représentants restaient calmes et impassibles.

J'essayai avec Raspail de faire sortir la foule de l'Assemblée; mais nous n'y pûmes réussir, et je sortis de la salle en voyant Huber monter à la tribune.

J'étais dans un petit café de la rue de l'Université quand j'entendis pousser les cris : *A l'Hôtel-de-Ville!* J'appris alors la dissolution de l'Assemblée nationale. Je me rendis chez Sobrier pour savoir ce que cela signifiait, et là j'appris que Sobrier avait été porté en triomphe à l'Hôtel-de-Ville.

J'y allai, mais je ne pus y pénétrer. L'Hôtel-de-Ville était gardé par la garde nationale. Je dois dire que l'invasion de la Chambre me paraît avoir été l'œuvre des hommes inconnus que nous trouvâmes au bout du pont.

D. — Comment étaient ces hommes?

R. — Des hommes en blouse.

D. — N'avez-vous pas écrit une lettre ainsi conçue :

« Citoyen Girard,

« Le Comité centralisateur connaît votre patriotisme; il « pense que vous vous tiendrez prêt à tout événement. Si « lundi nous répondions aux attaques des réacteurs, tous les « patriotes feraient leur devoir,

« Pour le Comité, occupé ailleurs,

« Le vice-président, DANDURAND. »

R. — Oui, et voici dans quelle circonstance. Je répondais, en l'absence de Sobrier, à une lettre qui lui avait été écrite au sujet de la manifestation, et où le sieur Girard manifestait la crainte de cette attaque. Je répondais à ses appréhensions, que je ne partageais pas personnellement.

M. le procureur général BAROCHE. — Quand vous avez vu les colonnes se diriger par la rue de l'Université vers l'Hôtel-de-Ville, la rue de l'Université était donc libre? Il n'y avait pas de garde nationale?

R. — Oui, monsieur, la rue était libre.

D. — Quelle raison avait-on de croire chez Sobrier que la manifestation du 15 mai serait attaquée?

R. — Je ne croyais pas, pour ma part, à ces attaques; mais en répondant pour Sobrier à une lettre que je n'avais pas vue, j'avais cette pensée que si l'on nous attaquait nous nous défendrions.

M. le procureur général BAROCHE. — Quel était ce M. Girard auquel vous écriviez?

R. — Je ne le connaissais pas.

M. le procureur général BAROCHE. — Il me semble utile que MM. les jurés sachent que M. Girard est un officier qui commandait l'artillerie à l'Hôtel-de-Ville.

R. — Je ne connais M. Girard que par l'instruction. Son patriotisme m'avait été signalé par M. Lion, de *la Commune*. Il communiqua ma lettre à M. le juge d'instruction le mardi, et j'ai fait observer à ce magistrat que ce bon patriote avait attendu un peu tard pour témoigner de son zèle.

UN DES CONSEILLERS. — Il a dû y avoir une discussion sur la forme et sur la portée de la manifestation. A-t-on été d'accord que, dans une éventualité quelconque, l'on pourrait aller jusqu'à la dissolution de l'Assemblée?

R. — Nullement. Chaque club voulait faire une pétition; nous, Comité centralisateur, avions pris l'initiative de la manifestation. Il était résolu de s'arrêter à l'Obélisque.

M. le procureur général BAROCHE. — Vous aviez donc l'espérance que votre autorité morale suffirait pour faire respecter votre programme?

R. — Oui, monsieur, comme toujours.

M. le procureur général BAROCHE. — Le club Blanqui était-il en rapport avec le Comité centralisateur?

R. — Non, monsieur.

M. le procureur général BAROCHE. — Et le club Raspail?

R. — Oui.

RASPAIL. — Je croyais qu'il n'y avait eu entre le Comité centralisateur et mon club aucun autre rapport que l'envoi de ma pétition qui ne fut pas acceptée.

BLANQUI. —Le témoin était-il membre du Club des Clubs?

LE TÉMOIN. — Non, citoyen Blanqui.

BLANQUI. — La Société centrale républicaine avait alors envoyé un délégué au Comité centralisateur?

LE TÉMOIN. — Pas que je sache. Je crois même qu'elle nous faisait concurrence.

Blanqui déclare que jamais la Société centrale républicaine n'a envoyé de délégués au Comité centralisateur, d'où est partie la manifestation. Il continue en disant :

La séance d'hier m'a beaucoup éclairé. Je demanderai à M. Borme où était la légion qu'il était venu m'offrir quand je l'ai éconduit. Cette légion n'était-ce pas les hommes en blouse dont a parlé le témoin?

M. le procureur général BAROCHE. — Alors, ce serait la police qui aurait poussé la manifestation dans la Chambre.

BLANQUI. — Je n'accuse pas, je reproche aux autres d'agir contre moi, par supposition ou calomnie. Je ne veux pas faire contre les autres ce qu'on fait contre moi; mais je demande si les hommes en blouse, dont l'action a été si fatale, n'étaient pas des hommes de la légion formée par cet homme qui a dévoilé sa position secrète. Puisque le général y était, pourquoi les soldats n'y auraient-ils pas été aussi?

Qui donc a profité de la journée du 15 mai? Le parti populaire y a tout perdu. Rappelez-vous ce vieil adage de la jurisprudeuce : *Is fecit cui prodest.* Nous, hommes de la République démocratique, cette journée a été pour nous la mort de tout avenir politique. Nous n'avions aucun intérêt à renverser l'Assemblée, issue du suffrage universel; cela eût été stupide et ne pouvait que nous précipiter dans l'abîme. Une main cachée a changé dans ce jour notre position, qui était magnifique, en une catastrophe inévitable, et cela au profit d'hommes politiques qui ont bien su en profiter. A cette époque, plusieurs partis, aujourd'hui confondus, étaient distincts et ennemis les uns des autres. Il faut juger les hommes et les choses sur ce qu'ils étaient à cette époque, et non sur ce qu'ils sont aujourd'hui. Que l'on demande à notre coaccusé Courtais, qui a répondu jusqu'à présent avec un bon sens que rien n'égale, si notre parti avait des chances de succès? — Non, il n'avait pas même vingt-quatre heures de durée en supposant le succès de la journée, il n'avait pas de racines dans le pays. Cette main cachée quelle est-elle? je l'ignore; mais Borme pourrait peut-être nous le dire, lui qui, révélant son caractère secret à MM. les jurés, leur a dit hier que sa légion politique de 5,000 hommes en blouze était toujours prête pour nous surveiller; cette légion n'était-elle pas là et ne nous a-t-elle pas précipités sur l'Assemblée? Cet homme qui avait à sa disposition des réunions passablement volcaniques, et entre autres, la légion que lui-même a appelée *légion des Vésuviennes.....*

BORME. — Moi, voici pourquoi j'ai formé la légion de femmes, c'est que le Gouvernement provisoire accordait tout alors aux manifestations, et que voyant M. Rey, *calicot*, avant le 24 février et colonel le lendemain, j'ai voulu, moi aussi, être colonel, et j'ai formé par dérision un régiment de femmes, j'ai même voulu louer une douzaine d'orgues de Barbarie que je n'ai pas trouvés et que j'ai remplacés par une musique qui m'a coûté 40 fr.; c'était une mascarade que j'avais organisée.

M. LE PRÉSIDENT, au témoin Carlier. — Est-ce qu'il existait à cette époque plusieurs polices?

M CARLIER. — En effet, après la révolution de Février, plusieurs polices existaient concurremment à Paris; l'une à l'Hôtel-de-Ville, au profit du maire de Paris, une autre au Luxembourg, au profit de la Commission exécutive, et les deux polices du ministre de l'intérieur et du préfet de police, de plus celle de Sobrier. Dans ce temps de méfiance générale, chacun redoutait son voisin et voulait être renseigné particulièrement.

BLANQUI. — Ce qui peut donner l'idée de l'exactitude des nouvelles récoltées ainsi.

D. — Au témoin : Vidocq était-il employé par la police?

R. — Depuis 1839, époque où il a cessé d'être chef de la police de sûreté, il n'a jamais été employé par l'administration à aucune des deux polices officielles du ministère de l'intérieur ou de la Préfecture.

M. DAUTRICHE, quarante-huit ans, conseiller à la Cour de la Guyane, résidant à Paris. — Le 14 mai, la veille de la manifestation, j'avais lu dans le journal *la Presse* un article composé par M. Emile de Girardin, qui faisait craindre qu'il y eût autre chose dans la manifestation qu'un témoignage de sympathie pour la Pologne.

Je résolus donc d'aller voir ce qui se passait place de la Madeleine; je fus effrayé d'entendre des individus à mine assez équivoque et qui paraissaient échauffés, sinon même ivres, tenir des propos comme celui-ci : « Il faut en finir avec ces coquins-là, les faire sortir par la porte ou par la fenêtre. Ces gueux de représentants ne sont que des canailles. » L'un de ces gens ayant dit : Comment faire? nous ne sommes pas armés. Un autre frappe sur sa poitrine et dit : Cela ne fait rien; à défaut de fusils, nous avons autre chose, voulant dire sans doute qu'il avait une arme cachée.

C'est au même moment que je vis un homme qui s'exprimait avec une éloquence véhémente en faveur de la Pologne; je demandai qui c'était; on me dit que c'était l'abbé Chatel. J'aperçus aussi un général à cheveux blancs, qu'on me dit être Courtais, qui fut salué de ce cri : Vive le général du peuple! et qui répondit : Oui, mes amis, le général du peuple, et je le serai jusqu'à mon dernier soupir. Vive la Pologne!

Ce qui se faisait m'inspira des craintes plus vives encore; je me dis : ce que Girardin a prévu serait-il donc vrai? Il faut que je le sache.

Je me dirigeai alors vers la Chambre, et je pénétrai, du côté de la rue de Bourgogne, dans la partie latérale gauche.

Je remarquai sur le péristyle d'un corps de bâtiment avancé trois individus qu'on me dit être Barbès, Louis Blanc et Albert. Le plus petit, d'une figure toute juvénile et revêtu d'un habit bleu à boutons d'or, parlait chaleureusement de la souveraineté populaire et de la nécessité d'assurer ce jour-là même le succès de la cause polonaise. Barbès dit quelques mots dans le même sens. Leurs paroles étaient accueillies avec le plus vif enthousiasme. Louis Blanc, qui mettait beaucoup d'ardeur dans son allocution au peuple, serait tombé peut-être si Barbès ne l'avait tenu embrassé pour le retenir. Un drapeau polonais fut demandé et apporté, et Louis Blanc prononça encore à cette occasion quelques paroles non moins chaleureuses.

D. — Est-ce que toutes ces allocutions avaient pour but d'engager le peuple à se retirer?

R. — Non, M. le président; ces messieurs parlaient de la

souveraineté du peuple, et disaient que le peuple ne devait pas se retirer que la cause polonaise n'eût été gagnée ; et Louis Blanc s'engagea même à demander la permission de faire au peuple les honneurs de l'Assemblée en le faisant défiler devant la tribune.

BARBÈS. — Je ne veux pas entrer dans le débat pour mon compte ; mais, dans l'intérêt de Louis Blanc, je dois constater que le témoin se trompe, et que ce n'est pas Louis Blanc qui a parlé de faire défiler le peuple devant l'Assemblée. C'est moi qui ai dit cela.

LE TÉMOIN. — Je sais que vous l'avez dit aussi ; vous le déclarez avec la loyauté qui vous caractérise ; mais Louis Blanc a fait la même promesse au milieu d'un tumulte difficile à imaginer.

BARBÈS. — J'ai même ajouté que je répondrais à l'Assemblée du calme du peuple. On me cria que j'en pouvais répondre. Louis Blanc a prononcé, en effet, un discours fort éloquent, et j'ai répété ma promesse ; c'est ce qui a pu vous faire croire que cette promesse avait été faite par lui et par moi.

M. le procureur général BAROCHE. — Barbès n'a-t-il pas dit que le peuple avait le droit d'entrer dans l'Assemblée, et qu'il avait autant de droits que les représentants?

BARBÈS. — Laissez-moi répondre. Ce sera plus simple. J'ai en effet dit cela. Croyez-vous donc que je renie les actes de nos pères, que je renie le 31 mai? Si un jour l'Assemblée résiste à la volonté du peuple, le peuple a le droit de la contraindre à s'y soumettre. (Mouvements divers.)

M. le procureur général BAROCHE. — Il faut constater que l'accusé Barbès voulait faire défiler le peuple devant l'Assemblée, après le vote du décret qui interdit l'apport des pétitions à la barre.

L'audience est suspendue pendant quelques instants et reprise à trois heures et demie.

M. BERTOGLIO, trente-deux ans, commissaire de police du Palais-National, déclare connaître Barbès, Blanqui, Flotte.

FLOTTE. — Moi?

M. BERTOGLIO. — Oui, c'est moi qui vous ai arrêté. Je reconnais encore Degré et Courtais.

Le 15 mai, j'étais encore de service à l'Assemblée nationale par les ordres du préfet.

M. le président me donna l'ordre d'arrêter la marche de

la colonne, et de choisir douze ou vingt-deux délégués, je ne m'en rappelle pas bien le nombre, pour les introduire dans la salle des Pas-Perdus, où un membre irait recevoir la pétition.

J'allai au devant de la colonne, qui arriva en bon ordre ; en tête était Degré, qui dit que vingt-deux délégués ce n'était pas assez, qu'il en fallait cent. Je fus alors entraîné jusque vers la grille, où je fus renversé par suite d'un mouvement qui s'était manifesté dans la foule.

D. — Quelle a été la conduite de l'accusé à cette occasion ?

R. — Le général Courtais se trouvait là quelque temps avant l'arrivée de la manifestation. J'avais fait barrer le pont, lorsqu'il se présenta des voitures de moellons qui voulaient traverser le pont. Je voulus les empêcher de passer ; mais le général Courtais, avec lequel j'eus à ce sujet une vive altercation, fit ouvrir les rangs et donna l'ordre de les laisser passer.

D. — Avez-vous vu Blanqui entrer dans la Chambre?

R. — Je crois qu'il n'est pas du nombre de ceux qui sont entrés les premiers dans l'Assemblée. Il était entré dans la salle des Pas-Perdus dix minutes environ avant l'envahissement. La foule s'était ouverte devant lui. Comme déjà quand j'avais été repoussé auprès de la grille, j'avais été étonné de voir que les troupes qui barraient le pont, derrière moi, s'étaient mises en haie et avaient ouvert le passage.

D. — Le soir, n'avez-vous pas fait des perquisitions au Palais-National?

R. — Oui, M. le président. J'y trouvai des papiers très-importants, qui ont été envoyés à la Commission exécutive. Ayant établi ce que nous appelons une souricière, j'ai arrêté plusieurs personnes.

D. — Vous avez saisi des armes aussi?

R. — Oui, M. le président ; j'ai même trouvé une machine destinée à fondre soixante mille balles par jour.

M. le procureur général Baroche. — Vous avez dit, dans votre déposition écrite, que plusieurs représentants, MM. Lamartine, Ledru-Rollin et Courtais, avaient parlementé derrière la grille avec la manifestation.

R. — Oui, M. le général Courtais donna l'ordre au capitaine de ne laisser entrer que trente délégués ; mais quand les grilles furent ouvertes, la foule se précipita en masse, monta l'escalier et brisa les portes qui se trouvent en haut du péristyle. M. Degousée, qui défendait la grille de droite, fut fort maltraité.

D. — Avez-vous remarqué les individus qui étaient les plus exaltés?

R. — Un capitaine et le pompier Degré, qui étaient à la tête de la manifestation.

Degré. — M. Bertoglio se trompe, ainsi que quand il dit que j'ai demandé l'entrée de cent délégués. Je n'étais pas plus exalté que je ne le suis en ce moment; mais il faisait très-chaud, surtout avec mon costume de pompier. J'ai parlé très-honnêtement à M. Bertoglio, qui a lui-même été très-poli avec moi.

M. Bertoglio. — Il me paraît certain que Degré ne m'a pas insulté; car au moment, s'il m'avait insulté, je l'aurais fait arrêter.

Courtais donne quelques explications sur l'envahissement de la grille, et s'attache à établir qu'il n'a ouvert cette grille que sur l'assurance qui lui était donnée qu'il n'entrerait que vingt-cinq délégués seulement.

Villain. — M. le président, voulez-vous demander au témoin pourquoi il est entré dans mon domicile et en vertu de quel mandat?

M. le procureur général Baroche. — Comment le Palais-National était-il votre domicile?

Villain. — En vertu d'une permission du ministre de l'intérieur. Eh bien! je dis que monsieur ne devait pas s'introduire chez moi sans un mandat. Maintenant, je lui demanderai ce qu'il a fait de la poudre et des balles qu'il a saisies là.

M. le Président. — Je vous demanderai, moi, ce que vous vouliez faire de cette poudre et de ces balles?

Villain. — Mais, M. le président, il n'y en avait pas. Et cependant, M. Bertoglio dit aujourd'hui en avoir trouvé, quand il a dit le contraire dans sa déposition écrite.

M. Bertoglio. — Vous lisez mal, ou plutôt ce que vous lisez ne vous concerne pas.

M. le procureur général Baroche. — Il ne faut pas confondre. Il y a eu deux opérations distinctes : une, le 15 mai, au Palais-National; l'autre, quelques jours après, au domicile de plusieurs individus. C'est dans cette dernière opération qu'a été saisi le moule à balles.

Villain. — M. Bertoglio a dit, au contraire, que c'était au Palais-National. Où est cette machine?

M. le procureur général Baroche. — Elle figure dans une autre procédure.

Villain. — A mon domicile, on a saisi plusieurs plans et machines, ainsi que des cartons à dessins recueillis depuis vingt ans, et douze volumes du procès d'avril 1834, que je gardais comme je garderai celui-ci. Où tout cela est-il?

M. le procureur général Baroche. — Vous devez comprendre qu'on n'a joint au procès que les pièces qui s'y rattachent.

Villain. — C'est que ce sont les machines saisies chez moi qu'on a transformées en guillotines à vapeur.

M. le procureur général Baroche. — Il n'est nullement question de cela dans le procès, et ce procès est assez compliqué déjà sans y ajouter des détails inutiles.

Villain. — Je ferai remarquer que, avant le 15 mai, quand nous avions besoin de faire parvenir entre les mains ou même dans les poches des représentants les exemplaires de la Déclaration des Droits de l'Homme, dont nous désirions voir introduire les principes dans la Constitution, c'est M. Bertoglio qui nous faisait entrer.

M. Bertoglio. — Le sentiment de ma dignité ne me permet pas de répondre.

M. Doussot, trente-cinq ans, commissaire de police.

Ce témoin, le 15 mai, a été appelé au service de l'Assemblée nationale, dont avait été chargé jusque-là M. Noël, qui a été mis à la retraite après trente-huit ans de service.

M. Doussot. — Je devais entrer immédiatement en fonctions, cependant M. Noël continua avec moi le service jusqu'au 15. Ce jour-là, une colonne apporta une pétition en faveur de la Pologne. J'allai recevoir cette colonne au bout du pont et je l'arrêtai. Je conduisis à l'Assemblée quelques délégués, qui remirent la pétition à M. Havin.

Le lendemain, 16, j'allai trouver M. Caussidière; je lui dis que M. Noël continuait son service, quoiqu'il n'eût pas qualité pour le faire; il écrivit à l'instant même une lettre bienveillante à M. Noël pour l'engager à quitter son service; je racontais ce qui s'était passé le 13, et je demandais des ordres pour le 15. On me répondit : « Vous ferez lundi ce que vous avez fait samedi. » Je demandai ensuite cent quarante à cent cinquante gardiens pour le service. M. Eloy me répondit que quatre-vingts suffiraient.

Le 15, au matin, les gardiens arrivèrent; ils furent échelonnés de manière à nous tenir au courant de la marche de la colonne qui devait partir de la Bastille.

Sur les quais, je vis arriver un monsieur qui me dit : « Je suis votre collègue, M. Yon, appelé par le président au service de l'Assemblée. »

J'avoue que mon amour-propre fut froissé ; je voyais dans cette adjonction d'un collègue que je ne connaissais pas une marque de défiance. Je montai à la questure, où M. Bureaux de Puzy me dit : « Ne soyez pas surpris : nous avons appelé M. Yon, c'est un commissaire que nous connaissons depuis longtemps. »

Après avoir rendu compte des efforts inutiles qu'il a faits, de son propre mouvement d'abord, puis d'après l'ordre de M. Degousée, pour arrêter les premiers flots de la foule, le témoin ajoute :

Dans ce moment, je rentrai dans mon bureau, je retirai mon écharpe, j'écrivis une lettre au préfet de police, disant que nous n'étions plus les maîtres, qu'une colonne forte de cent à cent cinquante mille hommes était arrivée, que des individus avaient déjà envahi les cours; j'ajoutai : « Tâchez de venir, la Chambre n'est pas encore envahie. »

Après avoir écrit cette lettre, je me promenai comme tout le monde, attendant l'issue de l'événement; je descendis dans la cour de Bourgogne, et là, je vis au balcon trois représentants, MM. Louis Blanc, Barbès et Albert. M. Louis Blanc prononçait un discours ; après ce discours, la porte gardée par les vétérans fut forcée. Je montai à la salle des Pas-Perdus.

M. Louis Blanc prononçait là un second discours. A la suite de ce discours, le nombre des personnes présentes diminua un peu. Je m'étais d'abord figuré que cette foule, avide de curiosité, se contenterait de visiter la Chambre, et qu'elle se retirerait comme elle était entrée.

Je fus bien surpris quand on vint nous apprendre que l'Assemblée nationale venait d'être dissoute par une des personnes qui avaient envahi la salle, Huber.

Je dis à mon collègue : « Nous n'avons plus qu'une chose à faire, c'est d'aller à la Préfecture de police. » Nous nous dirigeâmes de ce côté par la rue Saint-Dominique. La garde nationale prenait les armes. Nous arrivâmes à la Préfecture.

Déjà on y connaissait la nouvelle de la dissolution de l'Assemblée.

J'allai droit à M. Caussidière, et je lui dis : « L'Assemblée nationale est dissoute. » Il me répondit : « Ah! l'Assemblée est dissoute, c'est vrai, j'étais prévenu ; on avait envoyé quelqu'un pour me le faire savoir. Si j'avais été là, ce ne serait peut-être pas arrivé : je leur aurais parlé. »

Bientôt on apprit que l'Hôtel-de-Ville était repris ; dans ce moment, un individu que je ne connais pas entra dans le cabinet ; il annonça qu'il venait de la place de l'Hôtel-de-Ville, que des coups de fusil avaient été tirés sur le peuple, et qu'il aurait pu apporter deux cadavres sur le bureau. Cette nouvelle fut fort mal accueillie par Caussidière, qui savait le contraire, et l'individu fut mis à la porte aussitôt.

Comme on se demandait ce qu'il y avait à faire, Caussidière dit ceci : « Pour moi, je n'ai qu'à garder la Préfecture de police, et si l'on vient l'attaquer, je la défendrai. »

Je demandai ensuite à Caussidière ce que j'aurais à faire ; il me répondit : « Vous n'avez plus qu'à retourner dans votre quartier. »

Je retournai chez moi. Comme je montais l'escalier pour me rendre à la questure, je rencontrai M. Degousée, questeur, qui me dit : « Veuillez mettre votre ceinture ; on veut arrêter M. Louis Blanc : il est aux prises avec les gardes nationaux dans les jardins. » Je ceignis ma ceinture ; nous allâmes au jardin, mais tout était fini.

J'avais oublié un incident.

Quand j'entendis dire dans la foule que l'Assemblée nationale était dissoute, j'entendais en même temps des individus dire : « Il faut aller à l'Hôtel-de-Ville. » Et deux ou trois autres, mais deux ou trois seulement, dire : « Mais pour aller à l'Hôtel-de-Ville, il faut aller chercher nos armes. »

Audience du 11 mars.

M. Lehure, avoué à la Cour d'appel de Paris, rue Montmartre, 13.

D. — Le 13 mai, vous avez assisté au club Blanqui ; que s'y est-il passé ?

R. — Un orateur a annoncé que la journée était bonne, qu'il venait de voir Emile Thomas aux ateliers nationaux. Un autre orateur fit un violent discours ayant pour objet l'éloignement de l'armée, la gratuité de la justice et de la médecine, et enfin l'impôt progressif.

D. — Qu'est-ce qui vous amena le 15 mai à l'Assemblée nationale?

R. — J'étais de garde, et je faisais partie du piquet posté du côté de la rue de Bourgogne. J'entendis une grande rumeur et je vis escalader l'entre-colonnade; je m'y opposai avec plusieurs autres gardes nationaux, quand un gardien de Paris nous fit remettre la baïonnette dans le fourreau. Je vis alors le général Courtais, poussé par la foule, tomber entre les bras de M. Etienne Arago. Les portes s'ouvrirent, et la cour se remplit en un instant. Un malheureux coup de fusil partit, et l'émotion qui en résulta fut longue et difficile à calmer.

D. — Avez-vous entendu prononcer un discours véhément et dire qu'il fallait en finir et balayer tout cela?

R. — Oui, Monsieur le procureur général.

D. — Avez-vous reconnu sur ces bancs l'orateur?

R. — J'ai cru d'abord reconnaître l'accusé Quentin, mais je ne puis l'affirmer : j'étais à vingt pas au moins de lui.

D. — Quel était le nombre des gardes nationaux dans la cour?

R. — Nous étions cent cinquante, commandés par le capitaine Girault.

Blanqui. — Quand j'ai vu arriver un témoin qui avait assisté à la séance de mon club, j'ai dû croire que c'était un témoin à décharge. En effet, le premier discours qu'il a entendu a été relevé vivement par un membre du club, qui a dit que des paroles de ce genre ne pouvaient sortir que de la bouche d'un agent provocateur; à la proposition de la manifestation du 15 mai, je m'opposai par un long discours. J'eus beaucoup de peine, et je fis des efforts immenses pour empêcher qu'elle eut lieu. Je disais : Ne faites pas cela, les violences du mois de mars et du mois d'avril ont déjà fait rétrograder les sympathies populaires, elles reviennent maintenant à nous chaque jour, ne les faites pas reculer de nouveau; le temps est mal choisi; ne précipitez pas ce mouvement; attendez au moins le retour complet de l'opinion populaire.

M. le procureur général Baroche, au témoin. — La différence entre le discours que M. Blanqui rappelle et celui qui avait été prononcé auparavant tient-elle à l'époque choisie ou au fond même de la résolution de la manifestation?

R. — Il m'a semblé qu'il s'agissait plutôt de l'époque choisie.

Blanqui. — C'est déjà quelque chose ; mais...

M. le Président. — Cet incident nous paraît vidé.

Blanqui. — Non point, M. le président ; c'est là le point de départ de toute ma défense.

M. le Procureur général, au témoin. — A-t-on parlé dans le club des massacres de Rouen ?

R. — Oui, Monsieur, on en a parlé en se servant des mots massacres, boucheries.

Blanqui. — Cela est vrai, et dans le procès de cette affaire à Rouen, Me Bac en a parlé dans les mêmes termes devant la justice sans être contredit.

M. le Procureur général. — Il convient d'ajouter que le jury, après le discours de Me Bac, a rendu un verdict de culpabilité, et que les accusés ont été condamnés.

Blanqui. — Il convient aussi d'ajouter que l'arrêt a été cassé par la Cour suprême.

M. Lagrange, quarante ans, avocat à Paris. — Le 15 mai, à midi environ, j'allais à l'Assemblée nationale, pour y assister à la séance. En chemin, je rencontrai M. Golowine, avec lequel je fis route. En approchant de la Chambre nous vîmes la tête de la colonne de la manifestation.

Arrivé à la salle des Pas-Perdus, je trouvai là Madier auquel j'avais donné rendez-vous pour assister ensemble à la séance. J'étais désireux de voir ce qui se passait au dehors ; nous allâmes sur le haut du péristyle extérieur du palais. Nous aperçûmes alors les clubs qui avaient traversé le pont.

M. de Lamartine essayait de parler aux hommes en blouse qui envahissaient le devant de la grille. On lui répondit par les cris : *A bas Lamartine!*

Je descendis vers M. de Lamartine et lui dis que, s'il était attaqué, il pouvait compter sur moi pour le défendre. Je l'entraînai vers la petite grille de droite, au moment où la grande grille s'ouvrait et donnait passage à la foule qui ne put nous suivre, parce que je fis fermer derrière moi la petite grille.

En partant de la salle quelques minutes après, je retrouvai dans la salle d'attente Barbès monté sur une chaise, entouré d'une foule qui criait : *A l'Hôtel-de-Ville!*

Il venait sans doute de faire un discours ; je demandai à

lui parler; deux voix auprès de moi me dirent doucement : Parlez-lui; vous ferez bien. Je l'arrachai à la foule en le prenant par le bras et l'entraînai jusque dans un couloir près de la salle de l'Assemblée.

Je suivis M. de Lamartine jusque dans la pièce qui précède l'Assemblée; il entra dans la salle par la porte de gauche. Je restai à l'entrée; quelque temps après il ressortit par la même porte, se dirigeant du côté de la salle des Pas-Perdus.

Je l'accompagnai de nouveau; nous entrions au milieu de la pièce d'attente, lorsque nous nous trouvâmes en face de quatre individus qui s'arrêtèrent brusquement devant nous; celui qui était à droite s'adressa à M. de Lamartine, et lui parla ainsi :

« Citoyen Lamartine, vous pouvez être un grand poëte, mais vous n'avez pas notre confiance comme homme d'Etat. »

M. de Lamartine leur demanda alors ce qu'ils désiraient : un d'eux lui répondit qu'ils ne pouvaient présenter leur pétition à l'Assemblée nationale. M. de Lamartine leur répondit alors qu'ils ne pouvaient présenter leur pétition eux-mêmes, mais que s'ils voulaient la lui remettre, il la déposerait sur le bureau du président.

Alors celui qui était à gauche s'avança vivement vers M. de Lamartine, et lui dit, pendant que je l'éloignais de mon bras droit et qu'il gesticulait violemment : « Il y a assez longtemps que vous nous faites de la poésie et de belles phrases; il faut autre chose au peuple maintenant; il veut aller lui-même à l'Assemblée nationale. »

Et comme M. de Lamartine le regardait d'un air de dédain et sans lui répondre, je pris la parole et lui demandai d'un ton sévère de quel droit il venait dans cette enceinte parler au nom du peuple; tous les trois s'écrièrent : « Mais c'est le représentant Albert. »

Alors, m'adressant à Albert, je répliquai immédiatement : « Votre place n'est pas ici, elle est au sein de l'Assemblée. » Il ne répondit rien à ces paroles.

L'un d'eux, qu'on m'a dit depuis s'appeler Quentin, reprit la parole avec plus de violence, en s'adressant à M. de Lamartine. Je ne me rappelle pas les paroles, mais elles avaient le même sens que celles d'Albert. Je pris alors M. de Lamartine par le bras et je le fis rentrer dans l'Assemblée. En cet instant, l'Assemblée n'était pas envahie.

Quelque temps après, j'entrai dans la salle de l'Assemblée par la porte de droite avec un flot d'individus qui étaient arrivés successivement : l'hémicycle était rempli de factieux; la tribune était envahie; j'y remarquai Blanqui, Raspail et Quentin. Il y eut un colloque entre Raspail et le président, qui voulait que la pétition lui fût remise. Raspail et ceux qui l'environnaient s'y refusèrent. C'est alors que j'aperçus Louis Blanc à la gauche du président; il prononça quelques paroles, et Raspail lut la pétition.

Pendant que Barbès était à la tribune et qu'il venait parler du milliard à imposer aux riches, Huber monta auprès de lui et lui montra un petit papier qu'il tenait dans le creux de sa main, en lui disant : « Connais-tu cela? » Barbès répondit : « Non. » Alors Huber ajouta : « On ne t'a donc rien dit? »

J'ai parfaitement vu ce papier; il contenait une liste de noms. Peu d'instants après, Huber prononça la dissolution de l'Assemblée nationale. Je protestai vivement.

Deux ou trois individus se précipitèrent sur moi; je les repoussai. Je vis alors passer au bas de la tribune Barbès porté en triomphe, qui se débattait en disant : « Laissez-moi. » Un peu plus loin on portait Sobrier, qui prenait une pose de triomphateur; il avait une ceinture.

Je le fis asseoir de force sur un banc, et je m'assis auprès de lui. Je le retins là pendant environ dix minutes, la foule faisait cercle autour de nous; je lui dis à voix basse : « Ne vous laissez pas entraîner; c'est Blanqui qui veut vous entraîner, soyez bon citoyen. » Il paraissait fort abattu, me regardant d'un œil hagard, en répétant : « Mais non, je n'irai pas. » La foule finit par l'emmener.

J'entrai alors dans la salle des Conférences : il y avait autour d'une grande table un grand nombre de personnes qui écrivaient des listes. J'étais là depuis quelques instants lorsque j'aperçus Louis Blanc qui causait avec Thoré; ils étaient entourés de plusieurs individus qui criaient : *Vive Louis Blanc! Louis Blanc à l'Hôtel-de-Ville!*

Je parvins à m'approcher de lui, et je lui dis à voix basse, en me penchant à son oreille droite : « Faites attention à ce qu'on vous demande, car, avant deux heures, tous ces gens-là seront culbutés. » Il paraissait fort ému et me répondit : « Oui, certainement, j'y réfléchirai, car je suis de votre avis. » Il avait l'air inquiet et hésitant. Il se retourna immédiatement du côté de M. Thoré, et lui dit, répondant sans doute à une question que je n'avais pas entendue : « Mais avant, je veux savoir où est Barbès et ce que compte faire Barbès. »

J'ai raconté ces divers faits à M. de Cormenin, peu de jours après le 15 mai.

Dix minutes après environ, pendant que je me promenais inquiet dans la salle d'attente, je vis arriver un peloton de la garde nationale mobile précédé d'un officier de la garde nationale sédentaire, qui tenait son sabre haut et criait : « L'Assemblée nationale est dissoute. » Ce dernier se dirigea vivement du côté de la salle des Conférences et disparut à mes yeux. Je m'avançai auprès du peloton qui occupait le couloir et demandai à haute voix : « Etes-vous pour l'Assemblée nationale? » Un d'eux me répondit : « Oui, toujours pour l'Assemblée. »

Ils chargèrent leurs armes; j'entrai à leur tête par la porte de gauche, et fis évacuer le bureau, qui était couvert d'hommes en blouses, debout. Bientôt d'autres gardes nationaux arrivèrent, la salle fut évacuée, les représentants revinrent successivement. M. de Lamartine prit la parole, et je l'accompagnai jusqu'à l'Hôtel-de-Ville, où j'entrai avec lui.

On criait : *A bas Courtais!* et moi-même m'associai à ces cris. M. Crémieux me dit de ne plus crier, si je ne voulais pas que l'on fît un mauvais parti au général. Je compris que j'avais peut-être eu tort de me laisser entraîner par l'animation, et je remarquai les regards éloquents de remercîments adressés par M. Courtais à M. Crémieux.

M. de Lamartine parla alors, et chacune de ses paroles était accueillie par des acclamations. J'invitai M. Ledru-Rollin à parler à son tour, il me dit que c'était inutile et qu'il avait assez fait.

Un instant après, M. de Lamartine partit pour l'Hôtel-de-Ville; je l'accompagnai et fus témoin de l'enthousiasme qui éclatait sur son passage.

D. — Reconnaissez-vous l'accusé ici présent pour celui que l'on vous a désigné pour Sobrier?

R. — C'était un homme de sa taille à peu près et de son apparence, ayant une redingote sans gilet et un ceinturon rouge; mais je ne puis affirmer positivement que ce soit l'accusé. Seulement, je puis dire qu'on m'a dit que la personne que je remarquais était Sobrier.

BARBÈS. — Je ne reconnais pas l'autorité de la Haute

Cour, et je ne veux, par conséquent, faire aucune observation dans mon intérêt; mais il en est une que je dois faire dans l'intérêt d'une autre personne.

C'est moi qui ai dit au peuple : Je vous félicite d'avoir reconquis le droit d'apporter vos pétitions à la barre; désormais, ce droit ne pourra plus vous être enlevé.

LE TÉMOIN. — Je puis dire que je vous ai entendu dire cela.

BARBÈS. — Quant au milliard que j'ai demandé à la tribune, je ne le nie pas; j'aurais dû en demander deux. (Mouvement.) Car s'ils avaient été payés, ils auraient épargné à la France 20 milliards et la bataille de juin. Mais je demanderai à M. Lagrange si, quand j'ai eu demandé le milliard, on a poussé ce cri : Deux heures de pillage! C'est là une infâme allégation, contre laquelle nous avons tous protesté et que nous ne pouvons laisser accréditer.

LE TÉMOIN. — Je déclare que je n'ai rien entendu de semblable.

M. LE PRÉSIDENT. — Faites entrer le témoin Grégoire.

Le témoin, après avoir donné ses nom et prénoms, déclare à la Cour qu'il ne fera pas sa déposition devant elle.

Pressé par M. le président d'en dire le motif, il s'exprime en ces termes :

Le préambule de la Constitution de la République française proclame des devoirs antérieurs et supérieurs à la loi positive. Les devoirs de conscience sont de cette nature. J'ai toujours accompli les devoirs de ma conscience, et ma conscience s'oppose à ce que je réponde devant la Haute Cour; voici pourquoi : La Constitution inflige un supplément de peine aux condamnés de la Haute Cour de justice. Ce supplément de peine consiste en ce qu'ils ne pourront être graciés par le président de la République. La Constitution du mois de novembre ne pourrait, sans une flagrante rétroactivité, être appliquée aux accusés d'un attentat commis le 15 mai. Ce qui révolte ma conscience, c'est de voir que par son décret de renvoi l'Assemblée nationale veut se venger de ceux qui lui ont fait peur, et devant la Haute Cour je ne répondrai pas.

M. LE PRÉSIDENT. — Expliquez la contradiction de votre conduite, car vous avez déposé devant le juge d'instruction.

R. — Oui, parce que les accusés devaient être, comme d'ailleurs ils l'ont été, renvoyés devant la Cour d'assises et devant le jury de la Seine; je persisterai dans ma résolution actuelle de m'abstenir. J'accepte donc à l'avance toutes les rigueurs de la loi.

M. le procureur général BAROCHE requiert, aux termes des art. 355 et 80 du Code d'instruction criminelle, que la Haute Cour condamne le témoin à la peine portée par les articles cités.

La Haute Cour, après en avoir délibéré, rend un arrêt qui condamne Grégoire à 100 francs d'amende.

M. LEMANSOIS-DUPREY, quarante-quatre ans, secrétaire de la questure de l'Assemblée nationale, s'avance, tenant sa canne à la main et son paletot sous le bras, et dépose en ces termes :

Pendant que M. Wolowski parlait, l'Assemblée fut envahie : un grand nombre d'individus se laissèrent tomber du haut des tribunes; d'autres entrèrent par les portes.

Dès le premier instant, Laviron essaya de monter au bureau, je m'y opposai en le sommant de se retirer; il me répondit qu'il était là par la volonté du peuple, et qu'il y resterait; il fit le tour, monta de l'autre côté, et se plaça derrière le président; dix fois j'essayai de le faire descendre et je ne pus y parvenir.

M. Etienne Arago, que j'ai vu auprès de lui en uniforme de chef de bataillon de la garde nationale, et qui était de service, ne parut pas s'occuper de sa présence.

Je me plaçai à la droite de M. Buchez, président, et M. Corbon à sa gauche.

Lorsque M. Wolowski fut descendu de la tribune, Barbès y monta, Ledru-Rollin et Raspail y arrivèrent presque en même temps que lui; le peuple ne voulait pas l'écouter, ce qui annonçait les dispositions les plus hostiles. Sobrier, que j'essayai de calmer me dit : Toi, il y a longtemps que tu devrais être fusillé! »

Pendant que Barbès parlait, un homme qui était au pied de la tribune porta à plusieurs reprises, à la figure du président, la lance d'un énorme drapeau qu'il portait. Je saisis ce drapeau avec l'huissier Desportes, il nous resta dans les mains; dans la lutte la hampe avait été brisée.

M. Ledru-Rollin a été atteint par ce drapeau à la figure, pendant la lutte. Ce drapeau étant un drapeau tricolore, et par conséquent le drapeau de la République, j'ai cru devoir le tenir à la main, et ses plis couvraient le président.

Pendant cette scène, Laviron était derrière lui, le sabre au poing; il paraissait le menacer. En cet instant Louis Blanc vint parler au président, et lui demanda si on ne ferait pas bien de lire la pétition; puis, ne pouvant parvenir jusqu'à la tribune, il monta sur le bureau des secrétaires, et prononça deux ou trois phrases pour réclamer le silence, afin qu'on pût lire la pétition.

Dès que l'on eut obtenu un peu de silence, Raspail, qui était à la tribune, et des mains duquel le président avait essayé plusieurs fois de prendre la pétition, se mit à la lire; plusieurs représentants lui avaient crié de la donner à Louis Blanc.

Dès que Raspail prit la parole, plusieurs représentants protestèrent, et notamment M. d'Adelsward, qui fut alors injurié et menacé.

Plusieurs individus se précipitèrent vers lui en le menaçant. Je me jetai en avant et je dis à ces hommes : « Si vous êtes républicains, vous devez respecter la liberté. » Ils se retirèrent.

Un homme était sur le marbre de la tribune : on me dit qu'il se nommait Flotte.

M. le Président. — Accusé Flotte, levez-vous.

Flotte ne se lève pas.

M. le Président. — C'est autant dans l'intérêt de vos coaccusés que dans le vôtre que vous devez vous lever.

Flotte se lève.

Le témoin déclare ne pas le reconnaître.

M. le Président. — N'avez-vous pas vu un pompier?

Lemansois. — Oui, Monsieur. Il me paraissait avoir bien déjeuné; il prenait des poses académiques et prononçait des paroles que je ne pus entendre. Je ne reconnais pas, du reste, M. Degré, que vous me représentez.

Degré. — Il est bien certain que je suis monté à la tribune. Je ne sais pas s'il y avait un autre pompier dans la salle.

Lemansois. — M. Quentin gesticulait à la tribune et dit au président : « Vous n'êtes pas digne de présider : cédez le fauteuil à un autre. »

M. le Président. — N'a-t-on pas demandé au président l'ordre de cesser de battre le rappel?

Lemansois. — Oui, Monsieur, on lui en a même demandé plusieurs qu'il a donnés, pensant qu'à l'extérieur on comprendrait que cet ordre n'avait pas été donné librement.

M. LE PRÉSIDENT. — Comment Huber est-il monté à la tribune?

LEMANSOIS. — Le côté droit de la tribune m'était caché par le président; j'ai aperçu Huber au moment où il était monté : il prit un papier sur lequel deux lignes étaient écrites, et il prononça la dissolution. Aussitôt plusieurs hommes se sont précipités sur le président; j'ai été renversé, il est tombé sur moi. Après s'être relevé, il se rendit dans son cabinet, et de là au Luxembourg.

M. LE PRÉSIDENT. — Quentin paraissait-il menacer le président pour obtenir l'ordre de cesser de battre le rappel, ou paraissait-il lui donner un conseil?

LEMANSOIS. — Ne connaissant pas M. Quentin, je ne connais pas ses formes habituelles; de la part d'un autre j'aurais cru à une menace; je ne sais si M. Quentin a l'habitude de donner des conseils d'une manière aussi énergique. (On rit.)

QUENTIN. — J'avais à la main une toute petite canne; j'ai dit à M. le président qu'il ferait bien de donner l'ordre de battre le rappel. Pendant sept ou huit ans, j'ai eu des permis de passer de M. de Laborde, et j'ai fréquenté la Chambre. Si le témoin me connaissait, il saurait que je ne suis pas de ceux qui menacent, surtout des personnes comme M. le président de l'Assemblée.

Le témoin a dit que je l'avais menacé, peut-il rappeler les paroles que j'ai prononcées?

LEMANSOIS. — J'ai entendu des paroles blessantes pour moi et que je ne me rappelle pas; il se peut qu'elles aient été proférées par un autre que par M. Quentin, mais je ne le crois pas.

M. LE PROCUREUR GÉNÉRAL. — Avez-vous vu un représentant quelconque se lever pour protester?

LEMANSOIS. — Assurément, puisque je suis allé pour lui porter secours.

M. LE PROCUREUR GÉNÉRAL. — Avez-vous, étant près du président, entendu les paroles de M. d'Adelsward?

LEMANSOIS. — J'ai entendu ces mots : « Je proteste, » puis la voix a été couverte par les rumeurs de la salle.

M. LE PROCUREUR GÉNÉRAL. — Parmi les personnes qui ont exigé de M. le président le contre-ordre pour le rappel, reconnaissez-vous quelques-uns des accusés?

LEMANSOIS. — Je n'en reconnais aucun.

M. LE PROCUREUR GÉNÉRAL. — Le pompier n'était-il pas un de ces hommes ?

LEMANSOIS. — Comme il avait son casque sur la tête et que le bruit était très-grand, je n'ai pas entendu ce qu'il disait ; il montrait le poing.

Me BAUD. — Le témoin a attribué à Sobrier un propos menaçant pour lui ; je lui demande si, comme homme politique, il a jamais eu d'altercation avec lui.

LEMANSOIS. — Je n'ai pas la prétention d'être un homme politique ; je l'ai vu cinq ou six fois dans ma vie, une fois notamment à l'Hôtel-de-Ville ; il me paraissait très-hostile aux projets de Blanqui ; je savais que c'était un homme très-religieux, faisant du bien aux pauvres...

SOBRIER, vivement. — Ce sont là des détails de la vie privée que je prie la Cour de ne pas laisser développer plus longtemps.

Me BAUD. — M. Lemansois tourmentait Sobrier de ses conseils ; il le prenait par le bras, il lui disait : « Faites ceci, faites cela. » Sobrier a pu lui répondre plus ou moins vivement, mais le témoin a attribué dans sa déposition écrite la même menace à l'accusé Quentin ; il semblait que tout le monde fût venu à l'Assemblée pour fusiller M. Lemansois-Duprey ; pour moi je ne le crois pas.

LEMANSOIS. — Aussi ces paroles me parurent celles d'un fou.

SOBRIER. — Si j'avais voulu faire fusiller monsieur, j'aurais été véritablement fou. (On rit.)

RASPAIL, fait observer que la hampe du drapeau dont a parlé le témoin a été brisée par lui, que c'est lui qui a frappé sans le vouloir M. Ledru-Rollin, du tronçon de la hampe, M. Ledru-Rollin en dépose ; il est donc évident que sur ce fait matériel le témoin se trompe, à plus forte raison peut-il se tromper sur des faits moins évidents et moins positifs.

Sur l'ordre de M. le Président, un huissier représente au témoin un drapeau dont la hampe est brisée ; celui-ci ne le reconnaît pas pour celui dont il a parlé.

LEMANSOIS. — Dans tous les cas, je ne comprends pas quelle conséquence cela peut avoir quant à ma déposition.

RASPAIL. — Cela a pour but de prouver que dans beaucoup de circonstances vous vous êtes trompé dans votre récit ; ainsi, dans votre première déposition devant le juge d'instruction, vous n'avez pas parlé des faits dont vous avez parlé dans la seconde.

DEGRÉ. — Je demanderai au témoin de dire positivement s'il m'a vu exiger du président des contre-ordres pour le rappel.

LEMANSOIS. — J'ai dit d'abord que je ne vous reconnaissais pas, sans affirmer, que c'est vous qui étiez à la tribune; je dois dire alors que vous m'avez paru ne pas être dans un état normal, et que vous ressembliez à un émeutier.

DEGRÉ. — Je me suis élancé à la tribune; on m'a fait place. Je voulais dire à l'Assemblée citoyenne : « Il y a ici de bons citoyens disposés à vous défendre. » J'ai moi-même ôté mon sabre, le témoin peut s'en souvenir.

LEMANSOIS. — Je m'en souviens parfaitement. La position dans laquelle se trouvait l'accusé ne doit pas lui avoir permis de se souvenir de ce qu'il a fait.

DEGRÉ. — Vous le voyez, je le dis moi-même, j'ai ôté mon sabre; car, voyez-vous, je ne veux dire que la vérité. Le témoin était aussi troublé que moi.

LEMANSOIS. — On aurait été troublé à moins.

Me ARMAND LÉVY, défenseur de Flotte. — Je dois faire remarquer que le témoin, qui a déclaré avoir entendu désigner l'homme qui était à la tribune comme étant un nommé Flotte ou Deflotte, n'a pas reconnu l'accusé Flotte.

LEMANSOIS. — Je regardais si ce n'était pas un sieur Deflotte que je connaissais depuis vingt ans.

BLANQUI. — Flotte ne se défend pas. Je dois faire observer dans son intérêt qu'un homme monté sur le marbre de la tribune a dû être bien remarqué par le témoin, et que, cependant, celui-ci ne reconnaît pas Flotte.

LEMANSOIS. — C'est dans l'intérêt de votre coaccusé que vous faites cette observation. Eh bien! moi qui n'ai pas l'habitude de parler à l'aventure, poussé dans mes derniers retranchements, je déclare que j'ai toutes les peines du monde à ne pas le reconnaître. (Sensation.)

FLOTTE. — Le témoin a dit positivement qu'il ne me reconnaissait pas, et maintenant il déclare qu'il me reconnaît.

BLANQUI. — Je prie M. le président de vouloir bien recommander aux témoins de dire dès la première fois leur véritable vérité.

M. LE PROCUREUR GÉNÉRAL. — C'est une insulte aux témoins.

LEMANSOIS. — J'ai déposé en conscience; j'en appelle à la Cour, à MM. les jurés, au public et à votre propre conscience.

On introduit M. Yon, commissaire de police de l'Assemblée nationale, qui fait une déposition analogue à celle de M. Bertoglio.

Me BETHMONT. — Le témoin a déclaré que MM. Degousée et Bureaux de Puzy, voyant que le pont n'était pas gardé, avaient envoyé une compagnie sur le pont. Il a ajouté que le général Courtais s'était chargé d'aller chercher un bataillon de la deuxième légion, qui était sur la place de la Concorde.

M. YON. — Ce bataillon s'est trouvé aux Tuileries.

Me BETHMONT. — Le témoin a bien déclaré que les gardiens de Paris avaient refusé de lui obéir, et avaient crié vive la Pologne.

M. YVON. — Oui, monsieur.

BLANQUI. — Ici, messieurs, il faut que je profite de la présence du témoin pour faire justice des misérables imputations de quelques journaux, et notamment du *Constitutionnel*, qui m'ont taxé d'hypocrisie; moi, hypocrite! j'aimerais mieux être voleur.

En rendant compte de mon arrestation, les journaux ont dit que M. Yon m'avait trouvé près d'une table somptueusement servie, entouré de bouteilles de vins fins; c'est-à-dire que ce Blanqui, qui s'était fait une réputation de sobriété, buvait de l'eau en public et des vins en arrière du public. Ces détails ont-ils été communiqués par le témoin?

M. YON. — Je déclare n'avoir donné à personne qui pût les publier dans les journaux des détails sur l'arrestation de Blanqui; je dois ajouter que quand je suis arrivé, il y avait sur la table un potage fort modeste. Je dois faire remarquer que, dans les articles dont vient de parler M. Blanqui, on me faisait jouer un rôle qui touchait au ridicule.

M. BUCHEZ (Philippe-Joseph-Benjamin), ancien président de l'Assemblée nationale. Après avoir parlé des faits généraux, M. Buchez ajoute : Quant à ce qui s'est passé alors, le tumulte était si grand, les faits si multipliés, que je ne pourrais rien préciser.

Plusieurs fois on me conseilla de lever la séance; je n'en voulais rien faire, pensant que c'était un orage qui passerait sur l'Assemblée.

M. Raspail lut la pétition à la tribune, on faisait tant de bruit que je ne crois pas qu'il s'entendît lui-même. M. Blanqui monta ensuite à la tribune et parla. Barbès s'exalta alors et parla lui-même; je crois qu'il dit qu'il fallait mettre hors la loi ceux qui feraient battre le rappel.

On me demanda l'ordre de cesser de battre le rappel; comme je savais très-bien que les troupes devaient être réunies, je donnai trois ou quatre de ces contre-ordres qui évidemment ne pouvaient avoir aucun résultat, et qui devaient épargner de grands malheurs aux représentants.

J'aurais bien voulu quitter le fauteuil; voyant Huber avec sa grande barbe, et sachant qu'il avait dans sa poche la commission de gouverneur du Raincy, je lui dis : « Vous devriez bien faire sortir ces gens-là. » Il quitta la salle un moment, rentra avec un papier écrit, et proclama la dissolution. On se jeta alors sur moi, je tombai, puis m'étant relevé, je me rendis au Luxembourg pour y convoquer l'Assemblée.

M. le Président. — Les contre-ordres vous ont-ils été arrachés? — R. Non pas arrachés, on me sollicitait vivement de les donner. — D. Quelle a été la conduite de Barbès? — R. Je savais qu'il était contraire au mouvement; mais quand il a entendu parler Blanqui, ne voulant pas laisser celui-ci faire seul un acte d'autorité, il s'est exalté et a parlé pour subalterniser Blanqui. — D. Avez-vous remarqué un pompier à la tribune? — R. J'ai vu un pompier traverser rapidement la tribune; on disait : « Parle, pompier. » Du reste je ne pouvais m'occuper des détails.

Degré. — Les journaux ont assez parlé de moi; quand un pompier a une figure sinistre, comme on l'a dit dans les journaux, quand il est dans un état comme on l'a dit, il est bien étonnant qu'un président ne puisse pas voir si on l'a menacé.

M. le Procureur général. — Nous croyons devoir donner lecture des lettres dont vient de parler M. Buchez, et qui ont été écrites l'une par lui à l'accusé Courtais, et l'autre par Caussidière.

Voici la lettre écrite le 14 mai au général Courtais :

Général, les projets qui ont avorté hier, ont été remis à demain, lundi. D'après les divers renseignements que nous recevons, il paraît certain qu'on prépare une grande agitation dans Paris, et s'il est possible un mouvement pour se porter sur l'Assemblée. Il faut que cela n'ait pas lieu, il faut que les agitateurs trouvent partout un pouvoir vigilant.

Je vous invite à prendre les mesures nécessaires pour que l'Assemblée nationale ne soit aucunement troublée dans ses travaux, ni par des clameurs, ni par la foule, ni par des tentatives pour pénétrer dans son sein.

Prudence, modération et vigilance, voilà ce que je vous demande.

Vous vous êtes plaint à moi de ce que j'avais envoyé des ordres directs. Je renonce à ce moyen pour cette fois, en tant qu'il ne deviendra pas indispensable. Mais aussi je vous rends responsable de ce qui pourrait arriver.

Salut et fraternité.

Signé : BUCHEZ.

Voici la lettre écrite par Caussidière le 15 mai :

Citoyen, il y a ce matin réunion d'un grand nombre de citoyens qui se proposent de se porter à la Chambre, pour manifester leurs sympathies en faveur de la Pologne et provoquer une décision de la part de l'Assemblée.

Cette manifestation se fera sans armes ; il n'y a de troubles à craindre que de la part de quelques membres du club *Blanqui*, dont la réunion a lieu en ce moment au boulevart du Temple, et qui seront, dit-on, armés de pistolets qu'ils tiendront cachés.

Je prends mes mesures en conséquence, et, si je puis me rendre à la Chambre, je vous tiendrai verbalement au courant de tout ce qui se passera ; dans le cas contraire, je vous ferai connaître, par des agents sûrs, ses intentions que je surveille.

Salut et fraternité,

LE PRÉFET.

P. S. —J'ai vu ce matin le commissaire de police Yon ; il se rendra à l'Assemblée pour être à vos ordres ; mais la ligne des boulevards fait partie de la circonscription confiée à sa surveillance ; j'aurais désiré qu'il pût rester longtemps à son poste. Je vous serai obligé de me demander en pareille circonstance de vous envoyer quelqu'un de confiance, et vous pourrez compter sur toute l'énergie de l'homme de mon choix ; c'est pour cela que je vous avais indiqué et que je vous indique encore aujourd'hui les citoyens Doussot, commissaire de police du quartier des Invalides, et Bertoglio, du quartier du Palais-National, comme des hommes dont l'intelligence et la fermeté me sont connues. Ce dernier a surtout l'avantage de connaître Blanqui et ses adhérents ; il est chargé par moi de les surveiller depuis longtemps, et, en voyant les *personnes*, il devinera les actes ; il sera de service à la Chambre.

Deuxième *P. S.* — Dix heures un quart. J'apprends à l'instant que, nonobstant toutes les prévisions, plusieurs citoyens, dont le nombre peut grossir, se rendent en armes aux divers lieux de réunion; ceux-ci seront soumis plus spécialement à une surveillance active.

Enfin, par une lettre datée du 15 mai à dix heures et demie, M. Buchez avertissait M. Courtais de ce qui se passait et mettait sous sa responsabilité les événements qui pourraient avoir lieu.

Le témoin a dit qu'il avait su le 15 mai qu'il y avait des forces de la garde nationale disposées aux environs de l'Assemblée.

M. Buchez. — Plusieurs personnes pendant le désordre vinrent m'avertir qu'il y avait plusieurs bataillons rassemblés.

Un de MM. les jurés. — Quelle était la personne chargée de la défense de l'Assemblée nationale?

M. Buchez. — A cette époque c'était uniquement le général qui commandait les forces dans Paris. Si M. Degousée a disposé lui-même des bataillons de mobile, c'est qu'ils avaient été mandés d'urgence à onze heures trois quarts ou midi, à raison de l'urgence; le général Courtais était toujours chargé du commandement.

M. le Procureur général. — Le témoin a-t-il remarqué que pendant l'envahissement de l'Assemblée quelques représentants aient été désignés?

M. Buchez. — Oui, monsieur, mais par aucun des accusés; on a désigné notamment M. Lacordaire.

M. le Procureur général. — Le témoin a-t-il autorisé Raspail à lire la pétition?

M. Buchez. — Je n'en ai aucun souvenir, mais mon intention formelle était de ne rien autoriser : ainsi j'ai refusé à Louis Blanc de l'autoriser à prendre la parole; je lui ai dit qu'en présence de l'émeute je n'avais aucune autorisation à donner.

Me Bethmont. — Tout à l'heure M. le Procureur général a donné lecture de lettres dont une adressée au général Courtais le 15 au matin; mais il aurait fallu ajouter que cette lettre n'était pas parvenue. De son côté le général Courtais a écrit à M. Buchez que mille hommes par légion avaient été commandés; cette lettre indiquait les lieux de réunion; le 15 au matin, quelques dispositions nouvelles ayant été prises, le général Courtais en informa M. Buchez.

M. Buchez se rappelle aussi qu'il a donné à des personnes qui les sollicitaient, des ordres de ne pas battre le rappel; je demande à M. Buchez si lorsqu'il dit que les légions n'avaient pas reçu d'ordres, il applique ces paroles aux ordres donnés le matin ou à ceux donnés pendant l'envahissement.

M. Buchez. — Il y avait des bataillons placés dans divers endroits voisins de l'Assemblée; mais, pour moi, ils n'avaient pas d'ordres.

Me Bethmont demande que la lettre adressée par le général Courtais soit lue.

M. le Procureur général. — On va la rechercher, mais nous devons auparavant faire remarquer, quant à la lettre écrite le 15 par M. Buchez, que c'est l'accusé Courtais seul qui prétend qu'elle ne lui est pas arrivée; en la remettant à M. le juge d'instruction, l'accusé a dit ne l'avoir reçue que le 17.

Me Bethmont. — Elle n'est arrivée à l'état major qu'après le départ du général, et lui a été remise le 17 par M. Gunard, qui pourra en déposer.

M. le Procureur général. — Dans son interrogatoire, M. Courtais a dit : La lettre ne m'est pas arrivée à l'état-major, *où* elle m'a été remise le 17.

Me Bethmont. — Il n'y a pas d'accent sur l'*u*.

Audience du 12 mars.

M. Hippolyte Prévost, âgé de quarante ans, ancien chef de service sténographique à la Chambre des Pairs, réviseur de la sténographie à l'Assemblée nationale.

Le Moniteur n'a pas été rédigé le 15 mai dans les conditions ordinaires; je crois que tout ce qui y a été inséré est exact, mais tout ce qui a été dit ne s'y trouve pas; je crois qu'une partie de mes notes a été égarée, notamment une partie du discours de M. Louis Blanc et de M. Barbès. Je ne croyais pas, en ce qui concerne les autres, être tenu à recueillir tous les discours des personnes qui n'appartenaient pas à l'Assemblée.

M. le président ordonne qu'il soit donné lecture du compte rendu de la séance du 15 mai, telle qu'elle est rapportée par *le Moniteur*.

Lecture est donnée de ce compte rendu par le commis-greffier. (Voir l'*Appendice* à la fin du volume.)

M. LE PRÉSIDENT, au témoin. — Reconnaissez-vous ce récit comme exact?

Le témoin PRÉVOST. — La partie sténographique n'est pas complète, mais ce qui en existe est exact; quant aux réflexions, aux impressions dramatiques, je les crois exactes, mais je n'en puis répondre sténographiquement.

M. le Président, après avoir fait lever l'accusé Flotte, demande au témoin s'il le reconnaît. La réponse est négative.

M. LE PROCUREUR GÉNÉRAL. — Le compte rendu de la séance du 15 mai n'a-t-il pas été fait par le rapprochement des notes des divers sténographes?

PREVOST. — Oui, monsieur. Cependant ce compte rendu a été complété à l'aide du secours des diverses personnes qui avaient assisté à la séance.

Me MAUBLANC, défenseur de Blanqui. Il y a eu évidemment deux comptes rendus du *Moniteur*, car pendant la lecture faite par M. le greffier, je suivais sur un récit qui n'était pas conforme.

PREVOST. — Il y a eu d'abord un compte rendu fait par les seuls sténographes du *Moniteur;* le lendemain, diverses personnes demandèrent à y ajouter le résultat de leurs souvenirs; ce qui fut fait; on y joignit le résultat de quelques feuillets de notes que les sténographes avaient égarés. D'abord nous nous étions bornés à mettre au *Moniteur* : « Ici la salle est envahie. » Le lendemain nous avons fait un compte rendu avec nos notes; le surlendemain, enfin, a paru le compte rendu rectifié, corrigé et augmenté par des personnes dignes de foi.

M. LE PROCUREUR GÉNÉRAL. — Le compte rendu du discours de l'accusé Blanqui a-t-il été l'objet de ces corrections et de ces additions?

PREVOST. — Personne ne se serait permis d'y toucher. Le compte rendu a été fait avec toute impartialité et toute bonne foi.

BLANQUI. — On a lu à MM. les jurés la troisième édition du *Moniteur*, corrigée et augmentée. Je demande qu'on lise la deuxième édition. On ne trouve pas ces paroles odieuses que la troisième édition attribue à quelques factieux : « Non, Barbès, ce qu'il nous faut, ce sont deux heures de pillage. »

PREVOST. — Je n'étais pas dans la salle à ce moment. Je dois dire que mes collègues n'ont pas entendu cette phrase; au surplus, la copie est aux archives du *Moniteur :* on pourra voir par qui cette addition a été faite. Nous n'avons aucun moyen de nous opposer à ce que des corrections soient faites par le Président ou les secrétaires.

M. LE PROCUREUR GÉNÉRAL. — Au surplus, le propos n'est attribué à aucun des accusés.

BLANQUI, vivement. — Mais il est attribué au peuple, au parti qu'on veut rendre odieux.

PREVOST. — C'est entre une heure et six heures du matin que l'addition a été faite.

BLANQUI. — Celui qui a fait cette interpolation est un calomniateur.

M. BUCHEZ, rappelé. —Je ne puis point donner de détails. C'est moi qui ai donné ordre qu'on ne rendît pas compte dans le cours de la séance de ce que je regardais comme une interruption passagère.

Mais mon secrétaire, M. Cruvellier, qui est allé au *Moniteur*, où déjà un grand nombre de rectifications avaient été faites par plusieurs personnes, pourrait vous donner des éclaircissements. Pour moi, je n'ai rien *voulu* voir, rien *voulu* entendre.

BARBÈS. — Sans vouloir rentrer dans le débat, je demanderai au témoin s'il a entendu la phrase suivante : Non, non, Barbès; deux heures de pillage !

M. BUCHEZ. — Je ne l'ai pas entendue.

M. ETIENNE ARAGO, représentant du peuple.

Le 15 mai, j'étais de garde à l'Assemblée nationale avec le 1er bataillon de la garde nationale que je commande. Arrivé à la séance, je demandai à Barbès s'il y avait quelque chose de nouveau; Barbès, que je considère comme un homme qui n'a jamais menti, me dit que la veille il avait fait décider à son club qu'il ne se rendrait pas à la manifestation.

Peu après, je reçus du questeur Degousée l'ordre de faire évacuer l'Assemblée, comme je me disposais à sortir avec mon ami Charras, alors ministre de la guerre par intérim. Je descendis dans la cour faisant face à la rue de Bourgogne, où régnait une grande agitation. J'y vis le capitaine Gouaux, que j'avais placé le matin à la garde de cette cour.

Il vint à moi et nous nous dirigeâmes ensemble devant le mur de clôture. Le général Courtais venait d'y arriver. Une table se trouvait au pied du mur. Le général Courtais monta dessus; je l'y suivis. La foule commençait à grimper et avait déjà atteint la crête de la muraille. Je fus repoussé, et à peine avais-je touché terre, que le général roula dans mes bras et dans ceux du fils du capitaine Gouaux, garde national dans la compagnie de son père, qui se trouvait également là.

Je dois affirmer que le général Courtais, loin de tendre la main aux envahisseurs, fut renversé par eux.

La porte s'ouvrit je ne sais comment; dans les mouvements populaires, j'ai vu des grilles céder comme par enchantement : la foule se précipita et je me rendis dans la salle des Conférences.

Dans cette foule je reconnus M. Quentin. Je lui dis qu'à mes yeux il n'était pas même un homme égaré, mais un agent provocateur.

Je reçus un contre-ordre signé du président; ne sachant que faire dans ce conflit, je crus devoir m'abstenir.

M. le Président. — Vous avez vu Barbès monter à la tribune?

Étienne Arago. — Oui, Monsieur; je n'explique cela que d'une manière : c'est que voyant là le peuple, et convaincu que la voix du peuple est la voix de Dieu, il voulut obéir à cette voix. — D. Ne pensez-vous pas qu'il y est monté parce qu'il y avait vu Blanqui? Vous l'avez dit dans l'instruction. — R. Je sais que Barbès n'était pas d'accord avec Blanqui. — D. N'avez-vous pas su que Chancel fût venu le 15 au soir à l'Hôtel des postes pour en prendre possession? — R. Oui, Monsieur.

M. le Procureur général. — Le témoin a dit que Barbès avait parlé avec modération; lui a-t-il entendu dire qu'il fallait que le peuple défilât devant l'Assemblée? — R. Je ne me le rappelle pas. — D. Dans l'instruction écrite, vous avez dit que Barbès avait parlé de défiler.

Barbès. — Je voulais dire que le peuple devait s'en aller. — D. N'avez-vous pas entendu Flotte, au moment où Barbès était à la tribune, dire à ce dernier : « Malheureux, tu es perdu. » — R. Oui, Monsieur, et j'ai même répondu : Oui. — D. Vous avez reçu de M. Degoussée l'ordre de faire évacuer la salle, et vous ne l'avez cependant pas exécuté. — R. En descendant de la questure, j'ai reçu le contre-ordre de M. le président, et je suis allé au Luxembourg avec Charras, en laissant à mon chef de bataillon en second l'ordre de ramasser le plus d'hommes qu'il pourrait. — D. Et vous avez quitté l'Assemblée dans un pareil moment? — R. J'avais un grand devoir à remplir, celui de faire partir les malles; je fus attiré au Luxembourg, sans parler du sentiment fraternel, pour savoir des nouvelles et les faire répandre sur les routes par les courriers. — D. Quels ordres aviez-vous reçus de l'accusé Courtais? — R. Celui de faire contenance.

Courtais. — Le nombre des hommes commandés pour le service de l'Assemblée était de trois cents, le bataillon du commandant Arago avait ce nombre à la parade; mais en se rendant à l'Assemblée le nombre avait beaucoup diminué.

Arago. — Il y avait très-peu d'hommes dans la cour de Bourgogne.

Courtais. — Je demanderai au témoin si, lors de l'ouverture des grilles, je n'ai pas fait tous mes efforts pour arrêter la foule.

Arago. — Cela est très-exact.

M. Jacques Tempoure, général de brigade. — Je suis heureux d'être appelé à m'expliquer sur les événements du 15 mai, et de prouver à tous mes camarades que, malgré la disgrâce dont j'ai été frappé, je me suis conduit comme un brave soldat et comme un bon citoyen. J'ai eu beaucoup à me plaindre du Gouvernement provisoire, mais la loyauté m'oblige à dire qu'il a tout fait pour prévenir les événements du 15 mai.

Le général fait une déposition qui relate les événements du 15 mai, et en même temps il donne des explications sur sa conduite dans cette journée, et déclare n'avoir en rien mérité la révocation dont il a été frappé.

M. le Procureur général. — Pendant la journée du 15 mai, le témoin a-t-il reçu des ordres de l'accusé Courtais ?

Tempoure. — Je n'en ai reçu aucun.

Courtais. — Le témoin se rappelle-t-il que vers deux heures, je lui ai parlé dans une petite cour avec le général Fouché ?

Tempoure. — Je n'avais vu le général Fouché qu'après la dissolution ; il était à la tête des troupes. Arrivé à la Chambre après être sorti des mains des factieux, je n'ai pas quitté le général Thomas.

Courtais. — J'affirme vous avoir vu et entretenu avec le général Fouché, dans la petite cour d'entrée du côté du pont.

Tempoure. — Jamais de ma vie je n'ai mis les pieds dans cette petite cour.

M. Beaumont, ancien commandant en second de l'Hôtel-de-Ville.

Le 15 mai, les insurgés étant arrivés à l'Hôtel-de-Ville, je rentrai avec la garde nationale. Nous trouvâmes dans un cabinet le citoyen Barbès et plusieurs autres; les gardes nationaux voulaient le maltraiter, je dis : « Le premier qui touchera un cheveu de la tête du citoyen Barbès, je l'étends à mes pieds. »

M. le Président. — Comment croyez-vous que Barbès soit entré à l'Hôtel-de-Ville? — R. Il a dû y être amené de force; si je m'étais trouvé là, je lui aurais dit de se retirer, et il se serait retiré. — D. Les troupes de l'Hôtel-de-Ville n'ont donc fait aucune résistance? — R. Nous avions tous les jours quinze ou vingt mille hommes sur la place qui nous menaçaient : on les faisait retirer en leur parlant. M. Barbès l'avait fait souvent. S'ils avaient été armés, nous aurions fait usage des armes; mais, que diable! on ne peut pas tirer sur des hommes désarmés.

M. le Procureur général. — N'a-t-on pas jeté par les fenêtres des listes du gouvernement provisoire?

Beaumont. — Je n'ai pas pu le voir, étant retenu auprès des insurgés, puisque vous les appelez des insurgés. — R. Non-seulement je les appelle ainsi, mais le témoin, qui paraît singulièrement perdre la mémoire, les appelait lui-même ainsi dans sa déposition écrite.

M. le Procureur général. — Dans quelle position se trouvait l'accusé Borme le 15 mai à l'Hôtel-de-Ville?

Beaumont. — J'y ai vu Borme et Thomas; j'ai toujours regardé Borme comme un fou. Il me parlait de chimie; je lui répondais que je connaissais la chimie mieux que lui. Je l'ai toujours regardé comme un mouchard, c'est-à-dire comme un homme qui servait tous les partis, et qui venait au milieu des républicains tenir des propos qui ne devaient pas se tenir.

Borme s'était installé dans le cabinet de M. Flottard; il écrivait à un sieur Devret, qui était président des délégués, et que nous considérions comme un mouchard.

Me Hamel, défenseur de Borme. — N'est-ce pas vous qui avez installé Borme à la place de Flottard?

BEAUMONT. — Ce que vous dites n'a pas la moindre ressemblance.

BORME. — Voulez-vous m'expliquer pourquoi vous m'appelez mouchard?

BEAUMONT. — Ça ne sera pas long. Je suis un républicain de vieille date; j'ai été un des premiers à combattre en février, et dès le 28 on me calomniait, on disait que je distribuais de l'argent pour Henri V. C'était cet homme, avec sa femme, une vésuvienne, comme il appelait sa légion. (Hilarité.)

J'appris cela. Borme était à l'Hôtel-de-Ville; je dis à un de mes amis d'écrire tout de suite un mot à Caussidière pour qu'il me délivre de ce gredin-là, que je ne peux plus voir en face. Puis je le fis conduire à la Préfecture par quatre hommes. Quand Caussidière reçut mon billet, il s'écria:

« Encore ce Borme! on ne m'en délivrera donc jamais; on ne l'enfermera pas une bonne fois à Bicêtre. »

BORME. — Je voulais aussi savoir ce que pensait Caussidière.

BEAUMONT. — J'ai dit mouchard; j'aurais dû dire fou, car un jour ne s'est-il pas avisé de mettre un habit tout orné d'argent? Je vous demande s'il y avait du bon sens pour un républicain.

BORME. — C'est Mabile qui avait mis un habit de général; moi je n'avais qu'un habit de pair de France.

BEAUMONT. — Eh bien! moi, militaire, commandant, ancien officier de l'armée, je ne mettais pas même les insignes de mon grade.

BORME. — Pourriez-vous me dire si j'ai jamais fait un rapport?

BEAUMONT. — Vous veniez à chaque instant nous en faire, nous parler de feux, de signaux, que sais-je? Vous étiez fou!

Me HAMEL. — Je commence par déclarer que s'il devait être prononcé, dans l'intérêt de la défense de Borme, une seule parole contre l'un de ses coaccusés, je ne me serais point chargé d'une semblable tâche. Cela posé, me sera-t-il permis de rappeler les expressions dont s'est servi le citoyen Caussidière à l'égard de Borme? Et y aurait-il témérité à supposer que toutes les démarches de Borme ne sont que le résultat du dérangement de sa raison?

BLANQUI. — Je demanderai au témoin s'il m'a vu, le 15 mai, à l'Hôtel-de-Ville?

R. — Non, vous n'y étiez pas; je déclarerai même que vous n'avez pas pu y entrer, pas plus que le citoyen Louis Blanc.

BORME. — Le témoin m'a-t-il vu manger à l'Hôtel-de-Ville?

BEAUMONT avec vivacité. — Eh parbleu! non, puisque je vous en ai fait chasser, à moins que ce ne soit avec les soldats.

BORME. — Je suis allé souvent à l'Hôtel-de-Ville, mais c'était pour me promener. Je suis resté souvent seul deux heures avec le colonel Rey.

BEAUMONT. — Malheureusement pour vous, je vous en ai fait chasser, après vous avoir entendu prêcher pour la Régence dans la rue des Arcis.

BORME. — Jamais je n'ai prêché la Régence.

M. BEAUMONT. — Citoyens jurés, je suis décoré de juillet, combattant de février, ancien militaire, vrai républicain; quand j'affirme quelque chose, on peut me croire. (Sensation.)

M. LE PRÉSIDENT. — C'est bien, vous pouvez vous retirer.

L'audience est levée à six heures.

Audiences des 13 et 14 mars.

Me DECOUS-LAPEYRIÈRE, au nom du citoyen Raspail, lit des conclusions tendant à ce qu'il soit commencé une instruction judiciaire contre les auteurs de la calomnie infâme insérée au *Moniteur* du 17 mai. (Il s'agit des fameuses paroles: C'est pas ça, Barbès, deux heures de pillage!)

Attendu que le but de cette insertion, qui n'est le fait ni de MM. les rédacteurs, ni de MM. les sténographes, est évidemment de répandre des calomnies contre les accusés;

Attendu qu'il est très-facile d'arriver à la connaissance de la vérité et de découvrir les calomniateurs;

Qu'il importe de faire connaître à la France et à l'Europe le nom de ceux qui se sont rendus coupables de pareils actes;

En vertu des art. 361 du Code pénal, 13 et 23 de la loi du 17 mai 1819,

Ordonner qu'il soit ouvert une instruction spéciale sur le fait de cette insertion.

Et ce sera justice.

Signé : F.-V. RASPAIL, *représentant du peuple.*

RASPAIL. — Le but de ces conclusions est de demander à la Cour acte des réserves que nous ferons afin de poursuivre les calomniateurs.

D'après la loi du 17 mai 1819, il faut, pour qu'une action puisse être intentée, que des réserves soient faites dans le cours des débats ; sans cela il n'y a plus d'action possible.

La Haute Cour après avoir délibéré sur l'incident rend un arrêt par lequel elle donne acte au citoyen Raspail de ses réserves et passe outre aux débats.

On reprend l'audition des témoins.

M. TASCHEREAU (Jules-Antoine), représentant du peuple. — Le 15 mai, le citoyen Flocon vint me dire : Partez, partez sur-le-champ : l'ordre vient d'être donné de vous arrêter. Je demandai quelques détails : N'insistez pas, me dit-il, vous compromettriez une autre personne. Sur mes instances, le citoyen Flocon me dit que cet ordre avait été donné par Blanqui.

M. LE PRÉSIDENT. — Savez-vous de quelle personne le citoyen Flocon voulait vous parler.

M. TASCHEREAU. — J'ai appris plus tard que c'était du citoyen Sénard.

M. LE PRÉSIDENT. — Blanqui, avez-vous quelques observations à faire?

BLANQUI. — Non, citoyen président, j'attendrai la déposition du citoyen Flocon.

M. LE PROCUREUR GÉNÉRAL. — Le témoin n'a-t-il rien remarqué pendant que plusieurs des accusés étaient à la tribune?

LE TÉMOIN. — J'ai vu M. Raspail appeler l'attention de M. Blanqui et porter ses regards dans une direction qui me parût être la mienne.

RASPAIL. — Le fait est matériellement faux puisque Blanqui n'a été hissé à la tribune qu'après que j'en fus descendu.

LE TÉMOIN. — J'affirme que ce que je dis est la vérité.

RASPAIL. — Vous ne pouvez pas affirmer cela sous la foi du serment.

M. LE PROCUREUR. — Laissez parler le témoin.

RASPAIL. — C'est une chose étrange que l'accusation ait toujours la parole et que la défense soit toujours interrompue.

M. le Président. — Toutes les fois que vous avez pris la parole, je vous l'ai maintenue.

Le témoin. — J'ai vu le citoyen Blanqui à la droite du citoyen Raspail au moment où on envahissait la tribune.

Raspail. — Citoyens jurés, je proteste de toute mon énergie d'honnête homme, et je défie qu'on trouve en France un plus honnête homme que moi, qu'on puisse me reprocher une seule indélicatesse. Je ne suis pas venu ici pour me faire acquitter. Toutes les fois que j'ai paru en public, ce n'a été que pour confesser la vérité. Mais je suis père de famille et je ne puis laisser passer une semblable accusation. Non, je ne puis l'emporter dans la tombe! lors même que je serais condamné ici; je veux laver cette accusation, et si j'étais libre, j'emploierais tous les moyens en mon pouvoir, je la laverais dans le sang. (Profonde sensation.)

Quoi! j'aurais terminé ma carrière par où je ne l'ai pas commencée. Je souillerais ma vieillesse par un assassinat. J'aurais désigné quelqu'un au poignard. J'aurais désigné le citoyen Taschereau à Blanqui? Mais Blanqui n'a jamais eu l'idée d'assassiner personne. (Avec un geste énergique.) Le citoyen Taschereau, que je ne connaissais pas, que j'ai peut-être vu, mais que je n'ai jamais remarqué; voilà la première fois que je vois sa figure.

Quel sentiment de haine pourrait-il exister entre nous? En 1831, lorsque j'étais en prison, le citoyen Moreau, inspecteur des prisons, me fit demander une audience (car les prisonniers donnent aussi des audiences). Il me dit : J'ai vu un de vos amis, ou du moins l'ami de vos amis, le citoyen Taschereau.

Le citoyen Taschereau était effectivement à cette époque l'ami de mes amis, de Carrel, de Cavaignac et de tant d'autres. Il ne l'est plus aujourd'hui, peut-être; car le citoyen Taschereau fait *la Revue rétrospective*, et voilà pourquoi, probablement, il voit souvent en arrière ce qui doit être en avant.

Ah! nous n'assassinons personne! Nous assassinons les idées, les mauvaises idées, les idées perverses. Quant aux hommes, nous les plaignons et nous les respectons. Les hommes ivres ne doivent paraître devant les jeunes gens que pour leur donner un profond enseignement. Nous ferons comme on faisait à Sparte.

L'accusé se rassied avec dignité, laissant toute l'Assemblée sous l'impression de cette énergique et chaleureuse protestation.

Flocon, représentant du peuple. — Pendant l'envahissement de l'Assemblée, dans la séance du 15 mai, j'entendis dans un groupe qui me séparait de la tribune, quelques mots qui m'inquiétèrent. J'allai trouver le citoyen Taschereau, et je lui dis dans quelles circonstances son nom venait d'être prononcé, et qu'il serait urgent qu'il quittât la salle.

J'allai avertir également le citoyen Sénart à se retirer.

M. le Président. — Savez-vous par qui le nom du citoyen Taschereau a été prononcé ?

Le témoin. — Non, citoyen Président.

M. le Président. — Vous prévoyiez donc un danger pour M. Taschereau ?

Le témoin. — Non pas, citoyen président, mais il y avait eu entre le citoyen Taschereau et une personne qui est accusée, une polémique irritante. Dans le tumulte qui s'était élevé, le nom du citoyen Taschereau pouvait devenir l'élément d'un plus grand trouble. Je désirai, en le faisant éloigner, arriver plus promptement à l'évacuation de la salle.

M. le Président. — Et le citoyen Sénart ?

M. Flocon. — C'est par la même raison : on venait de parler des événements de Rouen ; le citoyen Sénart était député de cette ville, et il se trouvait dans une position toute particulière.

M. le Président. — Le citoyen Taschereau a dit, dans sa déposition écrite, que vous lui aviez fait pressentir un danger personnel et que vous aviez ajouté que l'ordre de l'arrêter avait été donné par Blanqui.

M. Flocon. — Je ne parlai pas précisément au citoyen Taschereau d'un danger personnel, je crois avoir expliqué à la Cour que je désirais que le citoyen Taschereau s'éloignât ; je croyais qu'il y avait là un intérêt puissant pour le rétablissement de l'ordre ; peut-être même insistai-je vivement auprès du citoyen Taschereau, mais je n'ai pu dire au citoyen Taschereau que l'ordre de l'arrêter eût été donné par Blanqui.

M. le Président. — Citoyen Taschereau, approchez. (Le citoyen Taschereau revient.) Vous venez d'entendre le citoyen Flocon ?

M. Taschereau. — Il peut se faire qu'à l'Assemblée mon honorable collègue n'ait pas prononcé le nom de Blanqui ; mais le soir, dans une réunion de plusieurs représentants, le citoyen Flocon m'a dit que l'ordre de m'arrêter avait été donné par Blanqui.

M. Flocon. — Cela est impossible. Je n'ai pas pu le dire, parce que je ne l'ai pas entendu. Je peux vous avoir dit : Les hommes auxquels j'ai entendu prononcer votre nom étaient parmi ceux qui suivaient Blanqui. Voilà tout ce que je puis affirmer.

M. le Président. — Les citoyens jurés apprécieront la différence qui existe entre la déposition du citoyen Taschereau et celle du citoyen Flocon. Citoyen Taschereau, vous pouvez vous retirer.

Au citoyen Flocon : Avez-vous entendu donner l'ordre d'arrêter le citoyen Sénart?

M. Flocon. — Non, citoyen.

Un juré. — Avez-vous entendu prononcer le nom du citoyen Sénart?

M. Flocon. — Mes souvenirs ne sont pas précis sur ce point. J'ai déjà expliqué pourquoi je désirais que le citoyen Sénart quittât l'Assemblée.

M. le Président. — C'est tout ce que vous savez ?

M. Flocon. — C'est tout ce que j'ai à dire pour le moment. Si les accusés ont quelques questions à m'adresser, je les prierai de vouloir bien profiter de ma présence, ma santé me forçant à prier le citoyen Président de me permettre de retourner à Paris, où d'ailleurs m'appelle mon devoir de représentant.

L'accusé Borme. — Je prierai le citoyen Flocon de dire s'il ne me connaissait pas avant le 15 mai, et s'il m'a vu à l'Assemblée le 15.

M. Flocon. — Je l'ai vu dans la salle, mais je n'y ai pas fait grande attention. Avant la révolution de Février, j'étais rédacteur en chef de *la Réforme*. Le citoyen Borme vint me trouver ; il me parla d'un feu grégeois qu'il avait retrouvé, d'un procédé qu'il avait découvert pour produire instantanément un vaste incendie. Il se plaignait de la manière dont le ministère avait accueilli son invention, et en particulier du ministère de la marine, auquel il demandait en même temps des subsides.

J'appris plus tard qu'il avait touché un secours de la reine.

Borme. — On m'a payé un voyage jusqu'à Marseille.

M. Folcon. — C'est ce que j'appelle un secours.

Un juré. — Comment le citoyen Flocon connaissait-il Degré ?

M. Flocon. — En 1830, Degré habitait dans une maison en face de celle que j'occupais. Je fus très-étonné lorsque j'appris qu'il était impliqué dans l'affaire du 15 mai.

Blanqui. — Je ferai observer aux citoyens jurés que le citoyen Flocon affirme que je n'ai point donné l'ordre d'arrêter le citoyen Taschereau. J'ajouterai que jamais je n'ai compris qu'on pût résoudre une question personnelle par la violence.

M. le Président. — Citoyen, vous pouvez vous retirer.

M. Flocon se levant. — Pardon, citoyen Président : il me semble qu'avant de me retirer j'ai encore quelque chose à dire... J'avais prié les accusés de vouloir bien m'adresser des questions. Plusieurs d'entre eux, en faveur desquels j'ai des faits à produire, ne le font pas...

M. le Président. — La Haute Cour vous demande toute la vérité ; parlez.

M. Flocon. — Et d'abord à l'égard d'Albert : Albert a été membre du Gouvernement provisoire avec moi. Lorsque nous déposâmes notre pouvoir temporaire entre les mains de l'Assemblée nationale, je restai dans la combinaison ministérielle d'alors. Albert en fut écarté, quoique depuis Février il eût rendu à la France d'éminents services.

Je lui demandai ce qu'il voulait faire. Il me répondit : « J'ai de grands devoirs à remplir ; je suis sorti du peuple ; il vient de me confier le mandat de représentant ; aussi ai-je l'intention de me retirer pendant quelque temps et de me livrer aux études nécessaires à l'accomplissement de la mission qui m'a été confiée. » Albert est un ouvrier plein de cœur et d'intelligence, de patriotisme et de dévouement. On peut en juger par ce fait.

A l'égard de mon ami Barbès...

Barbès, avec un sourire affectueux. — Pardon, mon cher ami, je ne me défends pas ; je laisse dire tout ce qui est à ma charge, mais je n'accepte rien de ce qu'on pourrait dire en ma faveur. Je te remercie, mon cher ami, je n'accepte pas.

M. Flocon. — Ce que j'ai à dire ne blessera en rien ta susceptibilité, mon ami.

M. LE PRÉSIDENT. — Nous devons, dans l'intérêt de la vérité, vous inviter à parler.

M. FLOCON. — J'ai lu dans *le Moniteur* du 17 mai une phrase infâme attribuée à un homme du peuple : « Non, Barbès, ce n'est pas cela. Deux heures de pillage. » Voilà cette phrase qu'on a placée en interruption au moment où Barbès demandait l'impôt extraordinaire d'un millard.

Eh bien, j'affirme que cette phrase n'a pas été prononcée, et que si elle l'eût été, celui qui l'aurait prononcée en eût été puni à l'instant même, non par les représentants qui n'en avaient pas le droit, mais par le peuple, juge souverain et vengeur de son honneur.

Ce que je dis ici, c'est le cri de ma conscience; je ne crains pas d'être démenti. Il n'est personne qui puisse associer l'idée du pillage au nom de Barbès. (Marques générales d'une vive satisfaction.)

M. FLOCON. — Qu'il me soit permis de dire encore quelques mots de mon ami Sobrier. Depuis longtemps je le connais; nous différons quelquefois en politique, mais jamais notre amitié ne s'est ressentie de nos discussions. Je le dis hautement, Sobrier a été pour moi un des plus beaux caractères, un des cœurs les plus généreux, une des âmes les plus élevées que je connaisse.

Me BETHMONT. — Y aurait-il indiscrétion de prier le témoin de parler de ses relations avec le général Courtais?

M. FLOCON. — Je connais le citoyen général Courtais depuis très-longtemps. Je n'ai eu qu'à admirer sa noblesse et son patriotisme. Quand j'appris son arrestation, je ne pus y croire. Non, le général Courtais, commandant supérieur de la garde nationale, n'a pas failli à ses devoirs un seul instant : on ne me le fera jamais croire. Il a été et il est encore la première victime de cette malheureuse journée du 15 mai.

COURTAIS. — Je remercie le citoyen Flocon de son témoignage. Je dois dire que nous avons toujours été liés et que je n'ai eu qu'à me louer de son intimité dans les comités politiques où nous nous sommes trouvés ensemble avec Guinard, Marrast et d'autres représentants.

Le citoyen Flocon se retire. L'assemblée reste profondément émue de sa loyale et courageuse déposition.

Audiences des 15, 16 et 17 mars.

M. ALPHONSE-MARIE-LOUIS DE LAMARTINE, représentant du peuple. (Marques générales d'attention.)

J'ai connu la plupart des accusés, notamment M. Albert, membre du Gouvernement provisoire avec moi, et M. Barbès, mon collègue à l'Assemblée nationale; j'ai vu une fois M. Raspail.

Le 15 mai, ayant entendu dire que l'enceinte de l'Assemblée était menacée d'être envahie du côté du pont de la Concorde, je m'y transportai; je priai les citoyens qui étaient là de respecter l'Assemblée. Un jeune homme m'adressa quelques paroles vives et insolentes, que MM. les jurés connaissent déjà, et qui exprimaient le peu de confiance qu'il avait en moi.

L'accusé Albert ne me dit que quelques paroles; il me laissa seulement entendre qu'il voulait, d'après les usages parodiés de la Convention, que le peuple fût admis à présenter une pétition à la barre; je lui répondis, comme je le devais, qu'un décret de l'Assemblée interdisait ces manifestations.

Je prolongeai ma conversation systématique avec lui, tant pour donner à l'effervescence populaire le temps de se calmer que pour permettre à plusieurs de mes collègues, qui s'en étaient chargés, de faire arriver des forces suffisantes.

Après cette conversation, le groupe dans lequel se trouvait notre collègue Albert me quitta et entra dans la salle; j'espérais qu'ils parviendraient à calmer ceux qui étaient déjà entrés.

M. LE PRÉSIDENT. — Quelle a été la conduite de l'accusé Courtais dans la journée du 15 mai?

M. DE LAMARTINE. — Je ne pense pas, je rougirais de penser que le général Courtais ait jamais pris la moindre part au complot ou à l'attentat; pendant tout le temps qu'il a servi la République, sous le Gouvernement provisoire, il l'a fait avec autant de fidélité que de courage; je crois seulement que l'on avait commandé des forces trop peu considérables le 15 mai, car, lorsqu'on commande 12,000 hommes de garde nationale, il n'en vient guère que 4,000.

Pendant la séance, le général Courtais m'a demandé s'il ne valait pas mieux laisser défiler la manifestation sur le quai que de chercher à l'arrêter à la tête du pont. Je lui répondis que je n'avais pas d'opinion à émettre à cet égard; que lui seul était chargé des mesures militaires.

Au moment où l'invasion commença, nous étions sous le péristyle ; un cri de : « Mort à Lamartine ! » se fit entendre ; l'homme qui l'avait proféré fut arraché de la grille, et on lui répondit par des cris qui n'étaient pas hostiles.

Je vis, en me retournant, un bataillon de garde mobile remettre la baïonnette et passer la baguette dans le canon. Je m'écriai alors : « Il n'y a plus qu'à se défendre ! » et je me retirai avec quelques amis dans une des salles de l'Assemblée.

Le général Courtais vint m'y trouver; je lui conseillai de monter à cheval et de se mettre à la tête de la première légion qu'il rencontrerait; mais la foule l'empêcha d'accomplir ce projet.

La conduite du général Courtais m'a paru tellement nette et franche dans cette occasion, qu'ayant appris qu'il avait été arrêté, je ne sais par l'ordre de qui, moi, membre du Gouvernement provisoire, sans craindre de me compromettre, je suis allé lui serrer la main dans sa prison, et lui dire qu'aucun soupçon contre lui n'entrerait dans mon cœur.

Je restai longtemps dans les diverses salles de l'Assemblée, engageant les citoyens à réparer au plus tôt ce que je regardais comme une étourderie populaire, à faire en sorte de ne pas irriter les départements contre Paris, et à ne pas risquer d'allumer la guerre civile.

Après m'être retiré dans le cabinet de la présidence, où je pris un verre de vin, car j'étais épuisé, j'entendis battre la caisse ; c'était un bataillon de garde mobile. Je me jetai au milieu de ce bataillon, et je suis entré avec lui dans la salle.

Quand un certain nombre de représentants furent réunis, on nous annonça que trois ou quatre mille hommes se dirigeaient vers l'Hôtel-de-Ville ; j'engageai M. Ledru-Rollin à s'y rendre avec moi. Je pris le cheval d'un dragon, j'envoyai chercher quatre pièces de canon, je nommai le général Bedeau commandant des forces de Paris, car le général Courtais était alors arrêté, nous n'avions plus de ministre de la guerre, et je dus prendre sur moi de pourvoir à tout. Nous fûmes rejoints par un régiment de dragons ; nous entrâmes à l'Hôtel-de-Ville sans coup férir, au moment où on venait d'arrêter des hommes saisis en flagrant délit de constitution d'un autre gouvernement que celui de l'Assemblée nationale.

M. LE PROCUREUR GÉNÉRAL. — Le témoin pourrait-il s'expliquer sur les causes de l'attentat du 15 mai?

M. DE LAMARTINE. — Je suis resté convaincu, si vous me permettez cette expression, que l'attentat du 15 mai était un attentat d'occasion, et que personne, dans l'origine, ne songeait à dissoudre l'Assemblée nationale.

Le sujet de continuelles discussions depuis le 24 février jusqu'au 15 mai, entre les hommes d'opinion modérée et les hommes d'une opinion plus avancée, était de savoir si l'Assemblée nationale devait être libre de faire le plus large emploi possible du pouvoir qui lui appartenait, ou si le peuple de Paris continuerait à garder la direction de la République par le moyen d'un Comité de salut public.

Cette question était une de celles qui avaient été le plus agitées depuis la fondation des clubs jusqu'au 15 mai.

Quant à moi, j'avais toujours pensé que quand l'Assemblée nationale voudrait s'emparer du pouvoir au nom du pays tout entier, il en résulterait un choc avec la fraction révolutionnaire du peuple de Paris qui voulait conserver le pouvoir.

Les républicains comme moi, et heureusement en immense majorité, étaient d'avis que le pouvoir fût remis le plus promptement possible entre les mains de l'Assemblée nationale, c'est-à-dire du pays. Pendant la durée de notre dictature, j'avais toujours soutenu qu'il fallait se fier à la souveraineté du pays, et qu'une fois l'Assemblée élue et réunie, il fallait abdiquer toute pensée de gouverner la France au moyen de Paris, et qu'il fallait remettre le pouvoir à qui il appartenait; mais je n'avais pas toujours été assez heureux pour faire partager ma pensée dans les clubs et sur la place publique.

Nous avions toujours été convaincus que, peu après la réunion de l'Assemblée, il y aurait contre elle une tentative sinon d'expulsion, du moins de pression.

Cette pensée était en effet celle des hommes qui dirigeaient les clubs de Paris; elle n'était pas chez eux à l'état de concert, mais d'inspiration commune; un concert était impossible entre eux, car ils étaient, pour la plupart, séparés par des inimitiés profondes.

De là, pour moi, la conviction qu'il n'y a pas eu complot,

mais un instinct général se produisant à la même heure dans chaque groupe. Pas un de ces groupes n'aurait voulu céder le pas à l'autre ; un club ayant donné l'impulsion d'une manifestation en faveur de la Pologne, les autres n'ont pas voulu rester en arrière ; de là cette armée nombreuse dirigée par des chefs qui n'étaient pas d'accord.

Il y avait encore dans le mouvement un autre élément dont l'existence m'a été révélée par la correspondance diplomatique; l'étranger a eu dans ces circonstances beaucoup d'influence; les clubs de Varsovie et de Cracovie avaient fait partir un nombre considérable de leurs membres dans le but d'entraîner le peuple de Paris à menacer l'Assemblée nationale et à lui faire déclarer la guerre en faveur de la Pologne.

Il y avait donc à la fois deux pensées : l'une de pression sur l'Assemblée nationale, l'autre de déclaration de guerre pour la Pologne ; quant au reste, je suis presque convaincu, par les séances dont j'ai été témoin, et dans lesquelles j'ai même été acteur pendant cinq heures, que le peuple de Paris, qui s'était précipité avec les clubs dans l'enceinte de l'Assemblée nationale, n'avait pas d'autre pensée que d'obliger l'Assemblée à voter la guerre pour la Pologne, et que c'est par l'émulation des chefs des divers clubs qui ne voulaient pas se laisser mutuellement dépasser, qu'on est arrivé à ce que vous avez justement appellé un attentat.

Je ne crois pas qu'il y ait eu un profond complot; tout cela a eu plus de surface que de profondeur. Je crois que s'il y a eu crime, c'est un crime d occasion plutôt qu'un crime de préméditation.

M. Goyon, colonel du 9e dragon. — J'étais dans mon quartier, au quai d'Orsay ; deux piquets de mes dragons étaient sur pied depuis le matin. Vers deux heures, j'appris l'invasion de la Chambre; je n'avais pas d'ordre, et pourtant je ne pouvais accepter le rôle honteux de rester dans la caserne en pareille circonstance, quand j'avais l'honneur de commander un aussi bon régiment.

Je fis monter tout le monde à cheval, et je me dirigeai sur le palais de la représentation nationale. Devant la grille, je trouvai mon général de division, le général Foucher, à cheval. Il me demanda de qui j'avais reçu des ordres pour venir. Je lui répondis : « *De moi-même et de ma conscience de défenseur de l'ordre.* » Vous avez bien fait, me dit-il. A ce moment, les légions de la garde nationale arrivaient; je laissai avec elles deux escadrons pour leur faire bien voir que cette fois la ligne était avec la garde nationale prête à l'appuyer et à agir ensemble.

Avec le reste de mon régiment, je partis pour l'Hôtel-de-Ville, dont l'envahissement venait de m'être annoncé. Je disposai mes forces pour garder le pont au Change, le pont Notre-Dame et le pont d'Arcole. En face de moi un nombreux rassemblement couvrait le quai de la Conciergerie et la tête du pont Notre-Dame. Ces hommes étaient armés; je voyais des montagnards avec la ceinture et la cravate rouges.

Ils semblaient venir de la Préfecture de police. *J'aurais fait charger immédiatement*, si je n'avais aperçu au premier rang trois hommes porteurs de la croix d'honneur et de képis d'officiers; quelques uniformes de la garde républicaine se montraient également au premier rang. Je m'avançai vers eux avec les officiers de mon état-major, et ils armèrent les fusils à mon approche. Le capitaine que j'avais laissé de l'autre côté du premier escadron, me voyant menacé, fit mettre le sabre à la main immédiatement. Ce commandement était à peine exécuté que les insurgés disparurent comme par enchantement.

La garde nationale arrivait de toutes parts en colonnes nombreuses et profondes, avec un enthousiasme immense. Je vis que tout était fini, et je regagnai ma caserne au quai d'Orsay. Pendant mon absence, la garde nationale avait remis à mon major un prisonnier, en le lui recommandant d'une façon toute spéciale; c'était Sobrier. Je le fis mettre dans une chambre dépendante de mon appartement.

M. Arago, ministre de la guerre, vint me dire : « Je vous charge de ce prisonnier et vous m'en répondez. » Je lui répondis que personne ne l'aurait, et en effet personne ne l'aurait eu. Je montai vers Sobrier, qui se croyait à son heure dernière; il était accablé. Il écrivit son testament, qu'il m'a remis plus tard comme la seule marque de considération qu'il pût m'offrir.

Je savais l'importance de la prise de Sobrier, et je le fis garder par quatre factionnaires; en bas de la fenêtre, il y eut un sous-officier chargé de veiller de ce côté; aussi deux lettres, ayant été jetées par cette fenêtre, me furent-elles rapportées immédiatement. L'une était adressée à Caussidière, que Sobrier tutoyait, et dont il invoquait l'intervention pour être délivré.

Le 16 mai, au matin, il s'est présenté un capitaine de la

garde nationale en tenue, qui s'est dit envoyé par la Commission exécutive pour reconnaître ledit Sobrier; il me présenta une lettre portant l'en-tête du pouvoir, le désignant sous le nom de Martin, et lui donnant effectivement les désignations qu'il prenait, en lui assignant l'ordre qu'il disait devoir exécuter. Cette pièce était signée d'une manière illisible; mais le cachet du pouvoir s'y trouvait.

Je fis conduire le sieur Martin auprès de Sobrier par M. le capitaine adjudant-major de Bérard. Ils ne parlèrent pas, mais le capitaine de Bérard ayant cru reconnaître quelques signes d'yeux ou de mains, il fit sortir immédiatement Martin et de la chambre de Sobrier et du quartier. Il vint me rendre compte des faits, et je fis consigner ledit Martin à la porte de mon quartier. Je rendis moi-même compte du fait, et il m'a répondu qu'il n'existait pas alors d'individu de ce nom et de ce grade appartenant à l'état-major de la garde nationale.

Cet ordre portait de ne remettre Sobrier qu'en mains sûres, et ce Martin entendait se désigner. Je lui répondis que, même entre des mains aussi sûres que les siennes, je ne le remettrais pas, attendu que j'avais des ordres supérieurs; et en effet, je ne l'ai remis que sur une lettre du ministre de la guerre, écrite en entier de sa main, ainsi que cela avait été convenu entre M. le ministre de la guerre et moi.

Le ministre de la justice était d'ailleurs venu le 16, et des quinze prisonniers autrefois à ma garde, il en avait désigné sept pour Vincennes et quatre pour la Conciergerie; les autres ont été rendus à la liberté.

Me Baud. — Le témoin n'a-t-il pas fait charger les armes de ses dragons devant Sobrier, et ordonné qu'il fût tué à la première attaque qui serait dirigée contre la caserne dans le but de le délivrer?

M. Goyon. — Je répondais du prisonnier sur ma tête, c'était beaucoup; j'ai dû prendre toutes les précautions militaires possibles. Je mis donc dans la chambre deux dragons qui parlaient allemand afin qu'ils pussent causer entre eux sans être entendus du prisonnier et sans causer avec lui. Ils avaient le casque en tête, le sabre au côté et le pistolet au poing.

J'avais fait charger les pistolets à balle, et le sous-officier qui, d'en bas, gardait la fenêtre, avait aussi son fusil chargé à balle. Je dis à Sobrier: Si on m'attaque pour vous délivrer, et que je ne puisse plus me défendre, on n'aura que votr cadavre. A part cela, j'ai eu pour les prisonniers les plu grands égards, et il m'en a remercié lui-même en me con fiant son testament, quand il m'a quitté le 17. J'avoue que l premier et le deuxième jours il était très-méfiant, et qu deux sous-officiers durent goûter aux aliments que je lui fi servir.

Me BAUD. — Si les armes n'ont été chargées que pour l cas d'attaque, avec des précautions si bien prises, Sobrie n'avait aucun espoir en jetant une lettre par la fenêtre, cett fenêtre donnant sur l'intérieur de la caserne.

M. GOYON. — Il espérait qu'elle tomberait entre les main d'un dragon capable d'oublier son devoir, mais il n'y en ava pas un seul...

SOBRIER. — Vous avez fait charger devant moi les arme de tous vos dragons ; mais je vous pardonne. (Sensation.)

M. GOYON. — Je n'ai pas besoin de pardon.

M. le procureur général BAROCHE. — M. le colonel Goyo n'a pas besoin de pardon pour avoir accompli ses devoi militaires.

BLANQUI. — Ceci est la théorie de l'assassinat des prisoı niers...

M. GOYON. — Voici le testament de Sobrier, que j'ai tou jours conservé; veut-il que je le lui remette?

Sobrier tend la main au colonel qui lui remet son testa ment.

DOMINIQUE-FRANÇOIS-JEAN ARAGO, ancien membre du Pou voir exécutif, représentant du peuple.—Le 16 mars, une pa tie des gardes nationaux de Paris, ameutés pour une ques tion d'uniforme et de circonscription de compagnie, se ren dirent à l'Hôtel-de-Ville avec M. Ledru-Rollin, ministre d l'intérieur. Aux approches de la place nous trouvâmes tou tes les avenues occupées par la foule des gardes nationau et nous fûmes obligés de descendre de voiture.

Des vociférations nombreuses se firent entendre cont M. Ledru-Rollin ; un garde national, que j'ai su depuis êt un avocat à la Cour de cassation, cria avec beaucoup d violence : A bas Ledru-Rollin ! Je m'approchai de cet hon me et je le malmenai rudement. « C'est ici, lui dis-je, lieu où Foulon fut assassiné au commencement de la pr mière Révolution; vos paroles pourraient exciter un ma heur de la même nature. »

Nous parvînmes à traverser les rangs de la garde nationale, et la foule réunie sur la place fit entendre avec énergie les cris de : Vive Ledru-Rollin !

Quand la députation de la garde nationale entra à l'Hôtel-de-Ville, M. Marrast et moi fûmes chargés de la recevoir ; je fis remarquer à cette députation que probablement cette manifestation en amènerait une autre ; j'appris avec regret que les délégués de la garde nationale avaient été choisis dans un certain parti politique.

Le lendemain 17, me rendant au ministère de la guerre, je rencontrai une grande affluence sur la place de la Concorde, puis une autre troupe rue de Bourgogne, et je fus accueilli par les cris de : Vive le Gouvernement provisoire !

Voyant que le sens de cette manifestation ne semblait pas hostile, je ne me rendis pas à l'Hôtel-de-Ville et je continuai ma route vers le ministère de la guerre. Voilà tout ce que je sais.

M. le Président. — Voulez-vous vous expliquer maintenant sur la manifestation du 16 avril ?

R. — Le 16 avril, une manifestation très-nombreuse venait du Champ de Mars et marchait sur le Gouvernement provisoire. Il fut décidé que je devais sortir de l'Hôtel-de-Ville pour y pouvoir faire arriver des hommes et des munitions.

Le colonel Rey nous avait dit que l'Hôtel-de-Ville pourrait tenir pendant deux heures, et trois coups de canon devaient m'avertir de faire avancer toutes les forces que j'aurais récueillies au dehors.

M. Courtais avait déjà fait battre le rappel dans toutes les mairies. On s'armait, on déballait même pour cela des armes neuves que j'avais fait venir des fabriques du Nord. Il me fallait envoyer chercher des munitions à Vincennes, et pour l'escorte de ces munitions, je choisis les gardes nationaux les moins entachés d'aristocratie. Je désignai dans la 8e légion la compagnie des principaux chiffonniers du faubourg Saint-Antoine.

M. le Président. — Veuillez nous parler du but et des chefs de ces mouvements, et des renseignements reçus à cet égard des diverses polices qui existaient alors.

M. Arago. — Il n'y avait pas de police attachée au Gouvernement provisoire ; jamais, quant à moi, je n'ai employé de ces renseignements. M. Ledru-Rollin avait une police chargée de surveiller les clubs, et chaque soir il nous lisai les rapports rédigés sur les diverses séances de ces clubs Deux résumés fort différents étaient rédigés de ces séances l'un était fait par un homme fort habile dans le sens de l'é loge, un autre l'était dans le sens du blâme.

M. le Président. — Veuillez nous dire ce qui s'est pass le 15 mai au Luxembourg.

R. — Le 15 mai, à une heure que je ne puis préciser, o vint me prévenir qu'il y avait dans la cour un individu q tenait des propos singuliers; il cherchait à ébranler la gard nationale en disant que l'Assemblée n'existait plus, je des cendis; j'ai trouvé là M. Quentin qui me déclara, en terme que je ne puis rapporter fidèlement, qu'il venait, en vert d'un ordre du Gouvernement provisoire nouvellement établ s'emparer du siége du Gouvernement.

Dès qu'il eut prononcé ces paroles, je le saisis au coll et j'appelai à mon aide les gardes nationaux qui nous en touraient.

Ces gardes nationaux s'emparèrent de M. Quentin, d manière à rendre de sa part toute résistance impossible, e le conduisirent, sur ma demande, en lieu de sûreté.

Au moment où je quittai M. Quentin, il me dit que je m repentirais bientôt de la mesure que je venais de prendre son égard; il se vantait d'avoir été très-utile à M. Lamartin et à l'Assemblée. Je quittai M. Quentin pour aller m'occu per de différentes mesures de sûreté. On me dit plus tar qu'on avait trouvé deux pistolets dans ses poches.

Les pistolets ont été mis sur ma cheminée, et un soi que M. Bastide me quittait fort tard et regrettait de n'êtr pas armé, il les emporta sans me prévenir, et il me les renvoyés quand il a su leur disparition.

Pour la défense de l'Assemblée, M. Courtais avait donn des ordres. Après avoir été chargé du commandement gén ral des forces par la Commission exécutive, militairement a pu faire une faute en ne faisant pas masser les bataillon sur le pont; telle est du moins ma pensée, mais il est im possible, selon moi, de suspecter le général Courtais d'un complicité quelconque dans un attentat semblable; la loyaut de son caractère s'oppose à une telle pensée.

M. Leclanchet, conseil de l'accusé Villain, demande faire une observation au nom et en l'absence de Me Bau défenseur de Sobrier. — M. Arago a-t-il donné au colon Goyon des ordres tels que lui, Goyon, dût, selon son heu reuse expression, ne livrer *Sobrier qu'en cadavre* aux gens qui tenteraient de le délivrer ?

M. ARAGO. — L'intimité de Caussidière et de Sobrier était connue, on pouvait croire que Caussidière ferait tout pour délivrer celui-ci. Je dis à M. Goyon : Vous ne le livrerez à personne; et j'ajoutai : Vous m'en répondez sur votre tête. Cette expression était une plaisanterie.

M. LECLANCHET. — C'était une plaisanterie atroce !

M. ARAGO. — Je tiens à repousser énergiquement cette expression blessante. Si j'ai recommandé le prisonnier d'une façon énergique au colonel Goyon, je ne me suis en rien mêlé des mesures militaires qu'il aurait à prendre.

M. le procureur général BAROCHE. — M. Goyon s'est expliqué hier là-dessus, et Sobrier ne l'a pas contredit.

SOBRIER. — Je n'adresse aucun reproche à M. Arago, mais M. Goyon m'a fait inutilement passer trente-six heures avec les pistolets de ses dragons à mes tempes. L'appareil d'un supplice ne fait pas souffrir un républicain, et je lui ai pardonné comme Jésus-Christ à ses bourreaux.

M. LE PRÉSIDENT. — Les choses ne se sont pas passées ainsi : devant M. Goyon, vous n'avez rien dit. Taisez-vous.

SOBRIER. — Tout le monde sait ce que nous avons fait pendant deux mois; et si j'avais voulu aller en armes à l'Assemblée, vous savez bien que j'aurais pu, si je l'avais voulu, changer le gouvernement (rumeurs); mais au 15 mai, l'Assemblée n'avait pas encore démérité du pays ; elle n'avait pas encore violé les libertés publiques ; il n'y avait pas de motifs de changer le gouvernement. Vous savez bien, Monsieur le procureur général, que je l'aurais changé si je l'avais voulu. Vos amis le savent bien, ceux qui ont courbé la tête devant moi (nouvelles rumeurs).

M. le procureur général BAROCHE. — De qui parlez-vous ?

SOBRIER. — Des citoyens qui ont servi la royauté, de vos amis.

M. le procureur général BAROCHE. — Qui ? Citez-les.

SOBRIER. — Je les nommerai quand bon me semblera.

M. le procureur général BAROCHE. — Vous êtes dans l'impuissance de les citer, comme vous avez été hier dans l'impuissance de démentir MM. Goyon et Rondeau.

SOBRIER. — Nous ne sommes pas des hommes de violence, nous; nous sommes des hommes d'ordre, d'amour et de paix ; nous voulons la conciliation. Le gouvernement s'engage dans une voie de violence, il périra par la violence ; et nous serons les premières victimes, parce que nous voudrons vous sauver.

M. le procureur général BAROCHE. — Le gouvernement n'a pas besoin de vous pour se sauver ; il a l'appui du pays.

Cet incident, pendant lequel l'accusé Sobrier a parlé avec une véhémence fébrile qui augmente encore la pâleur de son visage et la fait presque arriver à la lividité, produit une vive impression sur l'auditoire.

ARAGO. — J'ai oublié de dire que la manifestation du 16 avril a eu pour prétexte la publication d'une proclamation signée de nous tous, et qui avait été rédigée par Marie; plusieurs personnes sont venues nous dire qu'elles assuraient que la manifestation serait pacifique et qu'elles se mettraient à la tête.

Audiences des 19 et 20 mars.

M. LEDRU-ROLLIN. — Le 15 mai, nous fûmes informés qu'une manifestation devait avoir lieu en faveur de la Pologne ; le gouvernement prit des mesures pour que cette manifestation fût pacifique, et pour que la pétition fût déposée par délégués. Vers une heure, M. de Lamartine et moi nous nous transportâmes à la grille du côté du pont. Les masses étaient profondes; on négociait : tout était dès lors pacifique. Quelques représentants, parmi lesquels M. Lacordaire en habit d'ecclésiastique, exhortaient le peuple à garder le calme.

M. LE PRÉSIDENT. — L'accusé Albert dit-il : « Dans une demi-heure votre triste Chambre aura cessé d'exister ? »

M. LEDRU-ROLLIN. — Je n'ai pas entendu cela. Il disait que si les délégués n'étaient pas admis, il arriverait quelque malheur. — D. Avez-vous vu ce qui se passait à la tribune? —R Oui, monsieur, parfaitement. La tribune était encombrée ; je rencontrai le citoyen Raspail, qui faisait et m'exhortait à faire des efforts pour faire écouler le peuple. Un homme, avec la lance de son drapeau, cherchait à écarter quelques-uns de ceux qui étaient à la tribune ; le citoyen Raspail saisit la hampe, qui se brisa dans ses mains. — D. Raspail a-t-il été autorisé par le bureau à lire la pétition? — R. Par le bureau légal, je ne sais pas ; mais beaucoup de membres l'encourageaient à la lire. — D. Est-il à votre connaissance qu'ensuite l'accusé Raspail ait dit dans les couloirs qu'il fallait aller à l'Hôtel-de-Ville? — R. Après la lecture de la pétition, le peuple eut un mouvement de retraite; quelques personnes s'y opposaient. Le citoyen Raspail dit énergiquement : « Ceux qui ne se retireront pas ne sont pas de vrais républicains. » —D Quelle fut la conduite de Barbès? — D. Nous recevions les rapports des clubs; Barbès avait dit dans le sien qu'il s'opposait à la manifestation. Jusqu'à midi, il s'était opposé au dépôt de la pétition. Les rapports sur les clubs doivent être au Ministère de l'intérieur. Quand l'Assemblée fut menacée d'être envahie, je sais que Barbès protestait avec énergie pour que la pétition fût déposée; la manifestation se retirait pour ne pas paraître exercer une pression sur l'Assemblée. — D. Quel motif attribuez-vous à sa conduite ultérieure? — R. Je ne puis donner que des appréciations personnelles; il avait été excité successivement par le tableau des misères du peuple. Quand il demanda le milliard, c'était pour soulager la misère du peuple. Quand l'Assemblée fut dissoute, ce ne fut qu'après une lutte assez longue qu'il se détermina à aller à l'Hôtel-de-Ville. Ce jour-là beaucoup d'hommes du peuple demandaient que je me rendisse à l'Hôtel-de-Ville; il y a deux membres dont l'opinion n'est pas suspecte, qui m'ont supplié d'aller à l'Hôtel-de-Ville pour tirer Paris de l'anarchie. Dans la commission d'enquête, ces deux hommes ont reconnu que cela était vrai. Je ne l'ai pas fait, je ne devais pas le faire, car j'étais membre du gouvernement. Mais je comprends que d'autres aient pu le faire; il faut pour comprendre cela se reporter à la situation du moment. — D. Que se passa-t-il à l'Hôtel-de-Ville ? — R. J'y arrivai le premier : les accusés furent arrêtés sans résistance, et nous rentrâmes à l'Assemblée lui rendre compte des événements. — D. Avez-vous entendu le discours de Blanqui? — R. Il demandait l'intervention pour la Pologne; beaucoup de représentants l'ont approuvé. — D. Pouvez-vous donner quelques détails sur la position de Sobrier? — R. Je crois que Caussidière lui avait donné une sorte de délégation pour la surveillance du quartier des Tuileries; ce qui me le fait supposer, c'est que le citoyen Sobrier avait été installé, je crois, d'une façon concomitante avec Caussidière à la Préfecture de police.

Sobrier.—J'ai été nommé par le Gouvernement provisoire.

M. le Président. — Pouvez-vous donner des détails sur la manière dont se faisait la police?

M. Ledru-Rollin. — J'ai commencé par centraliser au Ministère de l'intérieur la police de sûreté générale ; la police de Caussidière était mal faite ; elle avait lieu par des patriotes qui agissaient volontairement. Quant à la mairie de Paris, il est certain qu'elle avait une police ; dans la discussion des comptes du gouvernement provisoire, M. Marrast a déclaré qu'il faisait faire la police contre moi et Caussidière.

M. le Président. — Voulez-vous bien vous expliquer sur la conduite de l'accusé Courtais au 15 mai ?

M. Ledru-Rollin. — Le 14 mai, on supposait qu'une manifestation aurait lieu le lendemain ; le général Courtais fut investi du commandement supérieur ; j'avais toute confiance dans son patriotisme. Le 15, au moment où le peuple n'était plus séparé de nous que par une grille, nous pensions tous sans exception que le seul moyen de salut était de laisser entrer une délégation. Pendant ce temps le peuple s'impatientait, et quand je revins, vingt-cinq ou trente personnes avait escaladé les grilles. On cria alors de faire entrer les délégués ; la grille fut ouverte, et le peuple se précipita. Je ne sais si vous avez vu quelquefois le peuple prendre un corps de-garde d'assaut ; les barres de fer ne sont que des jouets dans ses mains : rien ne lui résiste. Le soir, apprenant l'arrestation du général Courtais, j'ai été le voir dans sa prison, pour rendre hommage aux efforts que, depuis le 24 février, il avait faits pour maintenir l'ordre à Paris.

M. le Président. — Pouvez-vous vous expliquer sur le contre-ordre de battre le rappel donné par le président ?

M. Ledru-Rollin. — Quand on entendit battre le rappel, il se fit un tel mouvement parmi le peuple, que beaucoup de représentants vinrent supplier le président de donner contre-ordre.

M. le Président. — Avez-vous quelque chose à ajouter ?

M. Ledru-Rollin. — Je voudrais ajouter quelques mots sur Caussidière et sur Louis Blanc : Quand le procureur général, après le 15 mai, a demandé l'autorisation de poursuivre les deux représentants, j'examinai le dossier en jurisconsulte, et n'y trouvant aucune charge, je demandai dans la Commission exécutive la destitution du procureur général, qui menaçait de donner sa démission ; elle fut prononcée, et le lendemain *le Moniteur* publia qu'il avait donné sa démission. Après le 24 juin, je ne crois pas que les faits du

15 mai aient pu être ravivés, et j'ai combattu la demande en autorisation de poursuites.

M. LE PROCUREUR GÉNÉRAL. — M. Landrin, procureur de la République, n'était-il pas du même avis que M. le procureur général Portalis, sur la demande de poursuites ?

M. LEDRU-ROLLIN. — Avec une certaine nuance, cependant. — D. Le témoin ne se rappelle-t-il pas que, dans la nuit du 15 au 16 avril, il a reçu des rapports inquiétants sur la manifestation du lendemain, et qu'il a été trouver M. de Lamartine de très-bonne heure? — R. J'avais reçu des rapports contradictoires; le lendemain matin, j'établis une chaîne d'agents qui me donnaient des renseignements tous les quarts d'heure. — D. De la déposition de M. de Lamartine, il semblerait résulter que le 16 avril vous avez été chez lui de grand matin? — R. C'est une erreur ; je me couchai à quatre heures du matin ; je me levai à sept heures et demie, et je ne suis sorti qu'à neuf heures et demie pour aller chez M. de Lamartine. — D. N'a-t-il pas été rapporté au témoin que quelques membres du Gouvernement provisoire devaient être remplacés par des personnes qui y avaient été jusque-là étrangères? — R. On a été jusqu'à dire que je voulais me mettre à la tête du mouvement contre le Gouvernement provisoire ; c'est parce que j'ai cru qu'il y avait danger que j'ai fait battre le rappel.

Me RIVIÈRE. — Le témoin ne sait-il pas que le citoyen Sobrier était disposé à défendre envers et contre tous la République, et que c'était le but de son établissement rue de Rivoli ?

M. LEDRU-ROLLIN. — M. de Lamartine aurait pu donner plus de renseignements que moi ; ce que je sais, c'est qu'un jour, le citoyen Sobrier est venu me trouver au Ministère de l'intérieur. Il me dit que quand le gouvernement ferait des fautes, le devoir de tout républicain serait de le soutenir contre la réaction royaliste; le 17 mars, à l'Hôtel-de-Ville, il a parlé dans le même sens.

Me RIVIÈRE. — A la même époque, n'y avait-il pas à Paris plusieurs réunions d'hommes disposés comme on l'était dans la maison Sobrier à soutenir la République et le Gouvernement provisoire?

M. LEDRU-ROLLIN. — Il y avait les montagnards, qui n'étaient encore composés que de combattants de Février. Plusieurs clubs nous avaient fait l'offre de défendre le Gouvernement provisoire envers et contre tous, notamment le club des Droits de l'Homme. Villain est venu me trouver deux fois; il avait des opinions fort avancées ; mais il paraissait disposé à les faire taire pour défendre le Gouvernement provisoire.

M. le Procureur général — Avez-vous su que Villain logeait au Palais-National ?

M. Ledru-Rollin. — Ce n'est pas de moi que cela dépendait, mais du ministre des travaux publics.

Villain. — C'est M. Marie qui m'y avait autorisé.

Un Juré. — La majorité des représentants était-elle d'avis de laisser entrer les délégués dans l'Assemblée du 15 mai ?

M. Ledru-Rollin. — Non pas d'abord ; mais à mesure que la foule s'avançait, les concessions devenaient plus larges,

M. le Procureur général. — Au moment où les délégués étaient encore dans la salle des Pas-Perdus, la salle n'était-elle pas déjà envahie en partie par la rue de Bourgogne ? — R. Je ne pourrais pas répondre ; je suis entré dans la salle pêle-mêle avec le peuple ; c'est alors, selon moi, que le peuple a commencé à se laisser glisser des tribunes. — D. N'y avait-il pas, à droite et à gauche du bureau, deux portes qui étaient fermées, le 15 mai ? — R. Ces portes existent ; seulement, je crois qu'elles n'étaient pas fermées. Le bureau ayant été avancé de plusieurs mètres, il existe aujourd'hui à la place de ces portes deux grands rideaux verts.

Un Juré. — On nous a dit dans le débat que le colonel Saisset avait plus d'une fois contrarié les ordres du général Courtais.

M. Ledru-Rollin. — Cela n'est pas contestable. Plusieurs fois le général Courtais a demandé la destitution de M. Saisset, menaçant de donner sa démission. Par des raisons, je ne dirai pas occultes, mais mal définies, le colonel Saisset est resté en place.

Courtais. — Ce n'est pas moi qui ai demandé la destitution de M. Saisset, car, l'ayant nommé, j'aurais pu le révoquer ; c'est M. Arago, à cause de la plantation d'un arbre de la liberté dans la cour du Ministère de la marine. Une seconde fois, la destitution fut même prononcée, pour des fusils déposés à la gare du chemin de fer du Nord. Plus tard, j'ai parlé de cette destitution au général Guinard, et la destitution n'a pas eu de suite.

M. le Président. — Dites-nous donc, Blanqui, quel était, selon vous, le but de la manifestation du 17 mars?

Blanqui. — Je l'ai dit déjà. L'impôt des 45 centimes nous avait consternés dans mon club; nous étions terrifiés; nous comprenions qu'il venait d'être porté un coup mortel à la République.

Car nous ne voyions pas seulement l'horizon de Paris, notre regard ne s'arrêtait pas aux barrières; c'est malheureusement une disposition naturelle, surtout aux Parisiens, de ne rien voir au delà de la ville; les Parisiens sont peut-être plus excusables, car Paris c'est presqu'une nation, enfin ce n'est pas la France.

Nous comprenions donc que l'impôt des 45 centimes nuirait à la cause républicaine dans les élections, et l'on faisait la manifestation du 17 mars pour demander l'ajournement des élections. C'était le but principal, auquel venaient se joindre quelques autres accessoires, tels que l'éloignement des troupes de Paris.

Quant à la manifestation du 16 avril, je demanderai à M. Ledru-Rollin s'il pense que la population ouvrière eût pu, à cette époque, être détournée de ses intentions dans un but quelconque. Prétendre cela serait ridicule, absurde, grotesque; je ne saurais trouver trop d'expressions pour caractériser une semblable prétention. Au premier mot qui aurait été prononcé en faveur de la régence ou de quelque prétendant, il y aurait eu un développement de forces immenses.

M. Ledru-Rollin. — Croyez-vous donc que les révolutions se fassent en disant le mot pour lequel elles se font! Non; on s'empare de toutes les circonstances qui peuvent émouvoir l'opinion publique, et, à l'aide d'un coup de main, on renverse le gouvernement (mouvement prolongé).

Maintenant j'ajoute que les rapports de police me signalaient les efforts des factions légitimistes, régentistes ou autres, comme tendant à détourner le but de la manifestation; c'est pour cela que j'ai fait battre le rappel. Et il est tellement vrai qu'il y avait eu danger, que les clubs composés de républicains épouvés nous avaient fait des offres de service et que la 12e légion, qui a été dissoute depuis et dont on ne niera pas sans doute le patriotisme, a été la première à répondre à l'appel.

Blanqui. — Il n'y a là que les appréciations erronées de M. Ledru-Rollin; on suspend le 16 avril sur ma tête comme une épée de Damoclès. Il faut enfin que cette épée tombe ou se relève.

L'accusé entre alors dans de très-longues explications. Il soutient, notamment, que le but de la manifestation du 16 avril était de demander un ministère du progrès et du travail, et que, si l'on a battu le rappel, cela a été par suite de craintes fantastiques. Maintenant, dit-il, je repasse au 15 mai (marques d'impatience dans l'auditoire).

M. Ledru-Rollin. — Pardon. Je ne veux accuser personne ; je ne veux pas cependant que l'on fasse de moi, de témoin, un accusé. Le rappel n'a pas été battu, comme on le dit, pour des causes imaginaires et chimériques. Les hommes qui ont passé par la révolution de Février ont fait leurs preuves de courage, ils n'ont jamais fui devant le danger.

Quand j'ai cru, le 16 avril, qu'il y avait danger, j'ai eu raison de le croire comme le croyaient les clubs eux-mêmes, comme le croyait aussi la garde nationale ; nous n'avons su d'ailleurs, qu'on le remarque bien, qu'on pouvait compter sur la garde nationale en la voyant répondre à l'appel. Avant le rappel battu, qui donc aurait pu dire que la garde nationale, qui n'avait pas encore été réunie, viendrait défendre le Gouvernement provisoire ? Il est vrai que l'on n'a pas réussi à donner à la manifestation un caractère agressif ; mais ne doit-on pas l'attribuer précisément à ce que le rappel avait été battu ?

Ce n'est pas l'homme qui a voulu l'égalité dans la garde nationale, qui a pu vouloir appeler contre la République ce que vous nommez la garde bourgeoise. On criait, dites-vous, *à bas Blanqui !* N'a-t-on pas souvent crié *à bas Ledru-Rollin !* et n'ai-je pas continué à faire mon devoir sans m'effrayer ?

Blanqui. — On parle toujours d'une faction que la garde nationale a réprimée. Cette faction, c'est toujours moi, Blanqui. Mais un seul homme n'est pas une faction. Je crois que cette faction n'existe pas. Je faisais de l'opposition dans mon club, et voilà tout.

M. Ledru-Rollin. — Quand 60,000 hommes sont réunis, un homme hostile peut les mener là où d'abord ils n'avaient pas l'intention d'aller. C'était un danger, tout le monde le pensait. Nous avons dû sauver la République.

Barbès. — Je ne me défends pas, mais je dois dire un mot. J'ai eu l'honneur d'être colonel de la 12e légion et président d'un club. Je ne veux pas qu'on puisse croire que la 12e légion et que mon club eussent jamais consenti, le 16 avril, à tirer sur le peuple ; cela serait faux pour l'un comme pour l'autre.

M. le procureur général BAROCHE. — La 12e légion a fait son devoir comme les autres.

UN JURÉ — Blanqui a parlé du meurtre des communistes, lors du 17 mars ; que sait le témoin à ce sujet ?

BLANQUI. — Un homme a été jeté dans la rivière.

LEDRU-ROLLIN. — Je ne le crois pas ; les rapports n'en ont pas fait mention, et je crois que la notoriété publique suffit pour affirmer que cela n'est pas vrai.

BLANQUI. — Je répète qu'un homme a été jeté à l'eau ; il est vrai qu'il a été sauvé.

M. LEDRU-ROLLIN. — Il y a eu à cette époque quelques regrettables violences, à l'occasion desquelles le Gouvernement provisoire fit une proclamation pour en empêcher le retour.

UN JURÉ. — M. Ledru-Rollin a-t-il su qu'il y eût un but caché sous la manifestation polonaise du 15 mai ?

M. LEDRU-ROLLIN. — Non, je ne l'ai pas su : je crois qu'au moment suprême, une idée subite a précipité le mouvement.

BARBÈS. — Le citoyen Ledru-Rollin a-t-il entendu, lorsque j'ai parlé de l'impôt d'un milliard, que j'aie ajouté ces mots : « sur l'infâme ville de Paris. »

M. LEDRU-ROLLIN. — Non ; et à ce propos, je veux ajouter un mot pour l'honneur du pays. *Le Moniteur*, sans attribuer ces paroles à quelqu'un en particulier, a, dans sa troisième version, enregistré la phrase que voici : « Non, Barbès, tu te trompes : Deux heures de pillage ! » Cela n'a pas été dit. Il sera facile de faire rechercher les feuillets à l'imprimerie du *Moniteur*, et l'on saura de qui est cette calomnie.

BARBÈS. — Je remercie le citoyen Ledru-Rollin de ces paroles. Du reste, le citoyen Raspal a posé des conclusions en ce sens.

M. Armand Marrast, président de l'Assemblée nationale, est introduit.

Après avoir prêté serment, il s'excuse de ne pouvoir parler suffisamment haut. En effet, il paraît très-affaibli, et commence à raconter ce qui se passait à l'Hôtel-de-Ville après Février d'une voix tellement faible, qu'il est impossible de le suivre ; les jurés eux-mêmes se plaignent de ne pouvoir rien entendre.

M. Marrast raconte ensuite que, pendant la durée du Gouvernement provisoire, la garnison était de 2,700 hommes environ, sous le commandement du colonel Rey.

M. le Président. — M. Rey était-il un ancien militaire?

M. Marrast. — Il avait servi comme chef de bataillon en Portugal.

M. le Président. — Est-ce vous, comme maire de Paris, qui avez nommé les officiers de cette garnison?

R. — La garnison, composée d'abord de tous les combattants de Février, se choisit elle-même des officiers ; le Gouvernement provisoire approuvait les choses.

Le témoin donne ensuite quelques autres renseignements que nous ne pouvons entendre. Appelé à s'expliquer sur le général Courtais, il s'exprime ainsi :

Une des circonstances les plus cruelles de ma vie a été le spectacle de l'arrestation du général Courtais, qui avait, à ma connaissance, montré tout le zèle et le courage imaginables. Jamais je ne croirai qu'il ait été coupable de complicité dans l'attentat du 15 mai. Je veux dire un fait que M. Courtais n'a sans doute pas raconté, c'est qu'au moment de l'envahissement, j'allai au poste de la présidence dire aux gardes nationaux à cheval d'aller partout dans les mairies porter l'ordre de faire battre le rappel ; un homme en blouse m'ajusta avec un pistolet, M. Courtais lui saisit le bras et me sauva de cet homme. Il fit avec moi partir les ordres nécessaires. C'était pour moi une preuve incontestable qu'il n'était pas complice de l'envahissement de l'Assemblée. D'ailleurs, cela était bien impossible à croire pour moi qui avait été témoin des services qu'il rendait à la République depuis la révolution.

Je retournai immédiatement à l'Hôtel-de-Ville ; mais bientôt la colonne s'avança. Barbès était l'ami du colonel Rey, cela seul a pu m'expliquer comment la garnison n'a fait aucune résistance ; de sorte que deux gouvernements ont, pendant un instant, existé ensemble dans l'Hôtel-de-Ville : dans l'aile droite, le maire de Paris qui représentait l'ancien ; dans l'aile gauche, Barbès à la tête du nouveau.

M. le Président. — Y avait-il une police à la Mairie de Paris?

M. Marrast. — Il y avait, et cela était nécessaire, une

police d'information plutôt qu'une police dans le sens ordinaire.

M. le Président. — L'accusé Borme faisait-il partie de cette police, et le connaissez-vous ?

M. Marrast. — Je ne l'ai jamais connu que sous de tristes rapports, mais je ne crois pas qu'il ait la plénitude de sa raison. Je l'ai connu à l'occasion d'un feu grégeois dont il est venu m'entretenir.

M. le Président. — L'accusé Courtais avait-il confiance dans son chef d'état-major ?

M. Marrast. — M. Saisset était loin d'avoir la confiance du général, car celui-ci a souvent demandé son remplacement, et il a même proposé à plusieurs reprises sa démission à cause de M. Saisset. J'ai dit que je me retirerais moi-même si M. Courtais quittait le commandement de la garde nationale ; ceci établit ma confiance en lui.

M. le Président. — Huissiers, amenez le témoin Vidocq (vif mouvement de curiosité).

M. Vidocq est introduit ; il est vêtu de noir, porte une chemise brodée et des gants jaunes. Sa chevelure est soigneusement arrangée.

C'est un vieillard qui n'annonce guère plus de soixante à soixante-cinq ans, bien qu'il en ait réellement soixante-dix-sept ; il est suivi de deux gendarmes.

M. le Président. — N'avez-vous pas été condamné déjà ?

R. — Oui, monsieur le président.

D. — Et dans ce moment encore vous êtes détenu ; mais vous n'êtes qu'en état de prévention ?

R. — Oui, monsieur.

M. le Président. — Vous ne prêterez pas serment. MM. les jurés sont prévenus que le témoin ne dépose qu'à titre de renseignements. Dites ce que vous savez.

J'avais connu Borme, il y a trois ou quatre ans ; je l'avais perdu de vue depuis lors, lorsque le hasard me fit le rencontrer en avril dernier, près de la Préfecture de police, au moment où, me disait-il, il allait essayer son feu grégeois avec une petite fiole qu'il tenait à la main ; il me pria de nouveau de l'aider à en tirer parti. Ce fut la cause de plusieurs visites qu'il me fit, disant qu'on le lui refusait partout, et qu'il en tirerait parti à l'étranger. Il me dit qu'il avait à se plaindre de divers membres du gouvernement, et surtout de Mme Lamartine qui l'avait desservi à l'occasion d'un atelier de travail dont il espérait tirer parti, avec le régiment de Vésuviennes qu'il avait formé, un jour il fit avec moi l'essai de ce feu grégeois dans un des bassins du Château-d'Eau.

Le 15 mai, je rencontrai Borme aux environs de l'Assemblée nationale. Je fus étonné de le trouver là, car je ne lui soupçonnais pas de sympathie pour la Pologne. Il était en officier de marine, comme il est aujourd'hui. Je ne l'ai rien vu faire ni rien entendu dire. Je sus qu'il avait été arrêté.

Le surlendemain, il me vint voir et me dit qu'il venait de Vincennes, qu'il avait été relâché. Je lui dis qu'il était bien heureux, et qu'à sa place je quitterais Paris. Il me parla du rôle qu'il avait joué à l'Hôtel-de-Ville et me montra la liste des personnes à qui on l'avait fait écrire comme secrétaire du Gouvernement provisoire.

Ce même jour, et le lendemain, il eut occasion de me dire que, si on avait voulu l'en croire, les représentants auraient été rôtis avec son procédé, si l'on avait voulu mettre à sa disposition assez de bouteilles... Il ajouta même qu'il s'occupait à en préparer.

Voyant que son exaltation devenait grande, et craignant, je vous l'avoue, quelque événement pour la fête qui devait avoir lieu le surlendemain, je crus devoir tenir Borme à l'index, sans qu'il s'en aperçût.

Ayant reçu, par un exprès, les deux lettres que Borme avait écrites à M. de Lamartine, et ne pouvant m'expliquer le contenu du petit billet, je crus, pour parer à tout événement, devoir me rendre, le dimanche matin, chez Borme; je le trouvai au lit ; il me dit qu'il attendait quelqu'un, mais je le décidai cependant à sortir avec moi.

Nous déjeunâmes ensemble, boulevard Poissonnière; je lui avais remis, sur sa demande, un billet pour la fête. Avant de sortir de chez lui, je lui vis mettre dans sa poche une bouteille, que je l'invitai à déposer, en lui disant que, puisque j'étais avec lui, il ne fallait pas qu'il nous compromît par quelque mauvais tour. Il quitta cette bouteille, en disant avec sang-froid qu'il aurait pourtant voulu voir l'effet qu'elle aurait produit.

Notre déjeuner terminé, nous prîmes sur le boulevard une demi-tasse ; un monsieur Masséna vint à passer, me dit bonjour et se mit près de nous. Borme lui répéta ce qu'il m'a dit. On peut le faire assigner.

Nous cheminâmes, Borme et moi, sur les boulevards jusqu'à la place de la Madeleine ; nous redescendîmes ensuite la rue Saint-Honoré et nous nous quittâmes à cinq heures. Je ne sais s'il est allé à la fête, il m'a dit que non.

D. — Ne vous a-t-il pas proposé formellement d'incendier l'estrade où devaient se trouver les membres du Gouvernement et de l'Assemblée?

R. — Oui, monsieur.

BORME. — On n'a qu'à lire le rapport que j'ai adressé à à M. le juge d'instruction ; je n'ai rien de mieux à répondre à M. Vidocq.

L'accusé entre ensuite dans des explications confuses qu'il est impossible de suivre. Il prétend que Vidocq avait de M. Lamartine des pouvoirs illimités, il rappelle que Caussidière voulait le jeter, lui, Borme, dans un cul de basse-fosse, et il finit par dire que Vidocq lui a écrit : « Mon cher colonel, je passerai chez vous, j'ai quelque chose pour vous. »

M. LE PRÉSIDENT. — On vous appelait le colonel ?

BORME. — Oui, M. le président ; on savait que j'avais monté une légion de femmes (hilarité).

M. LE PRÉSIDENT. — Répondez aux deux faits précis que vous impute le témoin : les menaces à M. de Lamartine et le projet d'incendier l'estrade des représentants à la fête du 21 mai.

BORME. — Ces faits ne viennent pas de moi, mais de M. Vidocq. M. de Lamartine a bien dit qu'il ne me connaissait pas, et il n'a parlé que d'après les rapports de police.

D. — Mais il a dit avoir reçu une lettre.

R. — On n'a qu'à produire cette lettre, on verra qu'elle ne contient pas de menaces. Le tambour-major des Vésuviennes (hilarité) alla chez M. de Lamartine, qui ne voulut pas la recevoir, parce qu'elle appartenait à ma légion (nouvelle hilarité).

L'accusé continue à fournir quelques explications que nous ne pouvons saisir.

Quant au feu grégeois, dit-il, et à la proposition que j'aurais faite à Vidocq de m'en servir pour brûler les représentants, c'est Vidocq qui voulait me monter un coup, parce qu'il voulait la place de M. Allard. Moi, je disais toujours oui ; mais, au moment d'agir, je n'agissais pas. Quel intérêt aurais-je donc eu à incendier les neuf cents représentants ? (rires).

Me HAMEL. — Le témoin Vidocq n'a-t-il pas demandé à

Borme de lui prêter les pièces de l'instruction, afin qu'il pût relire sa déposition, parce qu'il ne se la rappelait pas ?

LE TÉMOIN. — Non. On me rapporta que Borme m'avait accusé d'être un agent provocateur. Et, en effet, quand je le vis, Borme me donna la main et me dit qu'il ne m'avait accusé ainsi d'être un agent provocateur que pour sa défense.

Audiences des 21, 22, 23, 24 et 25 mars.

Un nouvel incident se produit au sujet de l'insertion au *Moniteur* de la fameuse phrase : *Deux heures de pillage* !

M. CRUVEILHER, ancien secrétaire de M. Buchez, vient déclarer qu'il a entendu ce cri. « Il était, dit-il, poussé par une seule personne. »

BARBÈS. — Qui donc l'a fait insérer au *Moniteur ?*

M. CRUVEILHER. — C'est moi-même (sensation). Je vais, à cet égard, entrer dans quelques explications. Par les ordres de M. le Président et pour l'honneur de l'Assemblée, la séance du 15, à partir de l'envahissement, dut être d'abord comme non avenue, et *le Moniteur* du 16 mai n'en contient pas un mot. Bientôt des réclamations arrivèrent de toutes parts, et M. le Président ordonna que la séance fût rétablie dans son entier.

Les feuillets du *Moniteur* étaient dispersés et égarés. Le secrétaire de la questure et moi, comme secrétaire du président, fûmes chargés de faire une rédaction avec les feuillets retrouvés. L'ordre de ces feuillets était interverti. Cette rédaction nouvelle excita de nouvelles réclamations, et enfin le bureau et le président nous autorisèrent à recueillir tous les renseignements possibles pour rétablir la séance, telle qu'elle avait eu lieu. J'avais entendu les mots : Deux heures de pillage, mais je ne voulais pas assumer tout seul la responsabilité d'une pareille insertion. Je consultai de tous côtés, et un grand nombre de représentants avaient entendu prononcer le mot ou bien entendu dire qu'il avait été prononcé. Ainsi vérifié, le fait fut mis au *Moniteur*.

SOBRIER. — C'est probablement un Cosaque qui a dit le mot; il fallait écrire au *Moniteur : Un Cosaque*.

BARBÈS. — Un seul homme l'a prononcé; il fallait dire : *un seul*.

Me Maublanc, lisant *le Moniteur* : « *Plusieurs membres des clubs.* » Voilà qui est grave.

M. Cruveilher. — Dans ma pensée, ces mots devaient être supprimés (sensation). Moi aussi, je respecte le parti républicain. Je sais qu'en Février le peuple a écrit : « Mort aux voleurs ! » mais je sais aussi que, dans les mouvements insurrectionnels, il se glisse toujours, pour en profiter, des hommes indignes d'y prendre part. J'ai vu ce fait le 15 mai, et celui qui a pris le chronomètre des sténographes du *Moniteur*, qui a disparu, peut bien avoir dit : « Il nous faut deux heures de pillage ! » Et je prétends honorer le peuple en publiant ce fait exceptionnel.

Blanqui. — Ceci prouve qu'il y a des voleurs avant, pendant et après.

M. Ivan Golowine, demeurant à Paris.

Le 13 mai, j'ai assisté à la séance du club présidé par M. d'Alton-Shée; on y parla des malheurs de la Pologne, et une députation fut envoyée à M. de Lamartine pour lui demander l'intervention en faveur de la Pologne. M. de Lamartine a dit ici que les clubs de Varsovie et de Cracovie avaient été pour beaucoup dans la manifestation du 15 mai. Il s'est trompé, il n'y a jamais eu de clubs à Varsovie; quand il y a à Varsovie quatre personnes assemblées, il y a un mouchard. Quant à Cracovie, elle n'a été libre qu'un jour. J'ai approuvé la manifestation du 15; personne ne pouvait avoir l'intention de violer l'Assemblée.

M. le Président. — Parlez de ce qui vous est personnel.

Golowine. — J'ai su que M. Lagrange avait dit que j'avais parlé de secours distribués; j'ai pu parler de dix mille hommes, car les patriotes polonais ont plus de courage que d'argent, et les patriotes français n'ont pas besoin d'être payés.

M. le Président. — Êtes-vous attaché à l'ambassade russe?

Golowine. — Je suis proscrit russe; j'ai été condamné par l'empereur aux travaux forcés à perpétuité pour avoir publié en 1843, à Paris, un livre d'économie politique.

Raspail. — Le témoin m'a-t-il vu dans le jardin de l'Assemblée nationale?

Golowine. — J'ai vu le citoyen Raspail sur la terrasse.

M. Léonard Gallois, homme de lettres. — Je connais

M. Raspail depuis longtemps. M. Barbès est l'ami de mon fils, et par conséquent le mien. Je connais aussi M. Sobrier.

La maison de M. Sobrier n'était pas une succursale de la Préfecture : on y avait transporté des fusils pour défendre la République.

Le 16 avril, on disait que M. Blanqui voulait renverser le gouvernement ; on prit les armes, et on donna ordre en bas de ne laisser sortir personne. C'est ainsi que M. le général Courtaïs a été retenu un instant. Quand on a su que tout allait bien, on a quitté les armes.

M. LE PRÉSIDENT. — Etiez-vous rédacteur de *la Commune de Paris ?*

GALLOIS. — J'y portais, comme les autres, mon contingent de misère. Nous nous occupions de politique, de questions militaires, etc. Nous n'étions pas des conservateurs *bornes*, mais des conservateurs du progrès.

M. LÉCLANCHÉ. — Le témoin sait-il quelque chose des projets de décrets trouvés rue de Rivoli, 16 ?

GALLOIS. — J'ai été surpris de la publication de ces décrets. J'ai été voir Sobrier en prison ; il m'a montré une lettre de Seigneuret, qui se déclarait l'auteur de ces projets. J'ai déposé cette lettre à M. le juge d'instruction.

M. le greffier, sur l'ordre de M. le président, donne lecture de la lettre dont vient de parler le témoin. Seigneuret déclare que c'est lui qui s'est amusé à composer ces décrets ; il se plaint de ce qu'on n'a pas publié le cinquième décret, qui est le seul sérieux, et qui tend à la mobilisation de la propriété. Il soutient que c'est pour faire passer Sobrier pour un croquemitaine ou un cerveau brûlé qu'on a supprimé ce décret.

M. LEROY-D'ETIOLLES, médecin, appelé sur la demande de l'accusé Raspail. — Je commence par prier la Cour d'être persuadée que la lettre dont on a parlé n'indique, de ma part, aucune prévention en faveur de M. Raspail. Je vais avec lui jusqu'à la République démocratique ; mais arrivés là, nous sommes séparés par des mots gros comme des montagnes.

Le 15 mai, je me trouvais à l'Assemblée nationale ; je donnai des soins à M. Barbès, qui se trouvait mal ; celui-ci s'étant remis, fut emmené par des hommes qui criaient : « A l'Hôtel-de-Ville ! » Je puis affirmer que M. Raspail n'était pas là.

RASPAIL. — Je remercie M. Leroy-d'Etiolles d'avoir bien voulu quitter sa clientèle pour venir déposer ici.

BARBÈS. — Je demanderai à M. Leroy-d'Etiolles s'il n'a pas entendu un tel tumulte qu'on ne pouvait entendre aucune voix?

M. LEROY-D'ÉTIOLLES. — Cela est très-vrai.

BARBÈS. — Je ne me suis pas trouvé mal, au surplus; mais, ne pouvant me faire entendre, j'avais pris le parti de m'asseoir et de me taire. Ceux qui m'entouraient ont cru que je me trouvais mal.

M. LEROY-D'ÉTIOLLES. — En effet, M. Barbès avait la même figure qu'aujourd'hui.

BARBÈS. — Une maladie contractée pendant six ans de séjour dans les loges du Mont-Saint-Michel ne m'a pas laissé beaucoup de forces, et j'avais fait bien des efforts ce jour-là.

M. MONNIER, ancien secrétaire général de la Préfecture de police. — Pendant l'exercice de mes fonctions, j'ai découvert dans les archives de la Préfecture de police un dossier se rapportant au nommé Huber, celui-là même qui a prononcé la dissolution de l'Assemblée.

RASPAIL. — Si Huber était présent, j'insisterais pour que le témoin s'expliquât; mais Huber étant absent, je n'insisterai pas.

M. LE PRÉSIDEFNT. — La Cour, devant statuer sur le sort du contumace Huber, a besoin de savoir ces détails.

M. MONNIER. — Dans le dossier se trouvaient deux lettres d'Huber, dont l'une datée de 1838, desquelles il résultait que c'était Huber qui avait organisé le complot Grouvelle. J'ai remis mon rapport à M. Ducoux, alors préfet de police, et j'ai l'honneur de vous en présenter une copie (1).

M. MONNIER, continuant. — M. Panisse a dit qu'il s'était

(1) M. le greffier, sur l'ordre de M. le Président, donne lecture de ce rapport et des copies des deux lettres qui y sont mentionnées. Voici le texte de ces pièces :

Résumé d'un rapport mentionné dans la lettre datée de Beaulieu, le 10 avril 1838, et adressé sous la signature de Huber au préfet de police.

« Après avoir antérieurement obtenu du roi une remise de cinq années de prison, Huber part pour Londres, et pour rendre, dit-il, service au roi, s'engage dans le complot Steuble, Grouvelle et autres. A la fin d'août 1837, au moment où les plans de la machine étaient terminés, le complot allait prendre une certaine consistance. Hu-

présenté le 15 mai à la Préfecture de police, avec un ordre d'arrestation délivré par la Commission exécutive. Cet ordre contenait ces mots :

« Vous êtes invité à faire arrêter les personnes que vous devez connaître. »

Le préfet, n'ayant pas trouvé cet ordre suffisant, m'envoya au ministère de l'intérieur, afin de demander un ordre plus précis. Au moment où M. Recurt allait me faire donner un ordre portant les noms des personnes qui devaient être arrêtées, on est venu dire que la cour était envahie, et M. Recurt m'a renvoyé à la Préfecture.

M. Recurt. — Je me rappelle parfaitement que M. Monnier est venu le 16 mai au ministère pour me demander des indications plus précises pour un ordre d'arrestation : l'hôtel fut envahi, et M. Monnier retourna à la Préfecture de police.

M. le Procureur général. — Quelles personnes croyez-vous qu'on voulût faire arrêter?

ber, sans en donner avis à la demoiselle Grouvelle, et malgré les sollicitations de Steuble, qui le prie de ne pas le quitter, part pour la France.

« Le Préfet, averti, n'avait pas agi, voulant le laisser aller jusqu'au moment de l'exécution, pour le prendre en flagrant délit. L'arrestation aurait donné l'éveil à Steuble, qui était encore à Londres avec les plans.

« Un mois plus tard, Huber, rappelé par Steuble, repart pour Londres et en informe le préfet par une lettre.

« Cette fois encore, il ne fut pas arrêté et il s'en plaint au préfet (on a vu plus haut pourquoi le préfet différait); la police devait attendre pour agir de pouvoir saisir le principal coupable avec les plans de la machine.

« Quelque temps après, Steuble part pour Amsterdam; Huber revient à Paris, laissant les plans qu'il avait enlevés à Steuble, sans donner avis cette fois de son retour au préfet, pensant, dit-il, que le complot était anéanti.

« Steuble ne revint pas à Paris; Huber, sur l'invitation de la demoiselle Grouvelle, retourne à Londres pour en rapporter les plans; arrivé à Londres, il écrit, en date du 2 décembre, au maréchal Sébastiani, une lettre signée *Vallet*, par laquelle il le prévient que le nommé Huber part le lendemain pour Boulogne; arrivé à Boulogne, il s'étonne de n'être point arrêté.

« Il laisse alors tomber son portefeuille qui contenait une lettre à Lepreux, laissée exprès pour éveiller les soupçons de l'autorité.

« Il est enfin arrêté, et c'est de la prison qu'il adresse au préfet de police les explications qui précèdent. »

Le rapport se termine ainsi :

« Je n'ai pas oublié un seul instant ce que je devais au roi, et la preuve, c'est que depuis l'amnistie, je lui ai sauvé deux fois la vie;

M. Recurt. — L'ordre avait été envoyé directement au préfet de police par la Commission exécutive; je pense qu'il s'agissait d'arrêter les personnes que l'on supposait avoir provoqué la manifestation dans le sens du désordre; car, je le répète, les vingt-neuf trentièmes de ceux qui avaient fait la manifestation étaient venus dans des intentions pacifiques.

M. le Président fait passer au témoin, pour le signer *ne varietur*, le rapport par lui fait, déposé tout à l'heure, et dont le greffier a donné lecture.

Raspail. — Je viens de recevoir la même pièce qui m'a été envoyée par mon collègue Laurent (de l'Ardèche).

Blanqui. — Le témoin est-il bien certain que mon nom n'était pas sur l'ordre d'arrestation?

Monnier. — Il n'y était pas; mais déjà on avait précédemment donné l'ordre d'arrêter MM. Blanqui et Flotte.

Raspail. — Je regrette l'incident qui vient de se passer; mais il s'agit de me défendre. C'est Huber qui m'a envoyé chercher pour venir à la tête de la démonstration. C'est Huber qui a prononcé la dissolution de l'Assemblée, et je dois me défendre, bien que cette révélation me pèse un peu

je n'ai fait que remplir un devoir, il est vrai, mais je l'ai fait par gratitude quand d'autres l'auraient fait par calcul; maintenant je pense que le roi n'oubliera pas ce que j'ai fait *pour lui.* »

PREMIÈRE LETTRE

(Signée Huber et adressée au Préfet de police.)

« Monsieur le préfet,

« Avant mon départ de Paris, je vous prie de m'accorder une audience particulière; mais surtout que mes communications avec vous *ait* (*sic*) lieu dans une autre prison que celle de mes coaccusés, afin qu'ils ignorent complétement nos relations. »

DEUXIÈME LETTRE

« Beaulieu, 10 août 1838.

« Monsieur le préfet,

« Grâce à la réponse du ministre, qui m'accorde l'autorisation d'écrire, j'ai terminé le travail que je vous avais promis; il y a plus que la preuve de ce que je vous ai avancé et de ce que vous m'avez demandé à notre dernier entretien; je n'ose les confier à la poste. Veuillez donc avoir la bonté de m'enseigner un autre expédient plus sûr, afin que je puisse vous l'envoyer de suite. »

sur le cœur. J'ajoute que Huber a été arrêté; que, conduit devant le maire du quatrième arrondissement, il a été mis en liberté, s'est réfugié à Londres.

BARBÈS. — Il y a là un point infiniment grave : le témoin est-il sûr que ces lettres dont il a parlé soient de la main d'Huber?

MONNIER. — Je n'en sais rien ; mais les pièces sont là : on pourra vérifier.

M. LE PROCUREUR GÉNÉRAL. — On a parlé de la mise en liberté d'Huber; il est très-vrai que M. Lemor, maire du IVe arrondissement, devant qui Huber a été conduit par des gardes nationaux, l'a fait mettre en liberté. Dans l'instruction contre Huber, on a entendu sur ce fait M. Lemor et des témoins ; il y a eu ordonnance de non-lieu.

Le témoin GRAFIN déclare que le 15 mai, au matin, il a vu Huber faire tous ses efforts pour engager les citoyens socialistes à aller à la manifestation.

M. ADOLPHE CRÉMIEUX, avocat, représentant. — Le 15 mai, au moment de l'invasion de l'Assemblée, j'ai reconnu Sobrier, qui avait été d'abord à la Préfecture de police avec Caussidière. Quand je le vis à la tribune, je montai derrière lui en lui disant : « Comment, Sobrier! vous voilà ici? » Il me répondit : « Mais je suis là pour les faire en aller. » Je lui dis : « Mais vous prenez un mauvais moyen, il valait bien mieux ne pas entrer. » Un moment après, il est descendu et est sorti avec un certain nombre d'hommes, et je ne l'ai plus revu. Étant allé à la caserne d'Orsay, j'ai fait conduire les prisonniers soit à Vincennes, soit à la Conciergerie, après en avoir fait mettre quelques-uns en liberté.

M. LE PROCUREUR GÉNÉRAL. — Et le témoin a fait retenir Sobrier?

CRÉMIEUX. — Il était spécialement recommandé par Arago.

COURTAIS. — Je prie le témoin de dire si, le 15, je ne l'ai pas rencontré dans la salle des Pas-Perdus avec David (d'Angers) et Flocon?

CRÉMIEUX. — Au moment où le président a cessé d'être au fauteuil, je me suis dirigé vers une salle où on disait que s'était retiré Lamartine, et je serrai la main au général Courtais, dont je fus bien étonné le lendemain d'apprendre l'arrestation. Quant à Louis Blanc, je n'ai pas besoin de dire ce que j'en pense, puisque j'ai quitté le pouvoir plutôt que de le poursuivre.

Audiences des 26 et 27 mars.

M. PIERRE LEFRANC, représentant du peuple. — Lorsque M. Raspail s'est présenté à la tribune pour lire la pétition, l'attitude de M. Buchez m'a paru exprimer une invitation de faire cette lecture ; des citoyens m'ont affirmé avoir entendu explicitement M. Buchez dire à M. Raspail de lire la pétition.

M. BUCHEZ est rappelé.

M. LE PRÉSIDENT. — Nous vous demanderons, Monsieur, si, au moment où l'accusé Raspail est monté à la tribune, vous avez consenti à ce qu'il donnât lecture de la pétition dont il était porteur?

M. BUCHEZ. — Non, Monsieur ; je n'aurais pas eu le droit de donner cette permission, puisque, par un décret du 12 mai, l'Assemblée avait interdit la lecture des pétitions à sa barre.

L'Assemblée venait d'être envahie ; j'ai aperçu le citoyen Raspail à quelques pas du pied de la tribune, il tenait un papier à la main ; il est monté à la tribune et s'est tourné vers moi, mais je ne me souviens pas de lui avoir fait le moindre geste. J'ai pu dire aux personnes qui étaient au bureau : « J'espère que, quand Raspail aura lu la pétition, ils se calmeront ! » Mais je ne devais en rien me prêter à un fait contraire au règlement voté par l'Assemblée ; nous étions sous l'influence d'un fait, et ma pensée était que nous devions rester immobiles, comme si un orage eût passé sur nous.

M. LE PRÉSIDENT. — Ainsi, vous affirmez n'avoir pas donné la parole à l'accusé Raspail.

M. BUCHEZ. — Je l'affirme.

RASPAIL. — Quel intérêt avais-je cependant à lire la pétition? M. Buchez n'a-t-il pas eu un colloque avec Corbon et Louis Blanc relativement à l'autorisation que je demandais?

M. BUCHEZ. — Je ne me rappelle pas d'autre colloque que celui que j'ai eu avec Louis Blanc. Il est venu me demander l'autorisation de parler au peuple. Je lui ai répondu : « Je ne puis vous donner cette autorisation comme président ; car la séance est interrompue ; mais, comme citoyen, je vous engage à faire tout ce que votre conscience vous suggérera. »

Raspail. — Le témoin pense-t-il qu'en lisant la pétition j'aie fait une mauvaise action?

M. Buchez. — Si vous voulez que je vous le dise, de la part d'un homme de votre âge, d'un homme raisonnable, votre action m'a paru ne s'expliquer que d'une seule manière, c'est que vous étiez poussé et qu'on vous menait plus loin que vous ne vouliez aller.

Raspail. — Vous, un ancien ami, vous auriez bien dû m'avertir que je risquais de faire une mauvaise action.

M. Pierre Lefranc, rappelé, répète qu'il lui a paru que le président donnait l'autorisation par un geste de lire la pétition. Il ajoute qu'il a parlé à deux personnes qui lui ont dit avoir entendu le président donner l'autorisation.

M. Buchez. — Je ne pouvais donner la parole, puisque je n'avais pas la puissance de la refuser; j'ai pu dire, parce que je le pensais, à ceux qui m'entendaient : « Quand M. Raspail aura lu la pétition, peut-être qu'ils s'en iront. » Mais, je le répète, je n'ai pas donné d'autorisation.

Raspail, à M. Buchez qui se retire. — Vous devez avoir un petit remords.

Les débats de cette longue affaire sont enfin terminés.

M. le procureur général Baroche et M. l'avocat général de Chenevières prennent successivement la parole. Nous jugeons inutile de donner ces réquisitoires plates et insignifiantes redites de l'acte d'accusation. M. Baroche, dans sa péroraison, déclare qu'il défend la République, et accuse Raspail, Barbès, Blanqui, Louis Blanc, Caussidière, etc., d'être de faux républicains.

Audiences des 28, 29, 30 et 31 mars.

Ces quatre audiences sont remplies par les plaidoiries des défenseurs des accusés. Examen fait, nous n'avons pas pensé que le lecteur pût y apprendre rien de nouveau. — Nous avons seulement conservé quelques passages des défenses de Raspail et de Blanqui, présentées par les accusés eux-mêmes.

DÉFENSE DE RASPAIL.

Si je viens réclamer ici quelques instants votre attention,

il ne faut pas vous en prendre à moi, mais à l'accusation, qui n'a pas vu que tout ce qui m'était reproché n'excédait pas les proportions d'un procès en police correctionnelle; car un témoin vous l'a dit, il ne s'agit que d'une étourderie parlementaire, et cependant on a voulu faire de nous de grands coupables.

Si je n'ai pas demandé le secours de mon avocat pour présenter ma défense, c'est qu'il n'y a pas seulement des accusations légales invoquées contre moi, c'est qu'il y a aussi des calomnies auxquelles il importe que je réponde, et pour mon honneur, et pour les amis qui m'accordent leurs sympathies au dehors.

Je me présenterai devant vous, Messieurs, tel que je suis et tel que mes amis me connaissent.

Mon crime se réduit à trois points : je suis entré dans l'Assemblée, je suis monté à la tribune, j'ai suivi enfin la route qui, comme toutes les routes, conduit à l'Hôtel-de-Ville. Mais ce n'est pas l'auteur de ces faits qu'on poursuit en réalité, c'est le clubiste.

La réunion que je présidais rassemblait 5,000 hommes et 1,000 femmes; dans les loges le calcul est facile : on payait 10 centimes à la porte; nous pouvions payer avec le produit de cette cotisation le prix de location de la salle, qui était de 150 fr., et le lendemain il restait encore une centaine de francs à distribuer aux pauvres dans mes consultations gratuites.

Que se passait-il dans cette réunion? On a voulu vous en faire peur, car c'est par la peur qu'on veut conduire les hommes : la fraternité, en réalité, régnait de la manière la plus complète.

. . . .

J'avais si peu l'intention de me rendre dans l'Assemblée, que j'ai donné des rendez-vous pour des consultations le 15, à deux heures. Mais, le soir, ma consultation était à Vincennes. Je ne voulais pas briller à la tête de la manifestation, car je m'étais mis tout à la queue avec mon club.

Mais ici commence le récit de mes malheurs. A la hauteur du théâtre de la Gaîté, on vint me demander ma pétition, on vint me prier de passer à la tête.

Qui m'a envoyé chercher? C'est Huber, l'homme du gouvernement, qui avait dans sa poche une nomination de gouverneur du Raincy.

On vous a dit que toute la manifestation était désordonnée;

on a calomnié le peuple de Paris : il est toujours calme quand il n'est pas détourné par des agents provocateurs. Si cette démonstration n'avait pas eu lieu, il faudrait la faire pour prouver combien le peuple est grand, combien il est noble dans ces grandes solennités qui s'accomplissent sans désordre et sans frayeur pour personne.

Mais du coin de l'œil j'observais d'autres hommes qui n'étaient pas de la démonstration et qui se sont mis à la tête ; nous avons rencontré autour de l'Assemblée cette incurie qui n'était pas le fait de notre coacccusé M. Courtais, à qui on la reproche aujourd'hui.

J'arrive à la grille, je déclare que ma mission est finie, et que je vais me retirer ; mais un garde national m'avertit qu'on appelle les délégués. Je me présente, et le général Courtais me fait entrer après m'avoir dit que deux personnes étaient entrées sous mon nom.

Ici l'accusé parle du 10e bureau dans lequel il a trouvé des hommes qui brisaient tout, et que les officiers présents refusèrent d'arrêter, en disant qu'ils n'avaient pas d'ordre ; il retrace son itinéraire dans l'intérieur du palais. On vient appeler les délégués ; qui les appelle ? On dit que c'était M. Château-Renaud, gouverneur du Palais-Bourbon.

J'entre dans la salle ; elle était remplie de véritables corybantes, de chanteurs, de danseurs ; les représentants ne sont au milieu d'eux que comme une goutte d'eau dans l'Océan !

Beaucoup de représentants, MM. Demontry, Lefranc, m'invitent à monter à la tribune pour lire la pétition et pour calmer la foule.

J'ai violé l'Assemblée en montant à la tribune, dit-on ; oui, j'ai commis le crime d'avoir mis la main au gouvernail que tout le monde avait abandonné ; bien d'autres cependant y sont montés ; Antony Thouret, qui était près du bureau du président, est donc plus coupable que moi.

Le président m'invite à lire la pétition ; plusieurs témoins l'ont affirmé. Il est vrai que M. Buchez le nie, et ce que tant de témoins ont affirmé, il suffit à l'accusation qu'un seul témoin le nie pour ne pas le croire.

Quelle était mon attitude à la tribune ? J'étais calme ; tout le monde vous l'a dit. Eh bien ! je me souviens que M. Buchez m'a dit : « Lisez la pétition ! » Lui ne se souvient de rien de ce qui s'est passé, et sa dénégation fait foi aux yeux de l'accusation, et cependant M. Buchez convient d'avoir dit à ses voisins : « Quand il aura lu la pétition, peut-être le calme se rétablira. »

Le président de l'Assemblée nationale répond à Louis Blanc, qui lui propose de parler au peuple : « Comme président, je ne vous autorise pas; comme homme, je le ferais. »

Louis Blanc vient me dire de lire la pétition, et le président ne lui interdit pas la parole ; il voulait d'abord lire la pétition, mais on lui crie : « Non, il faut que ce soit un des nôtres qui la lise. »

Rappelez-vous que M. Buchez a envoyé dire au peuple que l'Assemblée avait entendu avec intérêt la lecture de la pétition; n'était-ce pas ratifier cette lecture? Il dit lui-même au peuple : « Votre pétition a été entendue; maintenant retirez-vous. Cela n'implique-t-il pas qu'il a donné la permission de la lire ? »

. . . .

Celui qui arrête Barbès lui dit qu'il en avait reçu l'ordre d'avance, et vous vous rappelez les mandats délivrés en blanc le matin.

Oui, tout était arrangé d'avance; la manifestation devait être détournée de son but; on devait entraîner certains hommes à l'Hôtel-de-Ville, et là faire un coup de filet. On arrête certains hommes, mais d'autres arrêtés sont relâchés. Laurent, ancien rédacteur de *l'Époque*, est arrêté; il n'est pas sur ces bancs. Raisant, arrêté, n'est pas sur ces bancs. Sonnelier, Delair, qui s'était proclamé maire de Paris, Buisson et tant d'autres sont arrêtés, et ils ne sont pas ici. Sur cent cinquante personnes arrêtées à l'Hôtel-de-Ville, il n'y en a que treize ici.

Un homme était monté sur le siége du cabriolet où je me trouvais ; c'était un médecin; il dirigeait la marche; au pont d'Arcole, il descend, il va à l'Hôtel-de-Ville; il est pris après s'être constitué adjoint au maire de Paris, et il est relâché; c'est Desanevières.

Voilà, Messieurs, voilà comment de bons citoyens sont arrivés sur ces bancs.

. . . .

Je le disais il y a dix-huit ans, à la Chambre des pairs, je suis toujours du parti des opprimés. Qui sait si, un jour, je ne serai pas du vôtre.

Favorisons le progrès, détruisons les vieux abus; faisons disparaître la guerre civile et les haines.

Si vous nous condamniez, croyez-vous que nous vous en voudrions? Voyez le passé. N'ai-je pas été condamné par des juges, par des pairs de France? Me suis-je vengé d'eux?

Si vous nous condamnez, quand nous sortirons de ces lieux où vous nous enverrez pourrir, car ce ne sont pas des prisons, ce sont des sentines, nous irons vous tendre la main, et vous la prendrez, car le passé sera oublié et l'avenir commencera.

DÉFENSE DE BLANQUI.

Je suis devant vous, MM. les jurés, et ce n'est pas à vous que je parle, c'est à la France, le seule Haute Cour de justice que je connaisse et dont les arrêts ne sont pas susceptibles de cassation.

Déjà le cri de ce tribunal suprême arrive de tous les points du territoire, c'est un cri de surprise contre l'accusation dont nous sommes l'objet, c'est un cri de réprobation contre les calomnies dont nous sommes l'objet, c'est un cri de pitié pour les hommes contre lesquels la haine ne s'assouvit jamais.

Une commission spéciale, constituée en vue d'un procès, voilà ce qu'on nous a fait.

On ne s'arrête pas là, ce n'est pas assez d'avoir violé les règles de la jurisprudence, on nous amène ici, nous, hommes politiques, pour y voir proclamer, non pas un jugement de justice, mais un jugement de nécessité.

Nous sommes traduits devant la Cour comme des hommes politiques; il faut donc que nous nous défendions comme des hommes politiques. En ce qui concerne l'attentat du 15 mai, il a été à peine question de moi. L'accusation contre moi n'a reposé que sur les faits qui ont précédé le 15 mai.

M. le Président. — Défendez-vous sur les faits relatifs au 15 mai.

Blanqui. — On attaque en moi l'homme politique.

M. le Président. — Eh bien! défendez l'homme politique.

Blanqui. — Les faits du 15 mai ayant été commis avant le vote de la Constitution, nous devrions être jugés par la Cour d'assises.

Nous sommes devant un tribunal exceptionnel; si on veut nous étrangler dans un défilé, cela frappera davantage cette institution.

Il n'y a pas d'attentat; nous sommes devant un tribunal créé exprès pour nous : je prétends attaquer l'instruction secrète, entachée, suivant moi, de la partialité la plus blâmable ; je l'attaque, non-seulement en ce qui me concerne, mais, en thèse générale, comme fatale à la justice.

On prétend écraser en moi le conspirateur monomane, c'est-à-dire l'homme qui, à travers les évolutions des partis, poursuit, sans ambition personnelle, le triomphe d'une idée.

. . . .

J'ai été arrêté le 26 mai au soir, et le lendemain, 27, *le Constitutionnel* ou *le Droit* a publié l'article suivant :

« On nous communique une lettre qui a été saisie au domicile de Blanqui, et qui fait partie du dossier de l'instruction. (C'était un mensonge, car la lettre avait été saisie à la poste avant d'avoir été portée à mon domicile.) Cette lettre contient les passages suivants :

« La bourgeoisie l'emporte ; bientôt Ledru-Rollin, Blanqui et les clubs rentreront sous terre. Pauvres socialistes !

« Le moyen de déjouer les projets de la bourgeoisie, c'est de semer des inquiétudes continuelles parmi elle; la chute de la Banque, du 5 et 3 p. 100 serait son Waterloo.

« Pour y arriver, il faut, par des inquiétudes continuelles, empêcher le commerce de renaître.

« Le succès est à ce prix ; si vous ne suivez pas cette marche, vous reverrez bientôt le Mont-Saint-Michel. »

Voyez l'habileté du *Constitutionnel !* Il a effacé le passage de cette lettre dans lequel il est dit que les socialistes rentreront sous terre ; cette phrase qui prouve que cette lettre anonyme venait d'un ennemi de nos doctrines.

Eh bien ! cette lettre tronquée a été publiée par tous les journaux réactionnaires, a été affichée dans Paris ; on l'a mise sur mon compte ; il n'y avait pas d'expressions suffisantes pour flétrir un monstre de mon espèce, et pendant ce temps, où étais-je? au secret le plus rigoureux.

C'est ainsi, Messieurs, qu'on fait de la politique: et si j'avais porté plainte on m'aurait objecté l'inviolabilité de la tribune; et cependant j'ai été signalé comme un misérable à l'Europe entière. Cependant le misérable, ce n'était pas moi, car celui qui citait la lettre savait bien que je n'en étais pas l'auteur.

Debout sur la brèche pour défendre la cause du peuple, les coups que j'ai reçus ne m'ont pas atteint en face ; assailli sur les flancs, par derrière, moi, je n'ai fait tête que du côté de l'ennemi, sans me retourner jamais contre des attaques aveugles, et le temps a trop prouvé que les traits lancés sur moi, de n'importe quelle main, sont tous allés au travers de mon corps frapper la Révolution.

C'est là ma justification et mon honneur.

C'est enfin cette conscience du devoir rempli avec calme et ténacité qui m'a soutenu la tête haute à travers les plus cruelles épreuves. Le jour des détrompements et des réparations arrivera : Que ce jour ne doive briller que sur un cachot, peu m'importe, il me trouvera dans mon domicile habituel, que j'ai peu quitté depuis douze ans. La Révolution victorieuse m'en avait arraché un moment; la Révolution trahie et vaincue m'y laisse retomber.

La France est à la fois pervertie par l'exemple de la corruption, et, ulcérée du spectacle de cette corruption, elle ne voit plus dans les hommes d'Etat qu'une tourbe cupide, sans pudeur et sans foi (mouvements).

République, empire, royauté lui inspirent également mépris et méfiance. Trompée, ruinée, démoralisée, elle ne croit plus à rien, se désespère et se tord sur son lit de douleur.

La République lui avait promis allégement et probité, ce qui se traduit par l'impôt des quarante-cinq centimes et les concussions. La présidence avait promis des remboursements; elle envoie des garnisaires.

Le Gouvernement provisoire acceptait trois mois de misère des ouvriers en offrande sur l'autel de la patrie et adjugeait deux cents francs par jour à chacun de ces membres.

Tromperies, malversations, immoralités partout et toujours. Aussi, les crédulités et les patiences sont à bout; il ne reste plus que des appétits surexcités, des misères dévorantes, des consciences mortes!

C'est une dissolution générale; bientôt le chaos!... Sans une réforme radicale la société va sombrer. On peut lui crier comme Jonas : « Encore quarante jours et Ninive sera détruite! » Que Ninive fasse donc pénitence, c'est la seule chance de salut. Si le pouvoir par une brusque conversion, balayait à coups de fouet les rapacités qui encombrent toutes les hiérarchies; s'il faisait succéder au cynisme de la cupidité l'ardeur du désintéressement; si la corruption faisait place partout, chez les fonctionnaires, au dévouement et à la probité; si les emplois publics, au lieu d'offrir le spectacle d'une curée dégoûtante, n'étaient plus qu'un devoir, un sacrifice, quelle soudaine et profonde révolution éclaterait dans les esprits! — L'exemple d'en haut est toujours irrésistible; l'austérité serait aussi contagieuse que la corruption; elle s'imposerait à toutes les classes, par l'ascendant du pouvoir.

Blanqui, arrivant aux journées qui ont précédé le 15 mai, explique qu'après avoir résisté à la manifestation, il fut forcé de la subir et de s'y joindre. « C'est que, dit-il, quand on manie l'élément populaire, ce n'est pas comme un régiment qui attend, l'arme au pied, auquel on dit : marche, et il marche; arrête, et il s'arrête. Non, messieurs, il n'en est pas ainsi, et j'ai dû subir cette invasion du sentiment populaire en faveur de la Pologne; j'y suis donc allé, ainsi que vous le savez. Je ne veux pas retracer les événements du 15 mai dont je suis rassasié; je vous suppose logé à la même enseigne que moi. Pourtant, je dois dire ceci : M. le procureur général m'a représenté comme entrant malgré moi dans la salle des Pas-Perdus, malgré moi dans la salle, malgré moi à la tribune, et enfin prononçant malgré moi un discours. C'est un peu bouffon, un peu grotesque, je le veux bien.

Il est bien vrai que j'étais venu malgré moi, en haussant les épaules, et que pourtant j'ai prononcé un discours avec sang-froid. C'est qu'un homme politique se retrouve toujours. Une fois sur mes pieds dans la tribune, je me suis retrouvé, et je n'ai pas pensé qu'il fallait dire des sottises parce que des sottises étaient faites.

Mon discours n'est point violent, MM. les jurés pourront le lire.

Si nous avions voulu renverser l'Assemblée nationale, je vous prie de croire que nous nous y serions pris tout autrement.

Nous avons quelque habitude des insurrections et des conspirations, et je vous assure qu'on ne reste pas trois heures à bavarder dans une assemblée qu'on veut renverser.

Voici comment on s'y prend.

En arrivant devant une grille fermée avec une masse populaire, on brise la grille, et c'est facile en pareil cas: si on ne la brise pas, on l'escalade, on passe à droite, on passe à gauche, et puis une fois entré on jette les représentants par les fenêtres sans plus de forme de procès; on profite du moment où tous les factieux sont là près de vous, on se dépêche et on ne bavarde pas trois heures.

L'opinion publique a déjà donné son avis, et vous qui vivez au milieu de l'opinion publique, vous devez savoir que les vrais coupables ne sont pas sur ces bancs. Si, malgré cette opinion unanime, une condamnation intervenait, ce serait, je crois, une chose fâcheuse pour tout le monde, et la Haute Cour de Justice laisserait dans l'histoire, dès son apparition, une trace malheureuse et ineffaçable. (Mouvement dans l'auditoire ; quelques applaudissements sont immédiatement réprimés.)

Vient ensuite la réplique de M. le procureur général Baroche. Dans un discours rétrospectif, il s'efforce de constater que, dans le passé, les chefs du parti révolutionnaire ne sont jamais parvenus à se mettre d'accord, et de démontrer qu'il en serait de même dans l'avenir. Nous n'avons pas le droit de suspecter, en cetre occasion, la sincérité du langage de M. Baroche ; mais les journaux de l'époque ont sévèrement apprécié les paroles de celui qui se vantait en février 1848, d'avoir « *devancé la justice du peuple.* »

Audience du 2 avril.

M. le Président. — Accusé Blanqui, avez-vous à ajouter quelque chose pour votre défense ?

Blanqui. — S'il avait pu rester un doute sur la haine inexorable qui s'attache à ma personne, je n'aurais pas besoin d'aller en chercher la preuve hors de cette enceinte.

On a arboré contre moi le pavillon noir ; guerre sans merci, guerre à mort !

Le Président. — Si vous continuez à vous exprimer avec cette violence, je serai obligé de vous interdire la parole.

Blanqui. — Ne m'interrompez pas !

Le Président. — Si vous sortez des limites de la défense, je serai obligé de vous interrompre.

Blanqui. — On a rompu la barrière, on a parlé du 12 mai 1839, et puisqu'il a plu à M. le procureur général de se lancer dans les considérations rétrospectives, il aurait dû ne pas altérer la vérité.

On a prétendu que dans le procès de 1839 j'avais allégué

un *alibi* trop prudent, que j'avais dit, comme aujourd'hui, que je n'ai été vu nulle part.

La vérité est que je ne me suis pas défendu. Les faits que M. le procureur général a allégués, il n'a pu les aller chercher que dans les bas-fonds où s'agite la calomnie.

On vous a dit, en comparant deux accusés : « L'un se résigne et va à l'Hôtel-de-Ville. »

Barbès. — Ne parlez pas de moi.

Blanqui. — M. le procureur général a trouvé bon de m'écraser sous cette comparaison, et c'est de lâcheté qu'il m'a accusé ; si j'avais bondi comme un lion blessé sous chaque attaque de la calomnie, je serais mort en huit jours de fatigue et de rage. M. le procureur général aurait dû songer à M. Dufaure m'attribuant une lettre infâme qui n'est pas de moi, avant de rappeler les souvenirs rétrospectifs du 12 mai 1839.

La réplique s'est montrée acharnée et violente contre moi : elle a transformé en témoins à charge ceux que j'avais produits à décharge.

L'instruction secrète est tout le procès pour moi ; toutes les charges se sont évanouies dans le débat public. En attaquant l'instruction secrète, j'ai attaqué mon véritable, mon grand ennemi.

Puisqu'on a insisté, il faut bien que je revienne au 17 mars et au 16 avril, qu'on présente comme les premiers actes du 15 mai.

Le citoyen Blanqui reprend une à une les charges de l'accusation ; il démontre qu'il n'y a aucun rapport entre les manifestations des 17 mars, 16 avril et 15 mai. A ce propos, il insiste sur ce point, qu'il n'est allé, le 16 avril, au Champ-de-Mars que pour distribuer à profusion une réponse à une pièce calomnieuse, fabriquée en conseil du Gouvernement provisoire et publiée par autorisation.

Barbès. — J'ai parlé de cette pièce dans une autre enceinte : et puisque vous en parlez ici, j'en parlerai également.

Blanqui. — Soit..... J'attends avec impatience le moment de la lumière. J'ai seulement parlé du gouvernement : encore tous les membres n'assistaient-ils pas à ce conseil. Je n'insisterai pas davantage.

Le citoyen Blanqui reprend un à un les faits que lui attribue l'accusation dans la journée du 15 mai, et présente avec une grande clarté les explications qu'il a déjà données. Il termine ainsi :

Vous ferez donc justice de cette accusation. Si, par impossible, vous rendiez contre nous un arrêt de condamnation, j'en appellerai à une juridiction supérieure à la vôtre, j'en appellerais à la justice du pays, à l'opinion publique, à la flétrissure de l'histoire.

M. LE PRÉSIDENT. — Accusé Barbès, avez-vous quelque chose à ajouter ?

BARBÈS. — J'ai quelques paroles à ajouter, d'abord pour protester contre la compétence de la Cour, et ensuite pour donner à MM. les jurés les moyens de me condamner plus facilement.

Avant tout, je demande ce qu'on va faire d'Huber ; l'autre jour, j'ai demandé, dans l'intérêt de la moralité du procès, si les pièces qui avaient été produites à l'égard d'Huber avaient été vérifiées ; maintenant qu'Huber est constitué, le moment est venu d'éclaircir cette question.

Maintenant, Messieurs, je dois vous dire que tout à l'heure, malgré ma volonté, j'ai été obligé d'interrompre un des accusés qui disait qu'un fait que j'ai affirmé dans mon club était faux.

Oui, j'ai dit dans le club de la Révolution que le fait était vrai, et qu'il n'y avait qu'un individu qui pouvait être l'auteur de la révélation dont il s'agissait, celui à qui elle était imputée.

FLOTTE se lève avec impétuosité.

M. LE PRÉSIDENT. — Accusé Flotte, asseyez-vous !

BARBÈS. — J'ai tout fait pour que cette discussion n'éclatât pas ici ; mais on a profité tout à l'heure de la fin des débats pour dire, dans une espèce de discours étudié, que ce que j'avais affirmé était faux, afin de se donner le droit de dire plus tard : « Barbès était là, il n'a point protesté ; il a donc implicitement accepté la fausseté de cette pièce. J'ai donc dû, bien malgré moi, malgré ma volonté, élever cette protestation.

M. LE PRÉSIDENT. — Tout cela est étranger à la Cour et à MM. les jurés.

FLOTTE. — Vous vous êtes déshonoré aujourd'hui !

BARBÈS. — Je te dirai, à toi, que tu n'es que le séide d'un individu, et tu te crois républicain.

FLOTTE. — Je t'arrangerai, va, en voilà assez !

BLANQUI. — L'incident qui vient d'être soulevé n'a pas été

provoqué par moi. Ce n'était point ici le lieu de discuter cette grave affaire, mais j'espère bientôt la traiter au grand jour de la publicité.

Barbès. — Cette audience est solennelle; on s'est défendu pour obtenir sa liberté ; il me semble qu'on peut bien se défendre pour conserver son honneur.

Une pièce existe; elle contient des révélations. Comment se fait-il qu'une grâce ait été accordée? Je demande qu'on s'explique là-dessus.

Blanqui. —Ma grâce m'a été accordée en 1846, parce que les médecins affirmaient que je n'en avais pas pour huit jours à vivre. On ne voulait pas me laisser mourir en prison. Mais je n'ai point voulu de grâce ; je suis resté dans ma prison, et je n'ai été rendu à la liberté que par la Révolution de Février.

Barbès. — Mais Parquin, Milet, Jouve sont morts en prison. On ne leur a pas fait grâce. Et Jeanne, lorsque l'amnistie est arrivée, était aux portes du tombeau. Quinze jours après l'amnistie, il mourait phthisique. On ne songeait pas à lui faire grâce. Et moi j'ai été à la dernière extrémité, et on ne m'a pas fait grâce. Après cela qu'on se reporte à quelque temps avant le mois de février. Une lettre a été publiée à Blois, insérée dans les journaux. On était donc en liberté alors !

Blanqui. — On n'avait pas voulu me conserver dans ma prison ; on m'avait jeté, pour ainsi dire, à la porte, et voilà comment je me suis trouvé libre quelques jours avant la Révolution.

Pendant toutes ces explications, Flotte proteste énergiquement contre les soupçons de Barbès, et se montre vivement impatient du jour de l'explication.

La sœur de Barbès lui fait parvenir un petit billet.

Barbès. — Un jury républicain a été nommé pour examiner les pièces, et pour juger cette affaire. L'individu qu'on accuse n'y a point paru.

Blanqui. — Je n'avais pas de raison de comparaître devant un tribunal composé de mes ennemis. D'ailleurs, eût-il été composé d'amis, que l'acquittement n'aurait pas eu plus de valeur que la condamnation dans l'autre cas. Je ne reconnais d'autre juge que l'opinion publique, d'autre publicité que la publicité écrite.

Barbès. — Quand j'ai parlé de cette pièce, j'en ai parlé dans mon club : la publicité était, ce me semble, entière.

Je reviens, citoyens jurés, à ce que j'avais à vous dire.

Vous êtes les plus forts, frappez-moi donc, citoyens. Aussi bien je suis peut-être plus coupable qu'on n'a su vous le dire dans ces débats; et, puisqu'il peut y avoir quelque mérite à avouer la vérité ici, je veux vous faire une confession complète.

La souveraineté du peuple, vous ne pensiez guère, il y a un an, en devenir les protecteurs jurés; mais cette souveraineté du peuple, elle-même qu'est-elle? Un instrument, un moyen pour atteindre un but. C'est donc le but qui est le vrai souverain. Tous les actes sociaux doivent converger vers lui; tous ceux qui s'en écartent sont criminels. Or, si chez ce magnanime peuple français, dont le but d'activité est (qui oserait le nier?) de marcher sans cesse et toujours, non pas à la conquête du monde, comme jadis la ville du Capitole, mais à la réalisation vraie et complète du principe de l'égalité, si un pouvoir se rencontrait qui voulût, au contraire, immobiliser la nation dans l'inégalité du passé, ne serait-ce pas faire acte d'obéissance envers le vrai souverain (le but) que de contraindre ce pouvoir rebelle à rentrer dans sa voie, ou de le briser par la force?

C'est ce devoir que le peuple et la commune de Paris accomplirent, le 31 mai 1793, en chassant de la Convention les chefs de la majorité girondine. Et c'est ce même devoir aussi que je n'hésiterais pas à remplir en m'armant contre une assemblée qui, malgré son mandat sorti du suffrage universel, se traînerait dans l'ornière des chambres nommées par les électeurs à 200 fr. de Louis-Philippe.

A ce point de vue donc, je l'avoue, mon respect n'aurait pas été beaucoup plus grand pour l'assemblée de nos neuf cent représentants actuels que pour cette autre assemblée de onze hommes qui a administré la République du 24 février au 4 mai; mais l'une et l'autre me semblaient un fait de nécessité que la situation générale des esprits forçait de subir pour le moment.

C'est pour cela que je n'ai jamais jugé opportun d'attaquer matériellement le Gouvernement provisoire à qui pourtant, sans faire de ma conduite et de mes actes une de ces apologies ridicules par lesquelles des pygmées s'imaginent se transformer en géants, je dois dire, au nom du club dont j'ai eu l'honneur d'être président, que je faisais une opposition qui en valait bien une autre, et dont le caractère a été de me pousser seul à la tribune pour protester le jour où toute l'Assemblée, moins cinq ou six membres qui s'associèrent à mon blâme, décréta que le Gouvernement provisoire avait bien mérité de la patrie.

C'est pour cela que le 15 mai j'ai cherché de tous mes efforts à prévenir une manifestation dont j'approuvais (ai-je besoin de le dire?) l'intention, mais qui me paraissait dangereuse pour le salut public.

Je me suis opposé à cette manifestation jusqu'à midi; mais lorsque j'ai vu les événements de la journée, l'Assemblée envahie, les représentants immobiles et affaissés sur leurs bancs, comme un troupeau timide dont un lion a forcé le bercail, j'ai cru qu'il se présentait là une occasion d'obtenir quelque chose pour la cause du peuple, et, me faisant comme une éloquence de la voix de la foule qui s'élevait au dehors et dans la salle, j'ai sollicité l'Assemblée de mes paroles : tactique oratoire, peu parlementaire, si vous voulez, mais qui, en bonne justice, n'est pas plus répréhensible que les phrases habilement préparées avec lesquelles un orateur de profession égare et domine son auditoire.

Je ne voulais pas aller plus loin que le gain du vote de quelques mesures révolutionnaires et sociales. Toucher à l'Assemblée elle-même me paraissait mauvais, non comme infraction à un principe, je vous l'ai déclaré, mais parce qu'un tel coup ne pouvait avoir aucune chance de succès.

Si je l'avais pu, j'aurais donc arrêté sur les lèvres de celui qui l'a prononcé le fameux décret de dissolution.

Mais lorsque j'ai vu les représentants justifier en quelque sorte l'audace de ce décret en le prenant au sérieux, lorsque je les ai vus se disperser, quitter la salle, j'ai senti surgir dans mon âme la pensée d'un autre devoir et celui d'une plus grande espérance. L'anarchie devenait imminente, puisque tous les pouvoirs antérieurement constitués allaient manquer. Il fallait en préserver mon pays, et c'était aussi le cas d'organiser, sous le bénéfice de la circonstance, un gouvernement qui ne tergiversât plus dans la voie républicaine.

Je me suis donc rendu à l'Hôtel-de-Ville, non pas entraîné par la foule, comme on l'a dit, pour m'excuser sans doute, mais m'arrêtant de temps en temps pour voir si la foule me suivait.

Pour ce crime, car je savais bien que, vaincu, ce serait un crime à vos yeux, vous devez me condamner, citoyens ; et aussi bien, lorsque mes plus chères espérances sont trompées, quand la patrie entière est plongée dans les plus atroces douleurs, que sa chair et son âme se tordent sur ce brasier à la Guatimozin, que, comme pour nous railler, on nomme du saint nom de la République, que m'importe d'être enfermé dans un cachot? Ses murs me préserveront du moins de voir de mes propres yeux des maux que je suis impuissant à soulager. Seulement, pardonne-moi, chère France, de ne t'avoir été utile à rien dans ma vie! Et vous, mes frères opprimés de toutes les nations, pour qui je n'ai rien pu faire non plus, pardonnez-moi aussi, car nul ne fut plus animé que moi du désir de briser vos fers! Vive la République démocratique et sociale!

Ce cri est répété avec énergie par Sobrier.

Thomas termine quelques observations par ces mots : « On m'a accusé d'avoir voulu détruire la forme du gouvernement, » mais si la République était jamais menacée, on verrait lequel du citoyen procureur général ou de moi prendrait son fusil pour la défendre?

La séance est suspendue.

A une heure et demie le président fait son résumé. Le greffier donne lecture des questions qui seront posées au jury.

Le verdict doit être rendu à la majorité des deux tiers des voix.

Les jurés se retirent à trois heures dans la salle des délibérations.

A neuf heures seulement ils rentrent dans la salle.

Après que le chef du jury a fait connaître les déclarations des jurés concernant chaque accusé, M. le président fait mettre immédiatement en liberté Degré, Larger, Borme, Thomas, Villain et Courtais, déclarés non coupables.

La Cour se retire de nouveau pour délibérer.

L'audience est reprise à onze heures et demie.

M. le Président, se couvrant ;

« Vu la déclaration du haut jury ;

« Attendu qu'il en résulte que les accusés Auguste Blanqui, Armand Barbès, Martin dit *Albert*, Joseph-Marie Sobrier, sont reconnus coupables :

« 1° D'avoir en mai 1848 commis un attentat ayant pour but de changer ou détruire le gouvernement ;

« 2° D'avoir à la même époque commis un attentat ayant

pour but d'exciter la guerre civile, en armant ou en portant les habitants à s'armer les uns contre les autres ;

« Attendu que le jury a reconnu l'existence de circonstances atténuantes en faveur des accusés Blanqui et Sobrier.

« Attendu que les accusés Raspail, Flotte et Quentin sont reconnus coupables, d'avoir, en mai 1848, commis un attentat ayant pour but de détruire ou de changer le gouvernement.

« Attendu que le jury a reconnu l'existence de circonstances atténuantes en faveur de ces trois accusés ;

« Attendu que les faits déclarés constants par le jury constituent à l'égard de Blanqui, Barbès, Martin dit *Albert* et Sobrier, les crimes prévus par les art. 87 et 91 du Code pénal, modifiés par l'art. 5 de la Constitution de 1848 ;

« Et à l'égard de Raspail, Flotte et Quentin, le crime prévu par l'art. 87 au Code pénal, modifié par l'art. 5 de la Constitution de 1848 et par l'art. 463 du Code pénal :

« Art. 87. L'attentat dont le but sera, soit de détruire, soit de changer le gouvernement, sera puni de mort.

« Art. 91. L'attentat dont le but sera d'exciter la guerre civile, en armant ou en portant les citoyens à s'armer les uns contre les autres, sera puni de la même peine.

« Art. 5 de la Constitution. La peine de mort est abolie en matière politique.

« Art. 463 du Code pénal. Les peines portées par la loi contre celui ou ceux des accusés reconnus coupables, en faveur de qui le jury aura reconnu des circonstances atténuantes seront modifiées ainsi qu'il suit :

« Si la peine est celle de la déportation, la Cour appliquera celle de la détention et celle du bannissement.

« Ouï le ministère public en ses réquisitions ;

« Ouï les accusés sur l'application de la peine ;

« Après en avoir délibéré,

« La Haute Cour condamne,

« Savoir :

« Armand Barbès et Martin dit *Albert*, à la peine de la déportation ;

« Louis-Auguste Blanqui en dix ans de détention ;

« Joseph-Marie Sobrier, en sept années de la même peine ;

« François-Vincent Raspail, en six années de la même peine ;

« Benjamin Flotte et Auguste-François Quentin, chacun en cinq années de la même peine.

« Condamne solidairement les susnommés aux frais envers le trésor public ;

« Et en ce qui concerne Blanqui, Sobrier, Raspail, Flotte et Quentin :

« Vu le décret de l'Assemblée nationale du 13 décembre 1848 et la loi du 17 avril 1842, fixe à trois mois la durée de la contrainte par corps ;

« Ordonne que le présent arrêt sera exécuté à la diligence du procureur général de la Haute Cour.

M. LE PRÉSIDENT. — Faites retirer les accusés,

Les accusés sortent en silence, adressant de la main des adieux dans l'auditoire.

Messieurs les hauts jurés, votre mission est accomplie.

Audience du 3 avril.

L'audience est ouverte à midi et demi. Il s'agit de juger les contumaces.

Après les réquisitions du procureur général et un délibéré de trois quarts d'heure, M. le président prononce arrêt par lequel la Cour condamne les six accusés contumaces :

Louis Blanc,
Seigneuret,
Houneau,
Caussidière,
Laviron,
Et Napoléon Chancel,
A la peine de la déportation.

Ordonne que les biens des condamnés seront, à partir de l'exécution de la condamnation, considérés comme biens d'absents ;

Et les condamne en outre solidairement aux dépens.

PROCÈS D'HUBER

Le sieur Huber, condamné par contumace, s'était constitué prisonnier un jour avant la clôture des débats. Il était trop tard pour statuer à son égard, et son affaire resta disjointe. — Ce fut le 10 octobre que la Haute Cour de Versailles se réunit pour juger cet accusé. Huber déclara qu'il était venu se constituer prisonnier, uniquement pour avoir l'occasion de se disculper des calomnies dont il avait été l'objet dans le procès précédent de la part de M. Monnier, ex-secrétaire général de la Préfecture de police, et de la part de ses co-accusés Raspail, Blanqui, etc. « Ma situation, dit-il, a cela de cruel, que de quelque côté que je me tourne, je trouve des adversaires nombreux, habiles les uns, impitoyables les autres; les premiers me regardant comme un républicain trop révolutionnaire, les autres obéissant à un sentiment que je m'abstiens de qualifier, incriminent ma bonne foi et mettent en doute ma moralité. Les uns en veulent à ma liberté, les autres à mon honneur, et je suis comme entre l'enclume et le marteau. »

Tel fut, en effet, le point sur lequel se concentra presque tout l'intérêt de cette seconde affaire, où rien de nouveau ne fut révélé en ce qui touche la journée du 15 mai. Huber déclara seulement qu'en prononçant la dissolution de l'Assemblée, son but avait été de sauver la vie aux représentants et de faire évacuer la salle par le peuple. « Je n'ai eu qu'un tort, ajouta-t-il, c'est de ne m'être pas brûlé la cervelle en descendant de la tribune, pour avoir osé violer le sanctuaire du suffrage universel. Il y avait là un gouffre ouvert, et, nouveau Curtius, j'aurai dû m'y précipiter. »
M. Buchez fit à ce sujet une déposition curieuse :

« Lors de l'envahissement, dit-il, je vis Huber à la tribune. Huber, vous n'êtes pas ennemi de l'Assemblée nationale, lui dis-je ? » — Non. — « Tâchez de faire sortir ces gens-là, et si vous ne pouvez pas, tâchez de me faire mettre à la porte. C'est alors qu'il brandit ce papier sur lequel était écrit : *Dissolution de l'Assemblée*..... Je crois que sa démarche fut dictée par les paroles que je lui avais dites, paroles qui étaient dans mon devoir; car je devais aller voir ce qui se passait au dehors, et d'un autre côté, je ne pouvais pas paraître me retirer sans avoir été violenté... J'étais certain qu'en réunissant l'Assemblée ailleurs, avec les moyens de force dont je disposais, je lui rendrais tous ses pouvoirs et toute son autorité. »

Huber donna un démenti à M. Buchez. « J'ai cédé, dit-il, à un mouvement à moi propre, pour sauver la vie des représentants... Non, vous ne m'avez pas inspiré l'idée de la dissolution de l'Assemblée. J'avais entendu dire dans la salle : « Prenons nos fusils, et faisons résistance. » Laviron, qui était à la tribune, me dit : « Sois tranquille, les baïonnettes ne viendront pas; voici encore un contre-ordre. » Je sortis et j'entendis battre le rappel. Alors je rentrai. J'étais persuadé que Buchez nous trompait, et cette persuasion n'a pas peu contribué à me faire proclamer la dissolution, car j'ai toujours été avec le peuple, j'ai toujours agi pour lui... Non, ce n'est pas vous qui m'avez conseillé la dissolution de l'Assemblée; non, vous ne m'avez pas dit les paroles que vous rapportez, car si vous les aviez dites, ce serait une honte pour vous; je ne les eusse pas acceptées, je les eusse blâmées, parce qu'il faut de la dignité dans vos fonctions. (Mouvement.)

« La vérité, c'est que vous vous êtes senti coupable devant le peuple, et c'est pour cela que vous vous êtes retiré... »

Quant aux accusations dirigées contre Huber relativement aux rapports qu'il aurait adressés à la police de Louis-Philippe, M. Monnier les renouvela avec énergie devant la Haute Cour de Versailles. Il affirma l'authenticité des lettres extraites des archives de la Préfecture de police. Huber demanda l'apport de son dossier; le procureur général déclara que cette demande avait déjà été faite par lui, et que le préfet avait répondu négativement, « par la raison que les rapports des agents secrets de la police ne sont jamais conservés; qu'il n'existe pas de dossiers au nom de ces agents, leurs rapports étant des pièces détachées qu'on n'a pas d'intérêt à conserver. » Huber protesta avec emphase. « Il faut, dit-il, que je me justifie complétement, ou que je meure. »

Condamné à la déportation par arret du 12 octobre, le sieur Huber fut gracié quelque temps après l'Empire, et mourut en 1865. Dans les *Souvenirs de la Tribune des jour-*

nalistes, M. Philibert Audebrand donne les détails suivants sur les dernières années de cet homme.

« Un jour, Huber fut rendu à la liberté et devint, sans retard, un des heureux du jour. Quittant la politique pour la haute spéculation, l'ancien ouvrier corroyeur chercha visiblement à oublier ses misères passées au milieu d'un sybaritisme tout parisien. On l'a vu souvent en belle toilette aux lieux que fréquentaient seuls les beaux fils. Il dînait à la Maison-d'Or et allait digérer ensuite dans une loge d'un théâtre lyrique, lorgnant le public et se faisant lorgner. Il y aurait à ajouter ici quelques autres détails sur lesquels la chronique même n'aurait peut-être pas le droit d'appuyer. Où Huber, enfant du peuple, ayant perdu l'habitude du travail manuel, aurait-il trouvé le moyen de subvenir aux exigences d'un train de fashionable? Les indiscrets ont parlé de concessions de chemin de fer et de canaux qui lui auraient été accordées. Sous ce rapport, il faut se borner aux *on dit*. Une chose certaine, c'est que ses anciens amis, offusqués par l'éclat si mystérieux de cette vie, avaient fait le vide autour de lui et ne le saluaient même plus.

« Aloysius Huber, qui voyageait pour le soin de ses spéculations, a été surpris à Autun par une mort presque soudaine, à la fin de l'hiver de 1865. La presse démocratique, dont le silence est toujours significatif, n'a fait connaître ce décès à ses lecteurs que par une froide et insignifiante mention, comme on le ferait pour un inconnu. »

Nous n'ajouterons rien.

Le jour n'est pas encore venu où l'on pourra dire librement et entièrement la vérité sur Huber et sur cette journée néfaste du 15 mai, à laquelle les chefs populaires eux-mêmes ont déclaré ne rien comprendre.

Nous prierons seulement le lecteur de se reporter aux déclarations du sieur Borme, et à l'attitude qu'il prit durant le procès; Borme et Huber sont les véritables organisateurs du 15 mai; dès lors est-il si difficile de deviner quelle était *cette main cachée* dont parlent Blanqui et Raspail, cette main mystérieuse qui se retrouve dans ce triste événement comme dans les journées de juin, comme dans tous les faits qui tendirent à compromettre, à discréditer, à ruiner, à assassiner la République?

APPENDICE

ASSEMBLÉE NATIONALE

SÉANCE DU LUNDI 15 MAI 1848

(Compte rendu du MONITEUR OFFICIEL)

. . . .

...... Le citoyen Wolowski traitait devant l'Assemblée, la question de la Pologne. Plusieurs fois déjà il s'était arrêté pour écouter les bruits du dehors.

« Lorsqu'elle était vivante, la Pologne était le bouclier de la civilisation et du christianisme; et, lorsqu'après le partage on a cru l'avoir tuée, alors qu'elle n'était pas morte, qu'elle sommeillait seulement..... » (Une rumeur terrible interrompt l'orateur.)

M. Degousée, questeur, arrivant de l'extérieur, s'élance à la tribune.

Un représentant, au bas de la tribune. — Ne faites pas une scène ridicule.

Le cit. Degousée. — Par votre décret relatif à la sûreté de l'Assemblée, vous avez donné le commandement nécessaire pour la sûreté de l'Assemblée au président et aux questeurs.

Contrairement aux ordres donnés par les questeurs, le commandant en chef de la garde nationale a exigé que la garde mobile remît la baïonnette dans le fourreau. (Violents murmures.

Un représentant. — La salle est envahie.

Un autre représentant. — Qu'on mande le commandement à la barre!

Les citoyens Larabit et Clément Thomas demandent la parole. (Une vive agitation règne dans l'Assemblée.)

Le cit. Clément Thomas. — Une masse considérable de peuple, mue par un sentiment de sympathie pour la Pologne, est venue aujourd'hui envahir l'Assemblée nationale dans l'intention de vous soumettre une pétition. (Vive interruption.) Je n'ai pas l'intention d'examiner ici si l'on aurait dû laisser approcher jusqu'aux abords de l'Assemblée cette foule de peuple.

(En ce moment des individus pénètrent dans les tribunes publiques, où ils agitent des drapeaux et poussent des cris de Vive la Pologne!)

Le cit. Marescal. — L'Assemblée a été violée; il n'y a plus de liberté ici.

Voix nombreuses. — Citoyen président, faites évacuer les tribunes. C'est votre droit.

Le cit. Aug. Avond. — Écoutez Clément Thomas.

Le citoyen Barbès s'élance à la tribune.

Plusieurs voix. — Clément Thomas, ne cédez pas la parole.

Le cit. Dupin. — Il faut qu'on donne le commandement supérieur à Clément Thomas!

(Le citoyen Barbès et le citoyen Clément Thomas occupent en même temps la tribune.

Un grand nombre de représentants s'approchent de la tribune et engagent le cit. Clément Thomas à ne pas abandonner son droit à la parole.

Le cit. Lacrosse, s'adressant au citoyen Barbès. — Vous n'avez pas la parole! c'est une indignité!

Le cit. Avond, s'adressant également au citoyen Barbès. — Vous n'avez pas la parole! Dans l'intérêt de la dignité de l'Assemblée, n'usurpez pas un droit qui ne vous appartient pas!

Le cit. Barbès. — Citoyens, c'est dans votre intérêt à tous.

Le cit. Lacrosse. — Nous n'avons pas besoin de votre protection!

Le cit. Clément Thomas. — L'Assemblée nationale doit protester contre la violation indigne dont elle a été l'objet. (Oui! oui!)

Après la protestation du citoyen Clément Thomas contre l'indigne violation dont l'Assemblée était devenue l'objet, une foule de citoyens apparaissent dans les tribunes hautes du fond, agitant des drapeaux sur lesquels sont inscrites diverses devises. Une agitation très-vive se manifeste parmi les spectateurs. Les dames poussent des cris d'effroi. Les tribunes sont entièrement envahies. Bientôt les citoyens se laissent gliser le long des galeries et descendent dans la portion de la salle réservée aux représentants. C'est ainsi que l'enceinte se trouve en peu d'instants envahie par le peuple; ce n'est que plus tard que les portes ouvrant directement dans la salle ont été enfoncées et ont donné accès à de nouvelles masses populaires.

Le président fait des efforts inutiles pour rétablir l'ordre et le silence. Il se couvre un instant, mais se découvre bientôt après.

Le cit. Montrol. — Ici ceux qui auraient peur et ceux qui voudraient faire peur seraient également coupables.

Il faudra passer sur nos corps avant d'arriver à cette tribune. Vos violences seraient un appel aux départements et un commencement de guerre civile.

A ce moment entrent par les portes de la salle un grand nombre de clubistes. A la tête des nouveaux venus on remarque MM. Sobrier, Blanqui, Raspail et plusieurs chefs de clubs.

Le cit. Louis Blanc. — Mes amis, si vous voulez que la pétition que vous avez apportée puisse être discutée dans l'Assemblée nationale, et avec le sentiment qui vous anime tous, je vous demande le silence, afin que le droit de pétition soit consacré, mais afin qu'il soit dit aussi que le peuple est calme dans la force, et que sa modération est la plus grande preuve précisément de sa force. (Bravo! bravo!)

Veuillez donc, mes amis, faire un instant de silence, afin que la pétition soit lue, et qu'on ne puisse pas dire que le peuple, en entrant dans cette enceinte, a violé par ses cris sa propre souveraineté. (Bravo! bravo!)

Le cit. Raspail, non représentant, à la tribune. — Citoyens, nous venons, au nom de deux cent mille citoyens qui attendent à votre porte... (Vives réclamations sur les bancs de l'Assemblée.)

Le cit. d'Adelsward. — En vertu de quel pouvoir le citoyen Raspail prend-il la parole dans une Assemblée où je m'étonne de le voir? Je proteste contre ce qu'il peut avoir à dire.

Voix nombreuses, au pied de la tribune. — A la porte, les interrupteurs!

Des interpellations nombreuses s'établissent entre le représent Louis Blanc et plusieurs citoyens qui sont montés à la tribune.

Un délégué d'une corporation d'ouvriers monte debout sur la tribune.

Le tumulte est extrême.

Le citoyen Corbon vient se placer auprès du président; l'un et l'autre font des efforts pour apaiser le tumulte, mais le bruit ne fait qu'augmenter.

F.-V. Raspail commence la lecture d'une pétition.

Le cit. Malhoux. — Je m'oppose à la lecture. Vous n'avez pas le droit de lire une pétition à la tribune. (Nouveau tumulte.)

Un membre des clubs. — A la porte ceux qui voudraient empêcher la voix du peuple de se faire entendre!

F.-V. Raspail, après être resté lontemps à la tribune avant de pouvoir se faire entendre, finit par lire la proclamation suivante :

« Citoyens représentants,

« Nous sommes ici au nom de trois cent mille hommes qui attendent à votre porte. C'est en leur nom et en celui des délégués des clubs que nous vous présentons la pétition dont la teneur suit :

« Considérant :

« 1° Que la conquête de nos libertés sera en péril, tant qu'il restera en Europe un peuple qu'on opprime ;

« 2° Que le devoir d'un peuple libre est de voler au secours de tout peuple opprimé, vu que la loi de la fraternité n'est pas une loi nationale, mais humanitaire ; que tous les peuples sont frères au même titre que les citoyens entre eux, comme enfants du même Dieu sur la terre ;

« 3° Que, si tel est le devoir de la France envers les peuples opprimés, ce devoir sacré, imprescriptible, devient bien plus impérieux encore envers les peuples qu'on égorge ;

« 4° Que dans un moment où notre victoire sur un gouvernement corrupteur avait donné un élan de liberté à tous les peuples de l'Europe, notre politique égoïste et effrayée semble avoir prêté main-forte aux tendances liberticides des rois coalisés, et interdit tout espoir de secours aux peuples qui s'armaient de toutes parts pour reconquérir le droit d'être libres ;

« 5° Que les peuples n'avaient levé le saint étendard de l'insurrection qu'en marchant sur nos traces et en comptant sur notre coopération ;

« Que, vaincus, ils ont le droit de nous accuser de leur défaite ;

« Que la victoire de leurs oppresseurs est une menace contre nos libertés publiques, est une insulte aux principes que nous avons proclamés ;

« 6° Que l'Italie et l'Allemagne nous appellent pour concourir au succès de leurs armes ;

« Que la Pologne, la noble Pologne, notre sœur, dont les fers ont été rivés par la honteuse politique de nos dix-huit ans, nous somme, au nom de la justice et de la reconnaissance, de lui restituer sa nationalité ;

« 7° Qu'un plus long retard serait de notre part une félonie et une trahison ; car la Pologne est notre alliée, notre sœur, notre compagne d'armes, notre éternelle avant-garde contre ce peuple du Nord ;

« 8° Que notre jeune armée, honteuse de son inactivité, impatiente de nobles et saintes victoires, n'attend qu'un signe de la patrie pour aller renouveler les prodiges de l'Empire au profit de la liberté de tous ; que le nom de la Pologne réveille ses plus ardentes sympathies ; qu'elle sent bien que c'est par là qu'elle doit commencer sa tournée en Europe, parce que c'est-là que l'oppression est plus lourde et que nous avons plus de torts à réparer;

« Par ces motifs, et dans l'intérêt de nos institutions républicaines, au nom de la Providence des peuples et de l'honneur du pays, le club demande, par acclamation, à l'Assemblée nationale, qu'elle déclare incontinent :

« 1° Que la cause de la Pologne sera confondue avec celle de la France;

« 2° Que la restitution de la nationalité polonaise doit être obtenue à l'amiable ou les armes à la main;

« 3° Qu'une division de notre vaillante armée soit tenue prête à partir immédiatement après le refus qui sera fait d'obtempérer à l'ultimatum de la France.

« Et ce sera justice, et Dieu bénira le succès de nos armes. »

Tout le peuple. — Vive la Pologne! vive l'organisation du travail!

Plusieurs citoyens. — Où donc est le citoyen Blanqui? La parole est à Blanqui; nous voulons Blanqui!

Le cit. Montrol. — Je n'ai point entendu, je n'ai point voulu entendre les pétitions qui ont été lues à cette tribune. Envoyé ici par le peuple, je ne voterai jamais, je ne délibérerai jamais que dans la plénitude de mon droit et de ma liberté.

Un représentant. — L'Assemblée ne peut délibérer quand elle est envahie.

Un grand nombre de représentants se lève pour appuyer cette motion.

Voix, dans la foule. — Qu'on délibère immédiatement!

Autres voix, au milieu du bruit. — Il y a des ennemis du peuple parmi les représentants; ils ne veulent pas qu'il parle.

Le cit. président. — La pétition a été déposée sur le bureau; l'Assemblée nationale... (Interruptions nombreuses.)

Voix du peuple. — Nous voulons une décision immédiate.

Le cit. président. — L'Assemblée nationale a votre pétition; elle s'occupait, lorsque vous êtes entrés, du sort de la Pologne.

Je vous invite à sortir pour que l'Assemblée nationale puisse immédiatement traiter cette grave question.

Voix du peuple. — Nous ne voulons pas attendre. Un décret! un décret!

En ce moment Blanqui arrive près de la tribune, mais celle-ci est occupée par plusieurs orateurs qui se la disputent.

On entend les cris : « Laissez parler le citoyen Blanqui. »

Le cit. Huber, non représentant. — Laissez le peuple défiler devant vous, et il se retirera ensuite avec calme et dignité.

Le cit. Barbès. — Citoyens, que l'Assemblée des représentants du peuple prenne en considération la pétition qu'on vient de lui apporter, qu'elle déclare qu'elle s'associe au vœu du peuple, et que, par conséquent, le peuple de Paris a bien mérité de la patrie.

Un homme en blouse. — Les provinces sont avec nous.

Le cit. Barbès. — Que l'Assemblée nationale s'associe au vœu que vous venez d'exprimer...

(Les cris de : Vive Barbès ! partent des tribunes et des groupes qui se trouvent mêlés aux représentants.)

Un chef de bataillon de la garde nationale. — Citoyens, il faut que l'Assemblée soit libre.

Le cit. Barbès. — Citoyens, vous êtes venus exercer votre droit de pétition ; ce droit de pétition, vous avez bien fait de venir l'exercer ; il vous appartient, et désormais il ne peut jamais vous être contesté. (Applaudissements parmi les assistants.)

Maintenant, le devoir de l'Assemblée est de prendre en considération la demande que vous avez faite ; et comme le vœu que vous exprimez est précisément le vœu de la France, l'Assemblée aura à décréter ce que vous demandez.

Voix nombreuses. — Oui ! oui ! immédiatement.

Un des assistants. — On attend la réponse, dépêchez-vous.

Un chef de bataillon de la garde nationale. — Il faut pour cela que l'Assemblée soit libre. (Exclamations.)

Le cit. Barbès. — Citoyens..... je disais..... que l'Assemblée avait entendu votre pétition.....

Citoyens..., écoutez-nous ! vous êtes venus exprimer vos vœux à l'Assemblée ; l'Assemblée les a entendus ; il faut qu'elle y fasse droit ; mais, pour qu'elle ne semble pas violentée, il faut, dans ce moment-ci, que vous vous retiriez. (Non ! non ! non !)

Un citoyen. — Au nom de la majesté du peuple, je demande le silence. Le citoyen Blanqui demande la parole ; écoutez-le.

Auguste Blanqui, non représentant. — Citoyens représentants, le peuple demande le rétablissement de la Pologne dans les limites de 1772 ; il demande que l'Assemblée nationale décrète, sans désemparer, que la France ne mettra l'épée au fourreau que lorsque la Pologne tout entière sera reconstituée dans ses vieilles limites de 1772, et brillera de nouveau comme une nation grande et indépendante au soleil de l'Europe.

Le peuple, citoyens représentants, demande qu'il ne soit pas employé de moyens dilatoires pour reculer l'avénement du jour où la Pologne tout entière sera de nouveau à l'extrémité de l'Europe, l'alliée et le bouclier naturel de la France.

Le peuple connaît les obstacles qui doivent s'opposer aux armes françaises ; mais il compte que l'Assemblée nationale se souviendra de la gloire de sa devancière ; qu'elle ne craigne pas d'affronter la mauvaise humeur de l'Europe ; elle sait que, devant sa seule volonté, fermement exprimée et appuyée d'une armée française sur le Rhin, tous les obstacles que la diplomatie pourrait lui opposer tomberont d'eux-mêmes, afin que l'ancienne Pologne, la Pologne de 1772 (le peuple se rappelle cette date), la Pologne de 1772 (bravos et applaudissements du peuple), soit rétablie dans ses limites, depuis les bords de la Wartha jusqu'au Dniéper, et depuis la Baltique jusqu'à la mer Noire.

Citoyens, le peuple compte que l'Assemblée nationale n'hésitera pas devant un aussi grand but; qu'elle ne se laissera pas tromper, ni intimider par les menaces de la diplomatie; le peuple est derrière elle; il la suivra en masse aux frontières; il ira en masse aux frontières sur un seul signe de sa main...

Ces cris qu'elle entend d'ici, et qui peut-être lui paraissent menaçants, ne sont que des cris de *vive la Pologne!* et ils se changeront en acclamations en son honneur dès l'instant où l'Assemblée nationale aura prononcé la phrase sacramentelle que le peuple attend, qu'il attend, citoyens, et que vous lui donnerez. (Oui! oui!)

Tous les partis, citoyens, ne l'oubliez pas, sont d'accord pour cette grande œuvre. Ce n'est pas ici un parti, une fraction de parti qui vient vous parler, c'est le peuple tout entier, le peuple parmi lequel il y a des divisions sans doute pour les questions intérieures, mais qui est toujours unanime pour la question de la Pologne. (Bravos et applaudissements.)

Dans votre sein, citoyens, pas plus que dans le sien, il ne pourra se rencontrer de divisions sur un pareil terrain, et pour voter la déclaration de guerre aux oppresseurs de la Pologne, il n'y aura plus ici ni droite, ni gauche, ni centre; il n'y aura qu'une assemblée française, une assemblée qui, sur un pareil sujet, n'a qu'une seule pensée, qu'une seule volonté, qu'un seul désir.

Citoyens, le peuple vient aussi vous demander justice; il vient vous demander justice d'événements cruels qui se sont passés dans une ville qui est maintenant aux portes de la capitale par la promptitude des communications. Le peuple sait qu'au lieu de panser les cruelles blessures qui ont été faites dans cette ville, on semble prendre plaisir à les envenimer tous les jours, et que ni la modération, ni la clémence, ni la fraternité n'ont succédé aux fureurs des premiers jours, même lorsque trois semaines se sont écoulées depuis ces sanglantes collisions; il sait que les prisons sont toujours pleines; il demande que ces prisons soient vidées. (Bravos et applaudissements dans le peuple.)

Quelques voix. — Justice! justice!

Auguste Blanqui, non représentant, demande que, s'il y a

quelqu'un à punir, ce ne soient pas les victimes des massacres, mais leurs auteurs.

Voilà ce que le peuple assemblé vous demande aujourd'hui.

Un représentant. — Je demande la parole. (Bruyante exclamation dans le peuple.)

(Le citoyen Ferdinand de Lasteyrie se précipite devant la tribune, et adresse au citoyen Blanqui quelques paroles qui ne peuvent être entendues.

Auguste Blanqui, non représentant. — Le peuple demande aussi que vous pensiez à sa misère. Il a dit qu'il avait trois mois de souffrances à offrir à la République. Ces trois mois sont bientôt écoulés, et il est possible, il est probable qu'on lui en demandera d'autres.

Le peuple réclame de l'Assemblée nationale qu'elle s'occupe instamment, sans désemparer, d'une manière continue, de rétablir les moyens de travail, de donner de l'ouvrage et du pain à ces milliers de citoyens qui en manquent aujourd'hui. (Bravo!)

Le peuple, citoyens, sait fort bien qu'on lui répondra que la première cause de ce manque de travail, ce sont précisément ces mouvements populaires qui agitent la place publique et qui jettent la perturbation dans le commerce et dans l'industrie. Sans doute, citoyens, il peut y avoir quelque chose de vrai là-dedans; mais le peuple sait bien par un sentiment d'instinct que ce n'est pas là la cause première, la cause principale de la situation déplorable où il se trouve aujourd'hui. Le manque de travail, la crise commerciale et industrielle datent d'avant la Révolution de Février; elles datent de plus loin, elles ont des causes profondes, sociales; ces causes doivent être signalées immédiatement à l'Assemblée : le peuple a vu avec une certaine douleur que des hommes qu'il aimait ont été pour ainsi dire systématiquement écartés des conseils du Gouvernement. (Bravo! bravo!) Cela a ébranlé la confiance.

Un factieux sur l'escalier de la tribune.— Nous venons ici pour demander et pour consacrer tous nos droits, quels qu'ils soient.

Plusieurs citoyens non représentants. — La Pologne! la Pologne! Nous traitons ici toutes les questions sociales.

Blanqui, non représentant. — Citoyens... (Le bruit empêche le citoyen Blanqui de se faire entendre.)

Un homme du peuple, au milieu de l'hémicycle, — Silence, citoyens, dans notre intérêt.

Blanqui, non représentant. — Ce n'est qu'incidemment, citoyens, que cette question du travail et de la misère du peuple a été soulevée ici : je dois vous dire que le peuple ne vient pas ici principalement pour vous occuper de lui, il vient vous occuper de la Pologne (Bravo! bravo!) Il ne peut pas laisser passer cette occasion sans rappeler à ses représentants que lui aussi est malheureux et que c'est là un nouveau point de similitude entre le peuple de France et le peuple de Pologne. Mais enfin, citoyens, après avoir parlé un instant de lui, le peuple rappelle votre attention tout entière sur la Pologne; il vous demande de décréter sans désemparer que la France ne remettra son épée au fourreau qu'après avoir rétabli la Pologne. (Bravo! bravo!)

Un cit. non représentant, dans la tribune à gauche. — Je demande la parole.

Voix nombreuses du peuple. — N'interrompez pas.

Blanqui, non représentant. — Le peuple, avant de se retirer...

Le même citoyen, dans la tribune de gauche, insiste et demande la parole.

Voix diverses. — Descendez!

Les cris et le tumulte redoublent. — Le bruit continue toujours.

Le citoyen Ledru-Rollin paraît à la tribune. Citoyens, dit-il, je ne parle pas ici comme membre du Pouvoir exécutif, car je n'ai pu consulter mes collègues. Je parle comme citoyen, je parle comme représentant du peuple. Voici ce que je viens vous demander.

Vous avez fait entendre vos vœux pour la Pologne, vos vœux pour les misères du peuple; vous demandez que, pour la gloire de la France, il soit pourvu à la défense des Polonais opprimés. Vous demandez, par un sentiment de fraternité, que le peuple de France tende la main au peuple de Pologne.

Voix nombreuses du peuple. — Oui! oui! Vive la Pologne!

Le cit. Ledru-Rollin. — Soyez convaincus que la fibre qui agite votre cœur agite également le nôtre; que pas plus que vous nous ne voulons de peuples opprimés sur la terre.

Vous avez demandé également que des mesures soient prises pour que le peuple puisse vivre en travaillant.

Voix nombreuses du peuple. — Nous voulons le ministère du travail, l'exécution du décret du 25 février.

Le cit. Ledru-Rollin. — Vous avez demandé enfin aujourd'hui que le rappel ne soit pas battu. (Oui! oui!)

Un cit. non représentant. — Vous avez déjà trahi le peuple le 16 mars dernier; vous vous êtes vanté d'avoir fait battre le rappel.

Le cit. Ledru-Rollin. — A la Révolution du 24 février, vous avez donné la preuve de votre sagesse, de votre prudence..... (Violente interruption.)

Je ne dirai plus qu'un mot. Avec cet admirable bon sens qui caractérise le peuple de Paris, qui ne veut pas être trompé...

Voix nombreuses du peuple. — Il l'est.

D'autres voix du peuple. — Il faut nommer le ministère du travail immédiatement.

Le cit. Ledru-Rollin. — Avec cet admirable bon sens qui caractérise le peuple de Paris, qui veut des garanties, et qui, en même temps, comprend parfaitement les sentiments de justice et les sentiments de convenance, vous concevez qu'il est impossible à une assemblée de délibérer, sous peine de se suicider elle-même...

Plusieurs voix du peuple. — Elle a délibéré le 24 février; elle a proclamé la République.

Le citoyen Huber, non représentant, monte à la tribune.

Le cit. Ledru-Rollin. — Je demande que l'Assemblée se déclare en permanence, mais je demande en même temps que vous vous retiriez sur le péristyle. (Oui! oui! — Non! non!)

Le président se lève et s'efforce par tous les moyens possibles de rétablir un instant de silence.

Plusieurs voix du peuple. — Nous demandons le ministère du travail, nous attendons une réponse immédiate.

D'autres voix du peuple. — Retirons-nous.

Raspail, non représentant. — Je ne reconnais pas pour républicains ceux qui persistent à rester dans l'Assemblée. Mes amis, retirez-vous.

Un citoyen, au bas de la tribune. — Citoyens, il serait nécessaire, après avoir présenté notre pétition et nos conclusions à l'Assemblée nationale, que nous la laissassions délibérer; après qu'elle aura pris une délibération, vous verrez ce que vous aurez à faire, et si vous devez en appeler à la nation tout entière. Je vous en supplie, retirons-nous un instant.

Le cit. Blanqui, non représentant, à la tribune. — Citoyens, donnons l'exemple du calme, nous, les délégués du peuple.

Un citoyen, non représentant. — Je demande que nous nous retirions en ordre et avec dignité. Voilà ce que vous devez faire avec drapeau en tête.

Un autre citoyen. — Citoyens, j'étais à votre tête, et vous devez voir que je suis aussi du peuple. Je vous demande de défiler en ordre. (Bruit et exclamation.)

Plusieurs citoyens du peuple. — Notre devoir est de nous retirer d'ici. L'Assemblée est bien décidée en faveur de ce que nous voulons. Retirons-nous.

Depuis la fin de la lecture de la pétition par le citoyen non représentant Raspail, on aperçoit les citoyens Antony Thouret et Cruveilher faisant avec courage et énergie tous leurs efforts pour amener la retraite de la foule.

Le cit. Huber, non représentant, se fait une place à la tribune; il adresse quelques mots au président que nous n'entendons pas.

Le cit. président. — Vous avez raison; c'est votre devoir, faites évacuer la salle.

Le cit. Huber. — On m'a donné parole de laisser défiler tout le peuple devant la tribune. Je me ferai tuer sur la place si on ne tient pas cette promesse. J'engage le peuple à se retirer, et nous défilerons tous deux à deux. Il faut que l'Assemblée sache que trois cent mille citoyens veillent sur elle.

Le tumulte en ce moment est à son comble, le peuple se glisse des tribunes dans la salle.

Un capitaine d'artillerie, qui est manifestement avec les factieux, monte de force derrière le président et se tient près de lui la main sur son épée, et communiquant du geste et du regard avec cinq ou six agitateurs furieux qui, placés sur les bas côtés de la tribune, épient le moindre de ses mouvements. Celui-ci, toutes les fois que des représentants ou d'autres citoyens viennent conférer avec le président, se place entre eux et lui et cherche à écouter ce qui se dit même à voix basse, malgré les efforts du secrétaire général pour l'éloigner. Le bruit des tambours approche, l'Assemblée entière paraît être sous le coup d'une grave appréhension.

Plusieurs députés, qui sont parvenus avec peine près du président, l'engagent à lever la séance.

M. Buchez résiste énergiquement. Les vice-présidents et les secrétaires sont de son avis.

Le cit. Barbès. — Citoyens représentants, le peuple, qui est à vos portes, demande à défiler devant vous. Je demande que vous le lui accordiez, et que, de plus, pour montrer que vous vous associez à ses vœux, nous descendions, nous les représentants du peuple, et que nous allions nous mêler dans ses rangs pour lui dire que la cause de la Pologne est la nôtre. (Vive la Pologne! Ecoutez!)

Je demande que nous déclarions que nous faisons droit à la pétition que vient de présenter le peuple, que la cause de la Pologne est la nôtre, et que partout où il y aura des opprimés la France interviendra. (Bravo! bravo!)

Il faut que l'Assemblée vote immédiatement et séance tenante le départ d'une armée pour la Pologne, un impôt de un milliard sur les riches. (*Plusieurs membres des clubs:* Non, non, Barbès, c'est pas ça, tu te trompes, deux heures de pillage!) qu'elle défende de battre le rappel, qu'elle fasse sortir les troupes de Paris, sinon les représentants seront déclarés traîtres à la patrie. (Tonnerre d'applaudissements.)

En ce moment, il est trois heures et quart, l'exaltation des factieux est à son comble. Le citoyen Buchez, qui est toujours au fauteuil, fait de vains efforts pour obtenir le silence; mais il ne peut parvenir à se faire entendre de cette multitude, dont les vociférations et les cris couvrent les bruits de l'extérieur.

On entend dans le lointain le roulement des tambours battant le rappel. L'animation s'accroît de plus en plus.

De nombreux députés font d'inutiles efforts pour se rendre auprès du président et du vice-président Corbon, qui est monté depuis quelque temps se placer à la gauche du président; le secrétaire général de la questure Lemansois est à sa gauche. Le président se lève pour la vingtième fois, essaie de dominer le tumulte et s'efforce de rappeler à l'ordre les factieux; il s'écrie :

« Comme président de l'Assemblée nationale, je vous ordonne de partir et de laisser l'Assemblée délibérer. »

Ces paroles sont à peine entendues de quelques personnes qui l'entourent, et l'un des factieux, s'élançant brusquement et la main levée vers le président, lui dit en fureur : « Tu n'as pas le droit de parler ici; tais-toi. »

Le président se rassied. Barbès est encore à la tribune, ne pouvant que difficilement se faire entendre.

Une immense acclamation de : « Vive la Pologne ! » part des tribunes publiques et de l'enceinte de la représentation envahie.

Le cit. président. — Encore une fois, citoyens, si vous voulez qu'on délibère sur la pétition que vous venez d'apporter, laissez à l'Assemblée sa liberté ! Comme président de l'Assemblée nationale, je vous ordonne d'évacuer la salle.

Le président insiste encore, mais sa voix est couverte par les cris tumultueux.

Le citoyen Lagarde, président de la commission des délégués du Luxembourg, monte à la tribune; il en est bientôt renvoyé par un pompier qui demande également à être entendu du peuple.

Le citoyen Crémieux monte à la tribune; il ne peut parvenir à se faire écouter.

Le tumulte est à son comble.

Le cit. Huber, non représentant.— Je demande que l'on fasse de la place pour que le peuple puisse défiler avec calme devant l'Assemblée.

Un cit. non représentant. — Je demande que le Gouvernement provisoire fasse exécuter le décret du 25 février.

Un autre cit. non représentant.— On nous a fait la promesse d'organiser le travail; on ne l'a pas organisé encore. Nous voulons que le ministère du travail soit constitué aujourd'hui. (Vives marques d'approbation.)

Le cit. Raspail, non représentant, s'adressant à l'orateur. — Au nom de la République, de la fraternité et de la liberté, je vous supplie de descendre de la tribune. (Explosion de cris : *L'organisation du travail !*)

Un colloque très-vif s'établit entre les citoyens Huber et Raspail. Celui-ci s'écrie avec énergie, en s'adressant aux citoyens qui envahissent la tribune : « Je ne suis plus avec vous si vous ne quittez pas la salle. »

Un citoyen. — Citoyens, écoutez-moi! Nous demandons l'exécution des promesses du Gouvernement provisoire. Il nous a promis d'organiser le travail ; il ne l'a point encore organisé. Nous voulons que l'on s'en occupe immédiatement. (Oui! oui!)

Voix nombreuses de la foule. — Nous voulons Louis Blanc.

D'autres voix. — Nous voulons un ministère du travail. Il nous faut le citoyen Louis Blanc. (Oui, oui, Louis Blanc!)

Le même. — C'est une question extrêmement importante à laquelle le Gouvernement ne fait pas droit. (Louis Blanc! Louis Blanc!)

Le cit. Sobrier, non représentant. — Le peuple ne peut pas rester... (Le tumulte couvre sa voix.)

Un pompier. — Nous sommes venus ici en délégation pour la Pologne. (Vive la Pologne!)

Nous sommes venus ici...

Un homme du peuple. — Parle donc vite, pompier!

Un autre factieux. — Nous demandons l'organisation d'un comité social qui veille sur le pouvoir exécutif. Nous demandons que justice soit faite des massacres de Rouen. Nous demandons la guerre contre les oppresseurs de la Pologne. Nous demandons la destitution de la plupart des ministres.

Un troisième citoyen. — Nous voulons qu'on punisse les égorgeurs de Rouen.

Les représentants restent immobiles à leur place.

Le bruit du tambour semble encore approcher. Les factieux se taisent un instant.

Barbès s'élance à la tribune et dit :

« Pourquoi bat-on le rappel? Qui a donné l'ordre de battre le rappel? Que celui qui l'a donné soit déclaré traître à la patrie et mis hors la loi. »

Ces paroles sont couvertes d'une immense acclamation. « On nous trahit, on veut nous tuer ici; à bas les traîtres! s'écrie-t-on de tous côtés. Qui a donné l'ordre de battre le rappel? Il ne faut pas qu'on le batte. »

Le bruit des tambours s'éloigne.

Au pied et sur les degrés de la tribune s'engage une lutte entre divers clubistes qui veulent parler au peuple. La confusion est extrême.

Des menaces de mort se font entendre contre le président. Les factieux envahissent le bureau des secrétaires. « Qu'on donne l'ordre de ne plus battre le rappel, » s'écrient mille voix frénétiques.

Il est trois heures et demie; au moment même arrive un officier de la garde nationale qui porte des nouvelles au président, et lui dit que dans un quart d'heure au plus tard sera arrivée la garde nationale; il faut donc tenir encore un quart d'heure et empêcher une catastrophe imminente.

Les cris : « Qu'on donne contre-ordre! » se font entendre comme une immense clameur; plusieurs le vocifèrent tout près du président. Trois ou quatre factieux sont prêts à se porter aux dernières extrémités; leurs regards menaçants, leurs mains placées sur des armes apparentes, ils sont prêts à agir avec violence; ils veulent qu'on donne des ordres contre le rappel qui les agite, les tourmente, les met en fureur. Le président consulte le vice-président et un ou deux secrétaires placés à côté de lui. Dans l'intérêt du salut commun, il faut empêcher la violence, qui pourrait amener le plus terrible désastre; il faut sauvegarder pendant un quart d'heure encore la dignité de l'Assemblée, empêcher l'effusion du sang. Le tambour s'avançant, la garde nationale est bien près de l'Assemblée; il faut recourir aux expédients et gagner un quart d'heure.

Le citoyen Degousée, questeur délégué par le président pour veiller au salut et à la délivrance de l'Assemblée, rentre et dit à voix base au citoyen Buchez : « Gagnez un quart d'heure, cela nous suffit, donnez-leur le contre-ordre qu'ils vous demandent, ce contre-ordre n'aura aucun effet. — Etes-vous sûr, dit le président, que vos ordres donnés à la garde nationale sont exécutés? — J'en suis sûr, répond M. Degousée. » Aussitôt le président et deux ou trois citoyens écrivent sur quelques feuilles volantes, et sans date, les mots suivants : « Ne faites pas battre le rappel, » et ces feuilles sont distribuées à quelques citoyens, ne pouvant, dans aucun cas, en faire usage; car, sans date ni timbre, ils n'ont aucun des caractères des ordres dictés par un pouvoir libre et voulant agir efficacement. Cinq minutes s'écoulent; les factieux paraissent un instant calmés. On se fait passer deux ou trois feuilles; mais la foule se presse dans l'hémicycle; de tous les côtés de la salle s'élancent des galeries une multitude de gens en blouse qui se précipitent dans l'enceinte, où se pressent, s'entassent tous ceux qui s'y rendent par les bas-côtés.

Le citoyen Louis Blanc est enlevé en ce moment sur les bras des personnes réunies dans l'enceinte. On le porte en triomphe devant les bancs des représentants, en criant : « Vive Louis Blanc! vive Louis Blanc! »

On improvise une tribune en le plaçant sur une des tables de l'enceinte. Ses paroles n'arrivent pas jusqu'à nous.

Les abords de la tribune sont envahis par une foule si compacte que les sténographes du *Moniteur*, obligés un peu avant de quitter leur pupitre et de se placer successivement au bureau des citoyens secrétaires et au bureau du citoyen président, ne peuvent continuer à prendre des notes. La tribune des sténographes des journaux, jusque-là restée à l'abri de l'invasion du peuple, est forcée; plus de deux cents personnes se pressent dans un espace où soixante à peine peuvent d'ordinaire trouver place.

Les tribunes des journalistes sont envahies.

Les citoyens qui entourent le président, et dont quelques-uns ne cachent pas leurs armes, redoublent d'insistance, de clameurs, de vociférations. Ils s'approchent du fauteuil et se resserrent; le capitaine d'artillerie est toujours à son poste, prêt à agir.

Les clubistes, dont un ou deux portent l'uniforme de la garde nationale, se disputent la tribune, se pressent, se renversent. Ce moment est solennel.

Pendant deux minutes, la crainte que les tribunes ne s'affaissent subitement (et elles fléchissent visiblement), entraînant avec elles la mort de plusieurs milliers de personnes, fixe l'attention des plus exaltés. Le tumulte s'apaise, mais recommence avec plus de violence encore. Le bureau du président est caché au plus grand nombre des représentants par des groupes d'hommes qui surgissent de la masse et veulent se faire entendre.

La plus grande partie de l'Assemblée, celle qu'on peut apercevoir du fauteuil, conserve une attitude calme et digne.

Bientôt apparaît le drapeau des jacobins, avec son crêpe noir.

Une longue agitation règne dans l'Assemblée.)

Le citoyen Huber, revenu de son évanouissement, qui a duré une demi-heure et a été produit sans doute par l'excitation et la chaleur, s'élance à la tribune. Avant de parler, il se tourne vers le président et l'insulte du geste et du regard.

Citoyens, écoutez; on ne veut pas prendre de décision; eh bien, moi, au nom du peuple, au nom du peuple trompé par ses représentants, je déclare que l'Assemblée nationale est dissoute. (Oui! oui! Non! non! — Exclamations en sens divers.)

Le cit. L. Lambert, non représentant, au milieu du bruit. — Au nom de la République démocratique, une et indivisible, je proteste contre la violation de l'Assemblée nationale.

La confusion est épouvantable. C'est un hurrah, un pêle-mêle de cris, de vociférations. Le président est sommé de donner sa sonnette; il la refuse. Plusieurs se précipitent autour de lui. L'anxiété de tous est horrible. Un crime, un immense attentat va peut-être s'accomplir.

On attend.

Une feuille de papier au bout d'une pique est apportée à la tribune.

Le citoyen Huber l'arrache, et, d'une voix qui, à ce moment de calme menaçant. perce à travers les clameurs de tous, s'écrie : Encore une fois, l'Assemblée nationale est dissoute !

Il se tourne vers le président, le menace du poing.

Une masse de factieux paraissant exécuter un ordre qu'il aurait exprimé par ce signe, escaladent le bureau, se précipitent vers le président, le renversent de son fauteuil où va s'installer quelques instants après le capitaine d'artillerie.

Après cette dernière violence, le président, auquel dix ou quinze factieux barraient le passage en le menaçant de mort, sort de la salle, entouré de MM. Corbon, Antony Thouret, Lemansois, Cruveiller et plusieurs autres citoyens qui protégent sa retraite.

Un factieux. — Voici le décret que je propose :

« Le peuple est souverain.

« Attendu que plusieurs membres de la représentation du peuple ont quitté leurs fauteuils ;

« Considérant que ces membres ont manqué à leur devoir, et que, par ce motif, ils ont décliné la souveraineté populaire :

« Le peuple souverain les déclare traîtres à la patrie ; il décide qu'ils seront immédiatement mis en arrestation et jugés comme traîtres à la patrie.

« Au nom du peuple souverain. »

Autre factieux (Flotte). — Ne laissez pas sortir les représentants qui fuient le combat ; ce sont des traîtres ceux qui s'en vont.

L'auteur du décret. — Je demande l'appel nominal et l'arrestation des absents. (Agitation tumultueuse.)

De toutes parts. — Vive la République ! vive la République ! vive Barbès !

Une grande foule entoure le représentant Barbès ; il est soulevé sur les épaules de gens du peuple qui crient : « Vive Barbès ! » Le citoyen Barbès paraît lutter contre ceux qui le portent en triomphe.

D'autres gens du peuple portent aussi sur leurs épaules Sobrier, qui est dans une agitation difficile à décrire.

Voix nombreuses. — Blanqui ! Blanqui !

Le cit. Quentin. — C'est Blanqui ! c'est Blanqui qu'il nous faut !

Un factieux. — Voici la liste d'un nouveau Gouvernement provisoire que je propose à l'acceptation du peuple :

Barbès,
Louis Blanc,
Ledru-Rollin,
Blanqui,
Huber,
Raspail,

Caussidière,
Etienne Arago (Oui! oui! Non! non!)
Albert,
Lagrange.

De toutes parts. — Aux armes! aux armes!
A l'Hôtel-de-Ville! à l'Hôtel-de-Ville!
Vive le nouveau Gouvernement provisoire!

On arbore sur le bureau du président un étendard surmonté d'un bonnet rouge et accompagné d'une épée.

Un factieux. — Nous sommes bloqués! aux armes! aux armes! — A l'Hôtel-de-Ville! à l'Hôtel-de-Ville!

Un autre factieux. — Voici la bonne liste du nouveau Gouvernement provisoire :

Cabet,
Louis Blanc,
Pierre Leroux,
Raspail,
Considérant,
Barbès,
Blanqui.
Proudhon.

Autre factieux. — Mes amis, ne nommez pas tant de socialistes, vous feriez tort à notre cause.

On voit de nouveau Barbès porté sur les épaules des gens du peuple. Il se débat en vain et paraît se trouver mal; on lui apporte un verre d'eau.

Une voix. — Nous voulons la République démocratique. (Tous, tous, nous la voulons! — Tout pour le peuple!)

Des discussions confuses s'engagent sur la composition de la liste des membres du nouveau Gouvernement provisoire.

Un factieux. — Il faut que l'on fasse imprimer cette liste pour qu'elle soit connue du peuple.

Un garde national paraît en armes dans l'hémicycle.

Quelques voix. — Pas de fusil!

Le garde national. — Je le garde pour la cause du peuple!

De toutes parts. — Aux armes! aux armes! A l'Hôtel-de-Ville!

Le bruit du tambour se fait entendre; quelques hommes entrent dans la salle en criant : « Voici la garde mobile! voici la garde mobile! » Aussitôt une épouvantable panique s'empare de la réunion turbulente, et le peuple, naguère si violent, se retire précipitamment et dans le plus grand désordre.

Pendant que ces choses se passaient dans l'intérieur de la salle, le président, expulsé violemment de son bureau, après avoir donné ordre au citoyen Degousée, questeur, de prendre les mesures possibles, courait à la Commission exécutive réunie au Luxembourg et avisait à tous les moyens de résister à la sédition dont il ignorait toute l'étendue et la puissance. En même temps, les vice-présidents et un certain nombre de représentants se réunissaient dans les salles de la présidence, préparaient et signaient des proclamations, et donnaient les ordres nécessaires pour tenir à la disposition de l'autorité toutes les forces nécessaires pour faire évacuer la salle, expulser les factieux et les poursuivre dans leurs derniers retranchements.

En conséquence, les citoyens Corbon et Senard, agissant par délégation, au nom du président, rédigèrent immédiatement douze ou quinze proclamations adressées aux maires de Paris.

A cinq heures moins un quart, un grand nombre de gardes nationaux du 2e bataillon mobile, conduits par le commandant Clary, l'adjudant-major Bernard et le capitaine Bonnemain, entrent dans la salle, aux cris de « Vive l'Assemblée nationale! vive la République! »

Les gardes nationaux sédentaires de la 2e légion les suivent presque immédiatement, et concourent avec eux, sous la direction de l'adjudant-major Bernard, à faire évacuer la salle et les tribunes publiques par les personnes étrangères à l'Assemblée qui les avaient envahies.

Un grand nombre de représentants rentre dans la salle.

Le citoyen Duclerc, ministre des finances, accompagné des citoyens Victor Grandin et Célestin Lagache, monte au bureau.

Le cit. Célestin Lagache, au milieu du bruit. — Ecoutez, gardes nationaux! c'est un membre du Gouvernement, c'est le citoyen Duclerc, qui vient prendre la présidence de l'Assemblée, en l'absence du président et des vice-présidents.

Voix nombreuses dans les rangs de la garde nationale. — Nous soutiendrons l'Assemblée! Vive l'Assemblée nationale!

Les dernières personnes étrangères à l'Assemblée, qui étaient encore dans la salle, sont entraînées par les gardes nationaux.

Le cit. Duclerc occupant le fauteuil du président. — Au nom de l'Assemblée nationale, qui n'est pas dissoute...

Voix nombreuses dans les rangs de la garde nationale. — Non! non! Vive l'Assemblée nationale!

Le cit. Duclerc. — Au nom du peuple français, qu'une minorité infime et infâme ne déshonorera pas, l'Assemblée reprend ses travaux. (Bravo! bravo! — Nouveaux cris : Vive l'Assemblée nationale!)

En ce moment, le citoyen Courtais, en uniforme de commandant supérieur de la garde nationale, entre dans la salle par une des portes du côté droit. Il est accueilli par les cris nombreux et énergiques de : « A bas Courtais! à bas Courtais! » partis de tous les rangs de la garde nationale.

Le citoyen Courtais essaie de prendre la parole, mais il en est empêché par de nouveaux cris : « A bas Courtais! à bas Courtais! il nous a trahis! »

Sur l'invitation de plusieurs citoyens, le général Courtais se décide à sortir de la salle; plusieurs officiers de la garde nationale et les citoyens Flocon et Vieillard l'entourent et le protègent jusque hors de la salle contre les imprécations de tous les gardes nationaux et les menaces de quelques-uns d'entre eux; mais le vice-président Corbon, qui venait lui-même de conduire un bataillon de mobile pour faire évacuer la salle, vient occuper le fauteuil à la place du citoyen Duclerc; plusieurs secrétaires qui s'étaient rendus à l'hôtel de la présidence le suivent.

Le cit. président. — L'Assemblée reprend ses travaux. (Bravo!)

Le citoyen Clément Thomas, en uniforme de colonel de la garde nationale de Paris, entre en ce moment dans la salle et monte au bureau à côté du citoyen. président. Il s'exprime ainsi : Au nom de la garde nationale de Paris tout entière, je proteste contre l'indigne violation qui vient d'avoir lieu aujourd'hui de la représentation nationale. Nous n'acceptons pas la dissolution insensée qui a été prononcée.

De toutes parts. — Non! non!

Le cit. Clément Thomas. — Nous allons reprendre nos travaux sous la protection de la garde nationale de Paris tout entière.

Tous les gardes nationaux. — Oui! oui! Vive l'Assemblée nationale! vive l'Assemblée nationale!

Un officier de la garde nationale. — Déclarez que la garde nationale de Paris est décidée à ne pas déposer les armes, tant que la sûreté de l'Assemblée nationale sera menacée.

Tous les gardes nationaux. — Oui! oui!

Le cit. Théveneuc, au milieu du bruit. — Je propose à l'Assemblée de décider que la garde nationale, la garde mobile et l'armée ont bien mérité de la patrie. (Oui! oui!)

Le cit. Reynal (Théodore). — L'Assemblée nationale déclare qu'elle mourrait à son poste plutôt que d'abandonner le droit qu'elle tient de la souveraineté populaire. Le devoir des représentants du peuple est de mourir pour la nation; s'ils meurent, d'autres les remplaceront. (Bravo!)

Le citoyen Crémieux, ministre de la justice, monte à la tribune et essaie en vain de se faire entendre au milieu du bruit.

Le cit. Clément Thomas, de sa place. — Citoyens, je suis entré ici dans ce costume par l'ordre du président de l'Assemblée nationale; je suis investi du commandement de la garde nationale de Paris. (Applaudissements dans les rangs de la garde nationale.)

En ce moment, le citoyen Lamartine, membre de la Commission exécutive, entre dans la salle. Il est accueilli par les cris de « Vive Lamartine! vive la République! »

Sur l'invitation du président, les gardes nationaux qui occupaient une partie des bancs les plus rapprochés de la tribune et les couloirs de droite et de gauche se rangent en cordon tout autour de la salle. Les citoyens représentants, dont le nombre s'élève environ à deux cents, reprennent leur place.

Le cit. Lamartine monte à la tribune; le citoyen Crémieux y reste à côté de lui, et le citoyen Ledru-Rolin, membre de la Commission exécutive, vient également se placer à ses côtés. Plusieurs représentants les entourent.

Sur l'ordre du président, les tambours de la garde nationale battent un ban. Le silence s'établit; et le citoyen président donne la parole au citoyen Lamartine.

Le cit. Lamartine. — Citoyens, le premier devoir de l'Assemblée nationale, rentrée libre dans son enceinte à l'ombre des baïonnettes, c'est de voter la reconnaissance de la patrie à la garde nationale de Paris. (Longues acclamations. — Oui! oui! Vive la garde nationale!)

Les gardes nationaux. — Vive l'Assemblée nationale! vive la République!

Le cit. Lamartine. — C'est de voter les remercîments de la France à la garde nationale de Paris, à la garde mobile. (Nouvelles acclamations.)

De toutes parts. — Oui, à la garde nationale! à la garde mobile! à l'armée!

Le cit. Lamartine. — Mais nous manquerions au premier de nos devoirs si dans cette reconnaissance publique nous ne signalions pas une partie, la principale, l'immense majorité de la population de Paris, qui a été indignée des scandales qui ont un moment déshonoré cette enceinte, et qui s'est soulevée tout entière pour rétablir l'assiette de l'Assemblée nationale et de la patrie.

Les gardes nationaux. — Vive l'Assemblée nationale! Nous mourrons pour la patrie!

Le cit. Lamartine. — Mais, citoyens, dans les circonstances urgentes où nous sommes placés, la tribune n'est pas la place de l'homme politique que vous avez désigné avec ses collègues pour veiller au salut de la patrie. (Bravo! bravo!) Sachez bien, citoyens, que si cette compromission momentanée, malheureuse, que dis-je, peut-être heureuse... (Mouvement.) car elle sera l'occasion.... (Interruption.) Sachez que si cette compromission momentanée de l'indépendance de l'Assemblée nationale a affecté la garde nationale tout entière, elle n'a pas moins affecté l'immense majorité de la population de Paris qui se pressait autour de vous pour une pétition, et qui rougissait d'avoir envahi votre enceinte et d'avoir profané la représentation nationale. (Bravo! bravo! — Vive Lamartine! vive la République!)

Citoyens, pendant qu'un gouvernement de faction, pendant qu'un gouvernement de parti, substitué pour un instant à la grande et unanime expression de l'élection universelle du peuple, va chercher ailleurs un siége de gouvernement qui se brisera sous ses pieds... (Oui! oui!)

Tous les gardes nationaux. — Nous y allons, nous y allons, nous allons partir pour l'Hôtel-de-Ville!

Le cit. Lamartine. — Je ne vous dirai pas que les moments sont précieux, car j'ai, comme vous, la confiance et la conviction que, plus le peuple de Paris aurait de temps pour réfléchir, plus il rougirait de l'attentat commis contre l'Assemblée nationale. (Oui, oui! vive la République!) En présence du malentendu terrible qui pourrait s'élever entre les départements isolés dans leurs représentants, et Paris, gardien de la sécurité de l'Assemblée, il faut aviser. (Oui! oui!) Eh bien! nous allons, au nom du Gouvernement que vous avez proclamé il y a peu de jours, nous allons assister, par l'unanimité de la garde nationale et de la garde mobile, et de cette armée qu'il est impossible de séparer... (Bravo! bravo!) nous allons nous réunir à l'instant, non-seulement moi, mais je n'en doute pas, ceux-là même que des choix irréfléchis... (Interruption.) nous allons nous réunir avec les membres du Gouvernement qui, tous, je n'en doute pas, sont animés des mêmes sympathies, des mêmes sentiments que moi, avec ceux-là même que le choix des factions aurait déshonorés; nous allons ratifier au plus tôt l'acclamation que vous avez faite du brave chef de la garde nationale que vous avez nommé. (Bravo! bravo! — Vive Clément Thomas!) Citoyens, encore un mot, un seul mot!

Dans un moment pareil, le Gouvernement n'est plus dans un conseil, le Gouvernement est à votre tête, citoyens gardes nationaux; il est à votre tête dans la rue, sur le champ même du combat. (Bravo! bravo! vives et universelles acclamations.)

Les gardes nationaux. — A l'Hôtel-de-Ville, camarades, à l'Hôtel-de-Ville!

Les tambours battent la marche et les citoyens gardes nationaux quittent la salle des séances; un certain nombre d'entre eux restent pour garder les postes.

(Extrait du *Moniteur*, du 18 mai 1848.)

TABLE DES MATIÈRES

APPENDICE

———

CHEZ LE MÊME ÉDITEUR

LE BILAN DE L'ANNÉE 1868 :

L'Histoire, les Livres, le Théâtre, les Sciences, les Arts, par MM. Castagnary, Paschal Grousset, Ranc et Francisque Sarcey. 1 fort v. in-18 de 520 pages... 5 »

Histoire du Droit de Guerre et de Paix, de 1789 à 1815, par M. Marc Dufraisse. — 2e édition, 1 très-fort volume in-18... 3 50

Les Révolutions, par M. Pascal Duprat ancien représentant. 1 vol. in-18... 3 50

Armée (l') et la Révolution. par M. Ch.-L. Chassin. — 1 volume in-18... 3 50

La loi militaire de 1868, *expliquée par demandes et par réponses.* (**Catéchisme des familles**), par MM. Isambert et Coffinhal-Laprade. — 12e édition, Brochure in-32, » 40 c.; par la poste... » 50

Paris en décembre 1851. Étude historique sur le Coup d'État, par M. Eugène Ténot. 1 v. in-8, 6e édit... 6 »
Le même, édition populaire. 1 volume in-18, 11e édit. 1 50

Province (la) en décembre 1851. Étude historique sur le Coup d'État, par M. E. Ténot. 1 v. in-8, 8e édit. 6 »
Le même, édition poplaire. 1 volume in-18, 9e édition. 1 50

Les Suspects en 1858, par E. Ténot. 1 v. in-8 6 »
Le même, édition populaire. 1 volume in-18... 1 50

Les grands procès politiques :

Strasbourg (1836), 3e édition. 1 v. in-18.. 1 50
Boulogne (1840), 3e édition. 1 v. in-18... 1 50
Conspiration Malet (1812). 1 v. in-18... 1 50
Affaire du duc d'Enghien. 1 v. in-18... 1 50
Louis XVI. 1 volume in-18... 1 50
Gracchus Babeuf. 1 volume in-18... 1 50

Affaire de la souscription Baudin, en 1re instance; *seul compte rendu complet,* recueilli par la sténographie et *revu par les défenseurs.* 1 volume in-8, 3e édit.. 1 50

Affaire de la Souscription Baudin, plaidoiries de MM. DUFAURE et WEISS. Brochure in-8......... » 75

Affaire de la souscription Baudin en appel, plaidoiries de MM. J. FAVRE et GAMBETTA. Broch. in-8.. 1 50

Censure (la) et le Régime correctionnel, par M. EDOUARD LAFERRIÈRE, 2e édition, précédée d'une lettre de M. Pelletan à M. Ernest Picard. 1 vol. in-18... 2 »

La Presse, l'Imprimerie, la Librairie, le Colportage, etc., par M. HIPP. DUBOY, avocat à la Cour de cassation et au Conseil d'Etat. 1 v. in-18.......... 3 »

Démocratie (la) et M. Renan, Réponse à la préface des *Questions contemporaines*, par M. JULES LABBÉ de l'*Opinion nationale*. Brochure in-8................ 1 »

Pamphlets d'un franc parleur, par M. ÉDOUARD SIEBECKER. 1 vol. in-18........................ 3 50

Manuel des assurances sur la vie. Exposé pratique de tous les documents nécessaires pour se rendre un compte exact des combinaisons en usage, par MIÉGEVILLE. 1 volume in-18.............................. 2 50

Impôt (l') et son emploi, *expliqués par demandes et par réponses* (**Catéchisme du contribuable**), par M. ISAMBERT. 3e édit. Br. in-32.—» 40 c.; par la poste » 50

Comptes fantastiques d'Haussmann. — Lettre adressée à MM. les membres de la commission du Corps législatif, chargés d'examiner le nouveau projet d'emprunt de la Ville de Paris, par M. JULES FERRY. 2e éd. Br. in-8. 1 50

Politique du grand-livre. (*Aux* 1,100,000 *rentiers. Le nouvel emprunt et la*), par M. ACHILLE MERCIER. 3e édition. Brochure in-8.......................... 1 »

Marée (la) montante, Étude budgétaire, d'après les documents du livre bleu, par M. ACHILLE MERCIER. 4e édition. Brochure in-8. — » 50 c.; par la poste.. » 60

Crédit mobilier (le) et ses actionnaires. Br. in-8. 1 »

Où en est le Crédit foncier? Brochure in-8. » 50 c.; par la poste.................................. » 60

Budgets de l'État (Progression comparée des), 1853-1866, par M. HENRI MERLIN. — 1 vol. in-4....... 7 50

Déficits (les) 1852-1868, par M. H. ALLAIN-TARGÉ. Brochure in-8.................................. 1 »

Libre Échange (la production, la consommation et le), par M. RAOUL BOUDON. Brochure in-8. — » 50 c.; par la poste. . . . . . . » 60

Inventeur (l'), par YVES GUYOT. 1 volume in-8.... 6 »

Discours (deux) sur le travail des femmes, suivis de quelques réflexions sur le même sujet, par Mlle MAXIME BREUIL. Brochure in-8,—» 50 c.; par la poste..... » 60

Travail des femmes (question du).
Broch. in-8, » 25 c.; par la poste .... » 30

Roman (le) des ouvrières, par Mlle AMÉLIE BOSQUET, 2e édition. 1 volume in-18.................... 3 »

Le Calvaire des femmes, par M. L. GAGNEUR, 3e édit. populaire. 1re partie. LES PÉCHERESSES. — 2e partie, LES RÉPROUVÉES. 2 volumes in-18 .... 4 »

Question romaine (la) devant l'histoire, 1848 à 1867; actes officiels, documents, débats parlementaires; précédée de *France et Italie*, par M. EDGAR QUINET, 1 volume in-18 .... 3 50

Science de l'homme, par M. G.-A. FLOURENS. — 1 vol. in-18..................................... 3 »

L'Éducation du peuple, traduit de lord Macaulay, par M. DE GARDANE. — Broch. in-18................ » 40

Discours de M. Jules Favre sur la seconde expédition romaine, prononcé le 2 décembre 1867.
Brochure in-8. .... 1 »

Agonie (l') de la Papauté, par M. ODYSSE BAROT.
Brochures in-8 .... 1 »

Lettres d'un libre penseur à un curé de campagne, par M. LÉON RICHER, précédées d'une introduction par M. AD. GUÉROULT. 1 volume in-18. .... 3 »

Apologie d'un incrédule, par M. LOUIS VIARDOT.
Brochure in-8. .... 1 50

La liberté de penser, fin du pouvoir spirituel, par M. VICTOR GUICHARD. 1 très-fort volume in-18, 3 fr. 50.; par la poste. .... 4 »

Saints et sanctuaires de France, série de volumes par MM. de ROLLAND et ARMAND LANDRIN.

LOYOLA ET LES JÉSUITES. 1er volume, — » 50 c.; par la poste. .... » 60
NOTRE-DAME DE FOURVIÈRES. 2me volume,— » 50 c.; par la poste .... » 60

Croisade (la) noire, par M. L. GAGNEUR, 3e édition, 1 volume in-18 .... 2 »

Paris. — Impr. Emile Voitelain et Ce, 61, rue J.-J.-Rousseau